Julius Caesar

Memoiren über den Gallischen Krieg

Zweite Auflage

Julius Caesar

Memoiren über den Gallischen Krieg
Zweite Auflage

ISBN/EAN: 9783744634793

Hergestellt in Europa, USA, Kanada, Australien, Japan

Cover: Foto ©ninafisch / pixelio.de

Weitere Bücher finden Sie auf **www.hansebooks.com**

Gaius Julius Cäsar's

Memoiren

über den

Gallischen Krieg.

Deutsch

von

H. Köchly und W. Rüstow.

Zweite verbesserte Auflage.

Stuttgart.

Krais & Hoffmann.

1862.

Vorwort
zur ersten Auflage.

Bei Uebersetzungen kann man zwei verschiedene Absichten haben, welche zugleich zu erreichen nicht möglich ist. Entweder soll die Uebersetzung dem Leser des Originals dessen gründliches Verständniß selbst erleichtern und steht dann als drittes Hilfsmittel der Grammatik und dem Lexicon zur Seite. Oder sie soll für jeden Leser den Gesammteindruck des Originals so viel möglich hervorrufen, sie soll ihm das Original gleichsam ersetzen, indem sie dasselbe so wiederzugeben sucht, wie der Autor nach seiner Individualität in der fremden Sprache geschrieben haben würde. Beide Arten streben nach Treue, jede aber in ganz verschiedener Weise. Der ersten Klasse gehören mit Bewußtsein die Interlinear- und Lateral-Versionen der Hamiltonianer und Jacototisten an, der Schrecken der gewöhnlichen Schulmeister und von ihnen mit dem Ehrentitel „Eselsbrücken" gekennzeichnet! Nicht weniger aber ist die große Masse unserer landläufigen Uebersetzungen, namentlich in Prosa, dahin zu rechnen, welche die deutsche Sprache mißhandeln, um den fremden Schriftsteller Wort für Wort wiederzugeben. Leider ist die deutsche Sprache in dieser Beziehung die fügsamste, oder vielmehr richtiger, die Deutschen selbst sind die gleichgiltigsten, ihre Sprache zu mißbrauchen und mißbrauchen zu lassen. Uebersetzungen dieser Art, wie sie bei uns gerade von Gelehrten mit großer aber verkehrter Sorgfalt angefertigt werden, sind in den andern modernen Cultursprachen eine Unmöglichkeit, wie sie es bei den Römern — nicht bei den Neulateinern! — in der lateinischen Sprache gewesen sind. Uebersetzungen der zweiten Klasse sind noch verhältnißmäßig selten, zumal bei den Prosaikern; denn bei Dichtern verbietet schon das Metrum die sclavische Wiedergabe, während man in der Prosa Alles für möglich und erlaubt hält. Als Musterbeispiele dieser Art erinnern wir an Lange's Herodot und Gutmann's Tacitus. Diese Klasse von Uebersetzungen wollten wir durch unsere Verdeutschung des Cäsar vermehren. Wir haben uns daher bemüht den Cäsar in Charakter und Färbung des Stils so wiederzugeben, wie etwa ein militärischer Schriftsteller seiner Individualität in unserer Sprache schreiben würde. Wir haben uns bemüht, in Begriff und Ausdruck Nichts wegzulassen, Nichts zuzusetzen; aber wo irgend Wortgebrauch und Satzbau des Lateinischen mit Gesetz und Geist der deutschen Sprache in Widerspruch gerieth, haben wir die wörtliche Treue der stilistischen aufgeopfert. Wir sind weit entfernt von der anmaßenden Einbildung, überall das Rechte getroffen zu haben. Ob und in wie weit wir unser Ziel erreicht haben, werden Andere entscheiden, freilich nur Solche, welche der deutschen Sprache nicht minder als der lateinischen kundig sind. Bisherige Uebersetzungen Cäsar's haben wir mit Willen keine einzige zu Rathe gezogen, um ganz unabhängig zu arbeiten. Etwaige Uebereinstimmungen — wenn sie sich finden sollten — sind zufällig.

Zu Grunde gelegt ist natürlich der Nipperdey'sche Text, ohne daß wir uns überall sclavisch an denselben gebunden haben. Die — immerhin nicht zahlreichen, aber stets wohlüberlegten — Abweichungen von dieser Recension aufzuzählen würde für unsere Leser von keinem Interesse gewesen sein.

Eine Einleitung in das Verständniß dieser Memoiren vom historischen und militärischen Standpunkte aus wird im Laufe der nächsten Wochen als besondere Schrift erscheinen.

Zürich, den 21. Oktober 1856.

H. Köchly. W. Rüstow.

Vorwort

zur zweiten Auflage.

———

Da mein Freund Rüstow durch wichtigere Arbeiten in Anspruch genommen war, so habe ich die Besorgung dieser zweiten Auflage leider allein übernehmen müssen. Mit um so größerer Sorgfalt habe ich diese Aufgabe zu erfüllen gesucht, welche in der That mühsamer und zeitraubender gewesen ist, als es den Anschein haben mag.

Zunächst habe ich unsere Verdeutschung selbst der gründlichsten Durchsicht unterworfen. Ich habe sie noch einmal Wort für Wort und Satz für Satz mit dem Originale verglichen, um sie dem von uns angestrebten Ideale „stilistischer Treue" näher zu bringen. Ich machte dabei die Erfahrung, welche man immer bei dergleichen Arbeiten machen wird, daß zur Erreichung einer möglichst vollkommenen Form selbst der unverdrossenste Fleiß keineswegs ausreicht, sondern daß dazu noch eine gewisse günstige Stimmung erfordert wird, welche ununterbrochen in gleichem Maße sich zu erhalten Wenigen gegeben sein möchte. Während ich daher bei dem größeren Theile unserer Verdeutschung von dem ersten Wurfe im Ganzen befriedigt sein durfte und nur geringere Nachbesserungen vorzunehmen hatte, ist andererseits eine nicht geringe Anzahl von Capiteln vollständig umgearbeitet worden, und kaum ein einziges mag ohne alle Aenderung geblieben sein. Stehen gebliebene undeutsche Wendungen mußten dabei vielleicht eben so oft beseitigt werden, als es möglich war, ohne Verstoß gegen die deutsche Sprache zu größerer wörtlicher Treue zurückzukehren. Es ist kaum nöthig ausdrücklich zu bemerken, daß ich auch so, trotz der aufgewendeten Mühe, mir noch lange nicht einbilde, nunmehr das vorgesteckte Ziel wirklich erreicht zu haben.

Vielfach gegen mich ausgesprochenen Wünschen gemäß habe ich außer den Ueberschriften auch kurze Anmerkungen hinzugefügt. Die ersteren mit ihren übersichtlichen Inhaltsangaben werden allen Lesern willkommen sein; die letzteren — abgesehen von ein paar anderweitigen Noten, die sich selbst rechtfertigen mögen — haben lediglich die anspruchslose Bestimmung, dem flüchtigen Leser, welcher weder Zeit noch Lust hat zu ausführlicheren Hülfsmitteln zu greifen, die nöthigen Winke zu geben, um Cäsar's Feldzüge wenigstens in allen wichtigen und sicheren Punkten auf einer modernen Karte verfolgen zu können. Größtmögliche Kürze und Klarheit war durch diese Bestimmung geboten. Es sind also zunächst den alten Namen von Flüssen, Städten u. s. w., über deren Identität kein Zweifel sein kann, die modernen Benennungen in Parenthese beigesetzt; es ist ferner bei den angeführten alt-gallischen Volksstämmen, wo es nöthig schien, die Angabe ihrer Wohnsitze und zwar nach den gegenwärtigen geographischen Bezeichnungen hinzugefügt; es sind endlich sichere und für das anschauliche Verständniß Cäsarischer Schilderungen bedeutende topographische Einzelheiten bündig erörtert worden.

In letzterer Beziehung habe ich vollständiger und gründlicher, als es nach der geringen Zahl und präcisen Fassung der betreffenden Anmerkungen scheinen könnte, nochmals Cäsar's gallische Feldzüge in ihrem strategischen Zusammenhange wie in ihren taktischen Einzelheiten studirt und mich namentlich bemüht, diejenigen Arbeiten über diesen ebenso schwierigen als interessanten Gegenstand gehörig zu benützen, welche seit unserer „Einleitung zu C. Julius Cäsar's Commentarien über den gallischen Krieg (Gotha 1857)" erschienen sind. Daß zu diesen vor Allem die ebenso gründlichen als sachverständigen Bearbeitungen des gallischen Krieges von dem Freiherrn von Göler („Cäsar's gallischer Krieg in den Jahren 58 bis 53 v. Chr. u. s. w. Stuttgart. 1858. — in dem Jahre 52 v. Chr. Karlsruhe. 1859. — im Jahre 51 v. Chr. Heidelberg. 1860.") gehören, ist bereits auch in philologischen Kreisen allgemein aner-

kannt, und war es daher nur in der Ordnung, daß ich die
genannten Schriften vorzugsweise berücksichtigt habe. Aber
gerade wegen der Autorität, welche diese gediegene Forschung
mit Recht genießt, habe ich es auch wiederum als meine Pflicht
angesehen, manche Annahmen derselben entweder als entschieden
irrig oder doch als mehr oder minder zweifelhaft zu bezeichnen.
Der von mir hochgeschätzte Verfasser wird mir hoffentlich selbst
zutrauen, daß, wo ich mich zu solch' abweisendem Worte veranlaßt sah, es stets auf gründlicher Prüfung beruhte und nur
um der Sache willen ausgesprochen worden ist. So willig
ich stets gewesen bin, die entweder sicheren oder wahrscheinlichen
Ergebnisse der Göler'schen Untersuchungen anzuerkennen, so
hat sich mir doch auch bei der Revision dieser Fragen das
von uns im Vorworte unserer „Einleitung“ S. IV aus-
gesprochene Urtheil bestätigt, daß man „oft Dinge zu erforschen und festzustellen versucht, welche sich aus Cäsar's ober-
flächlicher Darstellung nicht erforschen und feststellen lassen.“
Es gilt eben auch hier der goldene Spruch G. Hermanns:
est etiam aliqua nesciendi ars!

Ebenso, hoffe ich, wird die Berücksichtigung der schon
viel besprochenen, aber wohl von wenigen deutschen Lehrern
gesehenen Karte willkommen sein, welche der gegenwärtige
Kaiser der Franzosen, wie es heißt, als Vorläufer der von
ihm vorbereiteten Geschichte Cäsar's hat erscheinen lassen *)
und deren Mittheilung ich der Güte meines lieben Freundes,
des Herrn Dr. Ferdinand Keller, verdanke. Die überaus
sauber ausgeführte Karte nimmt nicht nur ein vorübergehen-
des Interesse in Anspruch; sie ist vielmehr, offen gestanden,
bis auf Weiteres das übersichtlichste und zuverläßigste Hilfsmittel zur raschen Orientirung nicht nur über die Feldzüge
Cäsar's, sondern auch über die Fundstätten keltischer Gräber,
Alterthümer und Münzen. In Bezug auf erstere sind die

*) Der vollständige Titel lautet: Carte de la Gaule sous le proconsulat
de César dressée à l'aide des documents géographiques et topographiques du
dépôt de la guerre par la commission spéciale instituée au ministère de l'in-
struction publique et des cultes d'après les ordres de S. M. l'empereur 1861.

Märsche und Schlachtfelder Cäsar's und seiner Legaten nach den Ergebnissen der besten Forschungen, insbesondere auch der Göler'schen, eingezeichnet, und muß hier die vollkommene Unbefangenenheit anerkannt werden, mit welcher dieß nicht selten gegen die Annahmen in dem Précis des großen Oheims geschehen ist, wie denn auch z. B. in Bezug auf die berühmte Streitfrage über das alte Alesia sich die Karte für das von dem Herzog von Aumale vertheidigte Alise St. Reine im Department Côte d'or entscheidet. Bei so unverkennbaren Vorzügen sollte man in der That nicht so viel Aufhebens von dem komischen Curiosum alt=keltischer Réunionskammern machen, durch welche freilich das linke Rheinufer bis Mainz herab zum größten Theil den Germanen entrissen wird, indem die Triboker ganz, die Ne | meten und Va | ngionen mit Ausnahme ihrer beiden Anfangsbuchstaben unnachsichtlich auf das rechte Rheinufer verbannt sind! Ich meinerseits kann hierin nicht sowohl eine herausfordernde Drohung für die Zukunft, als vielmehr eine zarte Gewissensbeschwichtigung oder höchstens „ein lustig Necken" wegen der Gegenwart sehen, da allerdings „Straßburg, die wunderschöne Stadt" der Triboker, leider heutzutage zur belle France gehört, dagegen aber Speier und Worms, die Hauptorte der Nemeter und Vangionen, noch bei Deutschland sind und hoffentlich auch bleiben werden, so gut wie die Buchstaben NE und VA auf dem linken Rheinufer der Napoleonischen Karte.

Endlich mag noch erwähnt sein, daß die Keltischen Namen, deren Schreibung streitig ist, nach der ebenso bekannten als anerkannten Schrift von Ch. W. Glück („Die bei Cajus Julius Cäsar vorkommenden Keltischen Namen in ihrer Echtheit festgestellt und erläutert — München. 1857.") berichtigt worden sind.

So glaube ich denn hoffen zu dürfen, daß das Büchlein auch in seiner nunmehrigen Gestalt sich die alten Freunde erhalten und neue erwerben werde.

Zürich, den 5. April 1862.

H. Köchly.

Erstes Buch.

(Das Jahr 58 v. Chr. = 696 n. E. R.)

Vorwort.

1. **Gallien** im weiteren Sinne zerfällt in drei Theile: den einen bewohnen die **Belgier**, den zweiten die **Aquitanier**, den dritten die Völkerschaften, welche in ihrer eigenen Sprache **Celten**, in der unsrigen **Gallier** heißen. Jeder dieser drei Stämme hat seine besondere Sprache, Einrichtungen, Gesetze. Zwischen den Galliern und Aquitaniern bildet die **Garumna** (Garonne), zwischen den Galliern und Belgiern die **Matrona** (Marne) und **Sequana** (Seine) die Grenze. Von ihnen allen die Tapfersten sind die Belgier; denn einmal kommen sie mit dem Wohlleben und der Bildung der Provinz am wenigsten in Berührung und ist der Handelsverkehr und die Einfuhr von Luxusartikeln bei ihnen überaus spärlich, sodann stoßen sie unmittelbar an die Germanen jenseits des Rheins und liegen mit ihnen beständig im Kriege. Und das ist's auch, weßhalb die Helvetier mannhafter sind als die übrigen Gallier, weil sie fast tagtäglich mit den Germanen sich herumschlagen, bald bei Vertheidigung des eignen Gebietes, bald bei Einfällen in das Gebiet der Germanen. Der Theil also, den, wie gesagt, die Gallier innehaben, beginnt bei'm **Rhodanus** (Rhone), wird dann von der Garumna, dem Ocean und Belgien begrenzt und stößt endlich mit dem Lande der Sequaner und Helvetier an den Rhein: er dehnt sich in nördlicher Richtung aus. Belgien reicht von der äußersten Grenze

Cäsar, gallischer Krieg.   1

Galliens bis an den Niederrhein: es liegt gegen Nordosten. Aquitanien erstreckt sich von der Garumna bis zu den Pyrenäen und
dem spanischen Ocean: es liegt gegen Nordwesten.

I. Der Feldzug gegen die Helvetier.
(Cap. 2—29.)

2. Bei den Helvetiern war ein gewisser Orgetorix durch
Adel und Reichthum der erste Mann im Staate. Er wollte sich zum
König machen. In dieser Absicht traf er im Consulatjahre des
Marcus Messala und Marcus Piso[1]) ein geheimes Abkommen mit
den Geschlechtern und bewog dann die Gemeinen zu dem Beschlusse
der Auswanderung in Masse: bei ihrer überlegenen Tapferkeit würde
es eine Kleinigkeit für sie sein, sich ganz Gallien zu unterwerfen.
Man schenkte ihm um so leichter Gehör, weil Helvetien von natürlichen Schranken eingeschlossen ist: auf der einen Seite vom breiten
und tiefen Rheinstrom, welcher das helvetische Gebiet von Germanien trennt, auf der andern Seite vom hohen Juragebirg zwischen dem Sequanerlande und Helvetien, auf der dritten vom
Leman-See (Genfersee) und dem Rhodanus, welcher unsere Provinz von Helvetien trennt. So vermochten sie ihre Streifzüge nicht
gehörig auszudehnen und nur mit großer Schwierigkeit ihre Nachbarn zu bekriegen: und das war es, was diese kriegerischen Gesellen
nicht verschmerzen konnten. Im Hinblick auf ihre Kopfzahl, ihren
kriegerischen Ruhm und ihre Tapferkeit ward ihnen ihr Land zu
enge, welches sich 240 Meilen[2]) in die Länge und 180 Meilen in
die Breite erstreckt.

3. Durch diese Gründe nicht weniger als durch den Einfluß
des Orgetorix bestimmt, beschlossen sie, die nothwendigen Vorbereitungen zum Auszuge zu treffen, eine möglichst große Zahl von Zug-
thieren und Karren zu beschaffen, so viel als möglich Land zu be-

---

[1]) 61 v. Chr.
[2]) Römische Meilen zu 1000 Passus oder 2000 gewöhnlichen Schritten,
etwa gleich 1/5 deutsche Meile.

stellen, um auf dem Zuge ausreichenden Vorrath an Korn zu haben, mit den benachbarten Staaten die Friedens- und Freundschaftsbündnisse zu erneuern. Zur Ausführung alles dessen hielten sie zwei Jahre für hinlänglich, auf das dritte Jahr[1]) setzten sie den Auszug durch Volksbeschluß fest. Mit der Ausführung ward Orgetorix beauftragt. Er übernahm für seine Person die Sendung an die Nachbarstaaten. Auf dieser Rundreise bestimmt er den Sequaner Casticus, den Sohn des Catamantalödis, sich in seinem Vaterlande des väterlichen Thrones zu bemächtigen. Sein Vater nämlich war lange Jahre König der Sequaner gewesen, und war vom römischen Senate ausdrücklich anerkannt worden[2]). Ebenso bestimmte er zu gleichem Versuche den Häduer Dumnorix, den Bruder des Divitiacus, der gerade damals das höchste Staatsamt bekleidete und bei den Gemeinen sehr beliebt war. Letzterem gab er auch seine Tochter zur Frau. Beiden bewies er, es sei nicht schwer für sie, ihr Vorhaben durchzusetzen; denn er selbst sei gewiß, den Oberbefehl über sein Volk zu erhalten, und die Helvetier seien unzweifelhaft der mächtigste gallische Stamm; zugleich gab er ihnen sein Wort, mit seinem Gelde und seinem Kriegsheere ihr Königthum zu unterstützen. Nach dieser Verabredung tauschten sie ein eidliches Versprechen aus und gaben sich nun der Hoffnung hin, es werde ihnen als Königen der drei mächtigsten und kräftigsten Stämme gelingen, durch diese ganz Gallien sich zu unterwerfen.

4. Diese Umtriebe wurden den Helvetiern verrathen. Nach ihrer Sitte[3]) ward Orgetorix festgenommen und vor Gericht gestellt; wurde er verurtheilt, so hätte ihn die Strafe des Feuertodes treffen müssen. Aber auf den angesetzten Gerichtstag berief Orgetorix seine sämmtlichen Hörigen, an zehntausend Köpfe, von allen Seiten und ließ auch seine sämmtlichen Lehnsleute und Schuldner, deren er eine große Menge hatte, ebenda sich einfinden. Durch diese Leute

---

[1]) 59 v. Chr. Cäsar's Consulatjahr.

[2]) Wörtlich: „war vom römischen Senate Freund genannt worden." Das ist im römischen Staatsrecht die offizielle Formel für die Anerkennung eines fremden Fürsten.

[3]) Bei den Römern gab es in der Regel keine Untersuchungshaft; der Angeklagte blieb bis zum Urtheilsspruch auf freien Füßen.

verhinderte er das Zustandekommen des Gerichtes. Darüber gewaltige Aufregung: die Bürgerschaft griff zu den Waffen, um das Recht aufrecht zu erhalten; die Behörden boten das Landvolk in Masse auf. Da starb Orgetorix, und die allgemeine Annahme der Helvetier geht dahin, daß er sich wahrscheinlich selbst den Tod gegeben habe.

5. Nach seinem Tode beharrten die Helvetier nichtsdestoweniger bei ihrem Entschluß der Auswanderung. Als sie die nöthigen Vorbereitungen getroffen zu haben glaubten, so äscherten sie alle ihre Städte, etwa 12, ihre Dörfer, etwa 400, sonst alle einzelstehenden Gehöfte ein, und verbrannten alles Korn, welches sie nicht mitführen wollten, um, aller Hoffnung auf Rückkehr bar, allen Gefahren um so bereitwilliger Trotz zu bieten. Jeder sollte auf drei Monate Mehl von Hause mitnehmen. Ihre Nachbarn, die Rauraker, Tulinger, Latoviker[1]), bestimmten sie zu dem gleichen Entschluß, ihre Städte und Dörfer zu verbrennen und mit ihnen auszuziehen. Endlich nahmen sie die Bojer bei sich und in ihren Bund auf, welche sich jenseits des Rheins niedergelassen, dann Noricum überzogen und Noreja[2]) belagert hatten.

6. Es gab überhaupt zwei Straßen, auf denen die Helvetier ihre Heimath verlassen konnten: die eine, eng und schwierig, durch das Sequanerland zwischen dem Jura und dem Rhodanus, so daß kaum ein Karren hinter dem andern fahren konnte — außerdem wurde sie von überhängenden Gebirgshöhen beherrscht, so daß sie leicht von einer Handvoll Leute verlegt werden konnte —, die andere durch unsere Provinz, viel gangbarer und bequemer. Der Rhodanus nämlich, welcher zwischen den Helvetiern und den jüngst[3]) unterworfenen Allobrogern die Grenze bildet, hat auf mehreren Punkten gangbare Furthen. Die letzte Grenzstadt der Allobroger zunächst Helvetien ist Genava[4]) (Genf). Von dieser Stadt führt eine Brücke in's Land der Helvetier. Sie glaubten die Allobroger

[1]) Dieß und nicht das gewöhnliche Latobriger ist die richtige Form des Volksnamens. S. Glück S. 112—116.
[2]) Wahrscheinlich der Flecken Neumarkt in Steiermark.
[3]) 121 und 61 v. Chr. Siehe unsere „Einleitung zu Cäsars Commentarien über den gallischen Krieg" (Gotha 1857). S. 41—44.
[4]) Das ist die richtige Form des Namens: s. Glück S. 104—107.

bei ihrer noch andauernden Unzufriedenheit mit der römischen Herrschaft entweder in Güte bestimmen oder mit Gewalt zwingen zu können, ihnen durch ihr Gebiet freien Durchzug zu gestatten. Nachdem
alle Vorbereitungen getroffen waren, bestimmten sie einen Tag zur
allgemeinen Versammlung am Ufer des Rhodanus. Dieser Tag war
der 28. März im Consulatjahr des Lucius Piso und Aulus Ga-
binius[1]).

7. Auf die Meldung, die Helvetier wollten durch unsere Provinz ihren Zug antreten, beschleunigte Cäsar seine Abreise von der
Stadt, eilte in starken Tagereisen in's jenseitige Gallien und kam
bei Genava an. Er ordnete sofort in der ganzen Provinz starke
Aushebungen an — es stand im Ganzen im jenseitigen Gallien eine
einzige Legion — und ließ die Brücke bei Genava abbrechen. Als
die Helvetier seine Ankunft erfuhren, so ordneten sie die Vornehmsten
ihres Volkes als Gesandte an ihn ab; an der Spitze dieser Gesandtschaft standen Nammeius und Veruclötius. Diese erklärten, sie wollten in Frieden durch die Provinz ziehen, weil sie keinen andern Weg
hätten; sie bäten um seine Erlaubniß dazu. Cäsar hatte nicht vergessen, daß die Helvetier einst den Consul Lucius Cassius[2]) erschlagen, sein Heer besiegt und unter das Joch geschickt hatten. Schon
deßhalb glaubte er die Erlaubniß versagen zu müssen; überdieß
mußte er sehr bezweifeln, daß ein Stamm von so feindseliger Gesinnung bei Gestattung des Durchzugs strenge Mannszucht halten
werde. Um jedoch bis zum Eintreffen der ausgehobenen Soldaten
Zeit zu gewinnen, antwortete er den Gesandten, er wolle sich die
Sache in Ruhe überlegen, sie möchten gefälligst zum 13. April wieder kommen.

8. Unterdessen ließ er durch seine Legion und die aus der Provinz bereits eingetroffenen Soldaten vom Leman-See längs des
Rhodanus[3]) bis zum Jura, der das Sequanerland von Helvetien

---

[1]) 58 v. Chr.

[2]) 107 v. Chr. im Cimbernkriege; vergl. Cap. 12.

[3]) Das liegt in qua in samen Rhodanum influit, wie man das hand-
schriftliche qui u. s. w. längst richtig verbessert hat. Die Verschanzung lief
am linken Ufer der Rhone bis zu der Stelle, wo gegenüber am rechten Ufer

trennt, einen Wall von 16 Fuß Höhe und einen Graben in einer Strecke von 19 Meilen ziehen. Längs dieser ganzen Verschanzung vertheilte er Posten und legte er Redouten an, um dem Feinde nöthigenfalls desto leichter den Uebergang verwehren zu können. Als nun der mit den Gesandten verabredete Tag herangekommen war und die Gesandten wieder zu ihm kamen, so erklärte er ihnen: es sei gegen Brauch und Herkommen des römischen Volkes, wenn er irgend wem den Durchgang durch die Provinz gestatten wolle; einen etwaigen gewaltsamen Versuch werde er zurückzuweisen wissen. Die Helvetier, in dieser Hoffnung getäuscht, versuchten theils auf gekoppelten Booten, theils auf mehreren eigens dazu gebauten Flößen durch die Furthen des Rhodanus, wo er am flachsten war, durchzubrechen, bisweilen bei Tage, öfters des Nachts. Sie vermochten aber bei der Stärke der Verschanzung und den Geschossen der jedesmal rasch herbeigezogenen Truppen nirgends durchzudringen und standen daher von diesen Versuchen ab.

9. So blieb nur die Eine Straße durch das Sequanerland übrig, die sie jedoch ohne die Bewilligung der Sequaner wegen der Enge des Passes nicht einschlagen konnten. Es gelang ihnen nicht, von sich aus diese Bewilligung zu erhalten; sie schickten daher Gesandte an den Häduer Dumnorix, um durch seine Vermittlung die Sequaner zu gewinnen. Dumnorix hatte durch seine Persönlichkeit und sein Geld großen Einfluß bei den Sequanern und war zugleich mit den Helvetiern befreundet, weil er eine Helvetierin, die Tochter des Orgetorix, zur Frau hatte; ferner ging er damit um, die Verfassung umzustürzen und sich zum König zu machen, und suchte deßhalb so viele Staaten als möglich durch gute Dienste in sein Interesse zu ziehen. Er übernahm daher die Sache, bestimmte die Sequaner, den Helvetiern den Durchgang zu gestatten, und vermittelte zwischen ihnen die gegenseitige Stellung von Geiseln, wodurch die Sequaner den Helvetiern den ungehinderten Durchzug durch ihr Gebiet, die Helvetier den Sequanern die Aufrechthaltung strenger Mannszucht auf dem Marsche garantirten.

heutzutage das Fort de l'Ecluse liegt und das Juragebirg bis unmittelbar an den Fluß herab sich erstreckt.

10. Cäsar erfuhr, die Helvetier seien Willens, durch das Land der Sequaner und Häduer in das Gebiet der Santonen einzuwandern. Dieses grenzt an das Land der Tolosaten, welches letztere bereits zur Provinz gehört. Er erkannte die große Gefahr, welche eintretenden Falls für die Provinz entstehen mußte, wenn sich in der Nachbarschaft ihres offenen und getreidereichen Grenzlandes ein kriegerischer, dem römischen Volke feindseliger Stamm niederließe. Er ließ daher den Legaten Titus Labienus als Befehlshaber in den angelegten Verschanzungen zurück; er selbst eilte in starken Tagereisen nach Italien, hob dort zwei neue Legionen aus und zog die drei alten aus ihren Winterquartieren bei Aquileja heran. Mit diesen fünf Legionen beeilte er sich, auf dem kürzesten Wege über die Alpen in das jenseitige Gallien zu kommen. Hier hatten die Centronen, Grajoceler und Caturiger die beherrschenden Höhen besetzt und versuchten es dem Heere den Weg zu verlegen, sie wurden aber in mehreren Gefechten geschlagen, und Cäsar gelangte von Ocelum[1]), dem äußersten Grenzorte der diesseitigen Provinz, in sieben Tagen in's Gebiet der Vocontier in der jenseitigen Provinz. Von da marschirte er in das Land der Allobroger und weiter in das der Segusiaver[2]). Dieß ist die erste Völkerschaft außerhalb der Provinz jenseits des Rhodanus.

11. Die Helvetier hatten sich bereits mit ihren Massen durch den Paß und das Gebiet der Sequaner hindurch gezogen, waren dann in's Häduerland gekommen und verwüsteten dort die Felder. Die Häduer außer Stande, sich und ihr Eigenthum zu schützen, schickten Gesandte an Cäsar und baten um Hülfe: sie hätten bei jeder Gelegenheit dem römischen Volke so große Dienste geleistet, daß sie es wahrlich nicht verdienten, fast unter den Augen eines römischen Heeres ihre Felder verwüstet, ihre Kinder geknechtet, ihre Städte erstürmt zu sehen. Gleichzeitig berichteten die Häduer-Ambarrer, die nächsten Stammverwandten der Häduer, dem Cäsar, ihre Felder

---

[1]) Wahrscheinlich der Flecken Oulx. Andere halten es für Exilles. Entschieden falsch wird es auf der Napoleonischen Charte als St. Ambroise, östlich von Susa, bezeichnet.

[2]) Dieß und nicht das gewöhnliche Sequsianer ist die richtige Form des Volksnamens. S. Glück S. 152—154.

ſeten rein ausgeplündert, und es würde ihnen nicht leicht möglich
ſein, ihre Städte gegen einen feindlichen Angriff zu halten. Ebenſo
flüchteten ſich die Allobroger, welche jenſeits des Rhodanus Dörfer
und Beſitzungen hatten, zu Cäſar und erklärten, es ſei ihnen Nichts
als der nackte Erdboden übrig geblieben. Durch alles Dieſes fühlte
ſich Cäſar verpflichtet, nicht erſt zuzuwarten, bis die Helvetier die
ganze Habe der Bundesgenoſſen aufgezehrt hätten und in das San-
tonenland gekommen wären.

12. Der Arar (die Saone) mündet auf der Grenze zwiſchen
dem Häduer= und Sequanerland in den Rhodanus; er hat ein ſo
außerordentlich langſames Gefälle, daß man kaum erkennen kann,
nach welcher Richtung er fließt. Die Helvetier waren beſchäftigt,
ihn mittelſt Flößen und gekoppelten Booten zu überſchreiten[1]). Als
Cäſar durch ſeine Streifſchaaren erfuhr, daß Dreiviertel der Helvetier den Fluß ſchon überſchritten hätten, der vierte Theil ſich noch
dieſſeits befände, ſo brach er um die dritte Nachtwache[2]) mit drei
Legionen aus dem Lager auf und erreichte jenen Theil, welcher den
Fluß noch nicht überſchritten hatte. Er griff die Feinde unvorbereitet und keines Ueberfalls gewärtig, wie ſie waren, ſofort an und
machte einen großen Theil von ihnen nieder; der Ueberreſt ſuchte
ſein Heil in der Flucht und warf ſich in die nächſten Wälder. Es
war dies der ſogenannte Tiguriner=Stamm[3]). Das ganze hel-

---

[1]) Der Punkt, auf welchem die Helvetier über die Saone gingen, ſcheint
oberhalb Mâcon (dem alten Matisco) geweſen zu ſein.

[2]) Bei den Römern wurde der Tag von Sonnenaufgang bis Sonnenuntergang, die Nacht von Sonnenuntergang bis Sonnenaufgang gerechnet. Sowohl der Tag als die Nacht zerfielen in je 12 Stunden, welche alſo nach der
Jahreszeit bald länger und bald kürzer waren. Je 3 Nachtſtunden wurden
auf eine Nachtwache (vigilia) gerechnet, ſo daß die ganze Nacht aus 4 Nacht-
wachen beſtand. Wenn man alſo z. B. die Nacht nach unſerer Zeitrechnung
von 6 Uhr Abends bis 6 Uhr Morgens annimmt, ſo geht die erſte Nachtwache von 6—9 Uhr Abends, die zweite von da an bis Mitternacht, die dritte
von Mitternacht bis 3 Uhr Morgens, die vierte von da an bis 6 Uhr
Morgens.

[3]) Die Tiguriner wohnten wahrſcheinlich in den heutigen Cantonen
Freiburg und Waadt; ihr Hauptort war Aventicum (das heutige Avenches
oder Wiflisburg). Daß ſie mit Zürich (Turicum) Nichts zu ſchaffen haben

vetische Volk nämlich besteht aus vier Stämmen. Gerade jener Stamm war einst zur Zeit unserer Väter ausgezogen, hatte den Consul Lucius Cassius erschlagen und sein Heer unter's Joch geschickt. So mußte, sei es durch Zufall, sei es nach dem Rathschluß der unsterblichen Götter, eben jener Theil der Helvetier zuerst büßen, welcher dem römischen Volke einst einen so bedeutenden Schlag beigebracht hatte. Cäsar rächte übrigens durch diesen Sieg nicht nur eine das Vaterland, sondern auch eine ihn persönlich berührende Unbill. Die Tiguriner hatten nämlich in jener Schlacht zugleich mit dem Cassius auch dessen Legaten Lucius Piso, den Großvater von Cäsar's Schwiegervater Lucius Piso, erschlagen.

13. Um die Hauptmasse der Helvetier zu erreichen, ließ Cäsar nach diesem Treffen eine Brücke über den Arar schlagen und führte auf derselben das Heer hinüber. Seine plötzliche Annäherung machte auf die Helvetier großen Eindruck, indem sie sahen, daß er den Flußübergang in Einem Tage bewerkstelligt hatte, welchen sie selbst mit Mühe und Noth in zwanzig Tagen fertig gebracht hatten. Sie ordneten daher eine Gesandtschaft an ihn ab, deren Haupt jener Divico war, welcher im Feldzuge gegen Cassius an der Spitze der Helvetier gestanden hatte. Dieser stellt dem Cäsar vor: Wolle das römische Volk mit den Helvetiern Frieden machen, so seien sie bereit, dahin zu ziehen und dort sich anzusiedeln, wo ihnen Cäsar Land anweise, beharre er aber darauf den Krieg gegen sie fortzusetzen, so möge er an die einstige Niederlage der Römer und an die altererbte Tapferkeit der Helvetier denken. Er habe zwar unversehens einen Stamm angegriffen, während die anderen jenseits des Flusses diesen nicht unterstützen konnten. Er möge aber deßhalb keine zu hohe Meinung von sich haben und die Helvetier nicht unterschätzen. Sie seien von ihren Vätern und Ahnen her gewohnt, mehr der Tapferkeit als der List im Kampfe zu vertrauen und nicht in Ueberfällen ihre Stärke zu suchen. Er möge sich daher in Acht nehmen; es könnte sonst leicht ihr jetziger Lagerplatz durch ein Unglück der Römer und durch die Vernichtung ihres Heeres für alle Zukunft berühmt werden.

mag hier nur deßhalb bemerkt werden, da neuerdings de Sauley den alten, längst beseitigten Irrthum wieder aufgewärmt hat.

14. Cäsar's Antwort lautete also: Er habe keineswegs jenes Ereigniß vergessen, dessen die Helvetischen Gesandten gedächten: im Gegentheil, gerade darum sei er vollkommen entschieden; und er sei um so mehr über dasselbe entrüstet, als die Römer ganz unschuldig dazu gekommen seien. Denn wären sie sich einer Unbill bewußt gewesen, so hätten sie sich leicht dagegen wahren können. Umgekehrt sei gerade das Bewußtsein ihrer Schuldlosigkeit die Ursache ihrer Täuschung gewesen. Sie hätten keine Ursache zur Besorgniß gehabt und keine Besorgniß ohne Grund hegen wollen. Gesetzt aber, er wolle auch jene alte Schmach vergessen, würde er eben so ihre jüngste Unbill vergessen können? Gegen sein Verbot hätten sie den Durchzug durch die Provinz gewaltsam zu erzwingen versucht; Häduer, Ambarrer, Allobroger hätten sie gemißhandelt. Es verrathe denselben Geist, wenn sie mit solchem Uebermuthe ihres Sieges sich rühmten und sich darauf etwas zu Gute thäten, für alle ihre Unbilden so lange unbestraft geblieben zu sein. Pflegten doch aber die unsterblichen Götter den Verbrechern, welche sie strafen wollten, nicht selten recht auffallendes Glück und dauernde Straflosigkeit zu gewähren, um sie dann durch den jähen Schicksalswechsel desto empfindlicher zu treffen! Trotz alledem sei er dennoch bereit, mit ihnen Frieden zu machen, wenn sie erstens ihm durch Geiseln Bürgschaft für die Erfüllung ihrer Versprechungen geben, und zweitens den Häduern für sich und ihre Bundesgenossen wegen der an ihnen verübten Unbilden, sowie gleichermaßen auch den Allobrogern Genugthuung leisten wollten. Divico antwortete: die Helvetier seien von ihren Vorfahren her gewohnt, Geiseln zu nehmen, nicht zu geben: das wisse das römische Volk auch sehr gut. Mit dieser Antwort verabschiedete er sich.

15. Am folgenden Tage brachen sie auf. Cäsar that dasselbe und nahm seine ganze Reiterei an die Spitze, um die Marschrichtung des Feindes beobachten zu lassen. Diese Reiterei — etwa 4000 Pferde stark — war aus Contingenten der ganzen Provinz, der Häduer und ihrer Bundesgenossen zusammengesetzt. Sie drängte etwas zu hitzig auf die feindliche Nachhut und gerieth mit der Reiterei der Helvetier auf ungünstigem Terrain in's Gefecht, wobei einige von den Unsrigen auf dem Platze blieben. Dies Gefecht machte

die Helvetier übermüthig: hatten sie doch mit 500 Reitern eine so
große Uebermacht geworfen! Sie machten daher von nun an von
Zeit zu Zeit mit großer Reckheit Halt, ja sie begannen selbst durch
Angriffe ihrer Nachhut die Unsrigen zu necken. Cäsar ließ sich auf
kein Gefecht ein und begnügte sich für den Augenblick damit, den
Räubereien, Fouragirungen und Plünderungen des Feindes Einhalt
zu thun. So marschirte man etwa vierzehn Tage lang, so daß immer zwischen der feindlichen Nachhut und unserer Vorhut ein Abstand von höchstens fünf oder sechs Meilen war.

16. Tag für Tag unterdessen forderte Cäsar von den Häduern
das Korn, welches man ihm von Staatswegen versprochen hatte.
Denn bei der schon erwähnten nördlichen Lage Galliens war wegen
der Kälte das Korn auf den Feldern noch nicht reif, ja nicht einmal
Futter in genügender Menge vorhanden. Das Korn aber, welches
er auf dem Arar hatte nachführen lassen, konnte ihm deßhalb jetzt
nichts helfen, weil die Helvetier vom Arar abgebogen waren und er
sie nicht aus den Augen lassen wollte[1]). Die Häduer hielten ihn
von Tag zu Tag hin; immer hieß es, das Korn werde geliefert, herbeigeschafft, sei bereit. Da merkte Cäsar, daß man ihn lediglich
hinhalte, und schon rückte der Tag heran, an welchem die Soldaten
ihr Korn zu fassen hatten. Er berief daher die Fürsten der Häduer,
deren eine große Zahl sich bei ihm im Lager befanden, unter ihnen
den Divitiacus und den Liscus. Letzterer war gerade damals das
Staatsoberhaupt, welches in der Sprache der Häduer Vergo-
bretus[2]) heißt, alle Jahre neu gewählt wird und das Recht über
Leben und Tod hat. In dieser Versammlung beschwerte sich Cäsar
sehr ernstlich, daß man ihm unter so dringenden Umständen, bei sol-

---

[1]) Wahrscheinlich sind die Helvetier von dem Uebergangspunkte an das
Flußthal der Saone aufwärts bis Châlons (das alte Cabillonum) marschirt.
Von hier wendeten sie sich dann nach Nordwesten.

[2]) Noch jetzt soll der Maire von Autun (dem alten Bibracte) Vierg
heißen, was aus dem mittelalterlichen Vigerius entstanden ist, wie man unter den Herzögen von Burgund den obersten Polizeioffizianten nannte. S.
de Saulcy guerre des Helvètes. Paris 1860. p. 48 f. Das Wort selbst
erklärt Glück S. 131 als aus verg d. i. efficax und bret d. i. judicium
zusammengesetzt, also Gerichtsvollstrecker.

cher Nähe des Feindes kein Korn schaffe, während er es doch weder kaufen, noch an Ort und Stelle auftreiben könne; und doch habe er vorzugsweise auf ihre Bitten sich zu diesem Kriege entschlossen. Es sei also um so unverantwortlicher, ihn so im Stiche zu lassen.

17. Jetzt erst auf diese Rede des Cäsar brach Liscus sein bisheriges Stillschweigen und erklärte: Es gäbe gewisse Leute, welche bei'm gemeinen Manne außerordentlich beliebt seien und persönlich mehr Einfluß hätten, als die verfassungsmäßigen Gewalten selbst. Sie seien es, welche durch wühlerische und böswillige Einflüsterungen die Masse veranlaßten, das ausgeschriebene Korn nicht zu liefern; könnten die Häduer selbst nicht an die Spitze von Gallien treten, so sei es doch immer noch besser, andern Galliern als den Römern zu gehorchen; man solle sich nur nicht täuschen: wären die Römer einmal mit den Helvetiern fertig, so würden sie die Häduer so gut wie die übrigen Gallier knechten. Diese Leute seien es auch, welche unsere Beschlüsse und Alles, was in unserem Lager vorginge, dem Feinde verriethen. Er sei außer Stande, diese Leute im Zaum zu halten; ja er mache sich gar kein Hehl daraus, daß es für ihn sehr gefährlich sei, dem Cäsar nothgedrungen diese Mittheilung gemacht zu haben, und deßhalb habe er auch so lange als möglich geschwiegen.

18. Cäsar merkte wohl, daß diese Andeutungen des Liscus auf den Dumnorix, den Bruder des Divitiacus gingen; er wollte jedoch eine weitere Erörterung vor mehreren Zeugen vermeiden, entließ daher sofort die Versammlung und behielt nur den Liscus zurück. Diesen befrug er dann unter vier Augen über seine eben gemachten Mittheilungen. Frei und ohne Rückhalt sprach er sich aus. Cäsar zog dann bei Andern insgeheim ähnliche Erkundigungen ein und überzeugte sich von der Wahrheit der Aussagen des Liscus. Es war richtig Dumnorix: verwegen und unerschrocken, äußerst beliebt beim gemeinen Mann wegen seiner Freigebigkeit, arbeitete er auf einen Umsturz der Verfassung hin. Mehrere Jahre hinter einander hatte er die Zölle und die übrigen öffentlichen Einkünfte der Häduer um einen Spottpreis gepachtet, weil Niemand ihn zu überbieten wagte. Hiedurch hatte er seinen Reichthum vermehrt und sich für seine Freigebigkeit außerordentliche Mittel geschaffen; eine zahlreiche

Reiterei hielt er beständig in seinem Solde und um seine Person. Und sein Einfluß beschränkte sich nicht auf das eigene Volk, sondern er erstreckte sich auch auf die benachbarten Staaten; um diesen Einfluß zu gewinnen, hatte er seine Mutter mit dem mächtigsten Fürsten der Bituriger vermählt, selbst eine Helvetierin zur Frau genommen, seine Halbschwester mütterlicher Seite und seine Basen auf ähnliche Weise in andere Staaten verheirathet. Schon wegen dieser Verschwägerung sei er den Helvetiern geneigt und zugethan, gegen Cäsar und die Römer aber noch persönlich erbittert, weil ihre Ankunft seine Macht vermindert und seinem Bruder Divitiacus wieder zu seiner früheren einflußreichen und ehrenvollen Stellung verholfen hätte. Im Falle einer Niederlage der Römer durfte er bestimmt hoffen, mit Hülfe der Helvetier König zu werden; behielten die Römer ihre Oberherrschaft, so mußte er nicht blos darauf verzichten, König zu werden, sondern auch die Behauptung seiner gegenwärtigen Stellung ward mehr als zweifelhaft. Ferner brachte Cäsar bei diesen Erkundigungen auch heraus, daß jenes unglückliche Reitergefecht vor einigen Tagen von Dumnorix und seinen Reitern verschuldet worden sei — Dumnorix befehligte nämlich die Hülfsreiterei der Häduer —: diese hatten zuerst die Flucht ergriffen, ihre Flucht die übrige Reiterei mit fortgerissen.

19. Zu den hieraus hervorgehenden Verdachtsgründen kamen nun noch folgende bestimmte Thatsachen: er hatte die Helvetier durch das Sequanerland gebracht, er hatte den Austausch der Geiseln vermittelt, er hatte das Alles nicht nur wider Cäsar's und seiner eigenen Landsleute Willen, sondern auch hinter dem Rücken der letzteren gethan, er war von dem Staatsoberhaupt der Häduer selbst als der Schuldige bezeichnet. So hätte Cäsar hinlänglichen Grund gehabt, ihn entweder selbst zur Verantwortung zu ziehen oder durch seine Landsleute zur Verantwortung ziehen zu lassen. Gegen alles Dieses kam nur Eins in Betracht, die Rücksicht auf seinen Bruder Divitiacus, welcher dem römischen Volke eben so zugethan als dem Cäsar persönlich ergeben, außerdem ein außerordentlich treuer, redlicher und vernünftiger Mann war. Diesen mußte Cäsar befürchten durch eine Hinrichtung des Dumnorix zu verletzen. Ehe daher Cäsar einen Entschluß faßte, beschied er den Divitiacus zu sich, ließ die gewöhn-

lichen Dolmetscher abtreten und führte das Gespräch mit ihm durch
die Vermittelung des Cajus Valerius Procillus, eines angesehenen
Mannes aus der Provinz Gallien, der sein Vertrauter und in jeder
Beziehung vollkommen zuverlässig war. In diesem Gespräche erinnerte er ihn zunächst an die Aeußerungen über Dumnorix, welche
in Divitiacus' Gegenwart in der Versammlung der Gallier gefallen
waren, dann theilte er ihm mit, was er über Dumnorix unter vier
Augen von jedem Einzelnen in Erfahrung gebracht hatte. Er schloß
mit der dringenden Mahnung, Divitiacus möge sich nicht verletzt fühlen, wenn Cäsar entweder selbst nach Urtheil und Recht gegen seinen
Bruder verfahre oder die Häduer zu solchem Verfahren anweise.

20. Divitiacus umfaßte unter heißen Thränen Cäsar's Kniee
und beschwor ihn, er möge nicht allzu hart mit seinem Bruder verfahren; er wisse wohl, daß das Alles wahr sei, und es mache Niemandem mehr Kummer, als ihm; sei doch sein Bruder lediglich durch
ihn gestiegen, als dieser noch ein junger unbedeutender Mensch gewesen, er selbst aber bei seinen Landsleuten und im übrigen Gallien
den größten Einfluß besessen habe. Sein Bruder dagegen bediene
sich seiner Macht und seiner Mittel, nicht nur um seinen Einfluß zu
schwächen, sondern beinahe, um ihn zu Grunde zu richten. Nichtsdestoweniger müsse er, abgesehen von seiner Liebe zum Bruder, auch
der öffentlichen Meinung Rechnung tragen. Verhänge Cäsar eine harte
Maßregel über Dumnorix, so werde Jedermann glauben, es geschehe
dies im Einverständniß mit Divitiacus, da dieser zu jenem in so ver-
trautem Verhältnisse stehe. Die Folge werde sein, daß er in ganz Gallien
mißliebig werde. Auf diese beredten Bitten, welche Divitiacus unter Schluchzen an Cäsar richtete, ergriff dieser seine Hand, tröstete
und bat ihn, er solle aufhören zu bitten; versicherte, Divitiacus sei
ihm so werth, daß er aus Rücksicht auf seinen Wunsch und seiner Fürbitte zu Liebe dem Dumnorix sowohl den Hochverrath gegen Rom,
als die Beleidigung seiner Person verzeihen wolle. Hierauf ließ er
den Dumnorix vor sich rufen und hielt ihm in Gegenwart des Bruders Alles vor, was er gegen ihn hatte, setzte ihm auseinander, was
zu seiner eigenen Kenntniß gekommen und worüber seine Landsleute
sich beklagten, warnte ihn, in Zukunft keine Veranlassung zum Ver-
dachte mehr zu geben; das Vergangene wolle er ihm um seines Bru-

ders Divitiacus willen vergeben. Zugleich ließ er den Dumnorix scharf beobachten, so daß er von allen seinen Schritten und von seinem Umgang unterrichtet ward.

21. An demselben Tage erhielt Cäsar von seinen Streifern Meldung, der Feind habe acht Meilen von seinem Lager am Fuße eines Berges Halt gemacht; er schickte daher Leute aus, um die Beschaffenheit des Berges und, wie derselbe von allen Seiten zugänglich sei, auszukundschaften. Es ward gemeldet, er sei leicht zu ersteigen. Darauf schickte Cäsar zu Anfang der dritten Nachtwache seinen ersten Legaten Titus Labienus mit zwei Legionen und mit den Führern ab, welche den Weg ausgekundschaftet hatten, mit dem Befehl, den Gipfel des Berges zu besetzen, indem er ihm zugleich die nöthigen Weisungen gab. Er selbst brach zu Anfang der vierten Nachtwache auf und rückte auf derselben Straße, welche der Feind genommen hatte, gegen diesen vor; die Reiterei bildete die Vorhut. Publius Considius, welcher für einen sehr tüchtigen Offizier galt und im Heere des Lucius Sulla, später unter Marcus Crassus gedient hatte, ward mit den Streifern vorausgesandt.

22. Bei Tagesanbruch hatte Labienus den Berggipfel besetzt; Cäsar selbst war nur noch anderthalb Meilen vom feindlichen Lager entfernt, und, wie man später von Gefangenen erfuhr, hatte der Feind weder von seiner, noch von des Labienus Nähe eine Ahnung. Da kam Considius in vollem Rennen herangesprengt und meldete, der Berg, welchen Labienus hätte besetzen sollen, sei in den Händen des Feindes; er habe es an den Waffen und Abzeichen der Gallier erkannt. Cäsar führte seine Truppen auf den nächsten Hügel und stellte sie in Schlachtordnung. Labienus hatte von Cäsar die Weisung erhalten, nicht eher den Kampf zu beginnen, als bis er ihn selbst mit seinen Truppen in der unmittelbaren Nähe des feindlichen Lagers sähe, damit der Feind gleichzeitig von allen Seiten angegriffen würde. Er blieb daher ruhig auf seinem Berge stehen und erwartete die Unsrigen, ohne sich in ein Gefecht einzulassen. Es war schon spät am Tage, als Cäsar durch seine Streifer erfuhr, die Seinigen hielten den Berg besetzt und die Helvetier seien abgezogen, Considius aber habe in seiner Angst Gespenster gesehen und demgemäß Meldung gemacht. So folgte er an diesem Tage den Feinden

mit dem gewöhnlichen Abstand und schlug drei Meilen von ihrem Lager das seinige auf.

23. Es fehlten nur noch zwei Tage, daß die Truppen ihr Korn zu fassen hatten, und Bibracte[1]), die wohlversehene Hauptstadt der Häduer, war nur 18 Meilen entfernt. Cäsar glaubte daher für die Verpflegung sorgen zu müssen, bog am folgenden Tage von den Helvetiern ab und schlug den Weg nach Bibracte ein. Das wurde dem Feinde durch flüchtige Sklaven des Lucius Aemilius, eines Decurionen der gallischen Reiter, verrathen. Die Helvetier bildeten sich vielleicht ein, daß die Römer aus Furcht abzögen, worin sie dadurch bestärkt sein konnten, daß die Römer am Tag vorher, trotz ihrer beherrschenden Stellung, sie nicht angegriffen hatten; vielleicht schmeichelten sie sich auch, die Römer von ihrer Verpflegung abschneiden zu können. Genug, sie änderten ihren Plan, kehrten um und begannen unsere Nachhut zu drängen und zu necken.

24. Als dies Cäsar bemerkte, führte er seine Truppen auf die nächste Höhe und schickte die Reiterei vor, um den Feind aufzuhalten. Er selbst stellte unterdessen auf der Hälfte des Abhanges seine vier alten Legionen in drei Treffen auf; auf dem Kamme der Höhe dagegen ließ er die beiden neu ausgehobenen Legionen aus dem diesseitigen Gallien und die sämmtlichen Hülfstruppen Stellung nehmen, so daß der ganze Berg besetzt war; Troß und Gepäck ließ er auf Einen Platz vereinigen und diesen von den oben auf der Höhe aufmarschirten Truppen verschanzen. Unterdessen hatten auch die Helvetier[2]), welche mit allen ihren Karren gefolgt waren, ihren Troß auf Einen Platz vereinigt; sie selbst warfen in gedrängtem Haufen unsere Reiterei zurück und rückten dann in festgeschlossener Linie gegen unser erstes Treffen an.

---

[1]) Später Augustodunum genannt, das heutige Autun. Mit großer Wahrscheinlichkeit hat de Sauley das Schlachtfeld in nordöstlicher Richtung von da, zwischen Ivry und dem Dorfe Cussy-la-Colonne gesetzt; und so ist es denn auch auf der Napoleonischen Charte, südlich von Bessy-en-Chaumes, verzeichnet.

[2]) Die vielbesprochene Stelle ist, zum Theil nach Nipperdey, wohl so anzuordnen: — veteranarum, sed in summo jugo duas legiones, quas in Gallia citeriore proxime conscripserat, et omnia auxilia conlocari ae totum montem hominibus compleri, impedimenta et sarcinas — muniri jussit. Interea Helvetii u. s. w. ·

25. Cäsar ließ zuerst sein eignes Pferd, dann die aller Uebrigen entfernen: die Gefahr sollte für alle gleich sein, Niemand auf Flucht rechnen können; dann ließ er nach einer kurzen Ansprache zum Gefechte vorgehen. Da die Soldaten ihre Pilen von oben herunter warfen, brachen sie mit leichter Mühe Lücken in die feindliche Linie. Sofort griffen sie dann zum Schwert und begannen das Handgemeng. Den Galliern war besonders folgender Umstand für das Handgemeng hinderlich. Ein Pilum durchbohrte oft mehrere Schilde und heftete sie an einander. Hatte sich dann das Eisen umgebogen, so konnte man das Pilum nicht wieder herausziehen, die Leute konnten ihren linken Arm nicht frei bewegen und wurden dadurch im Gebrauche der Waffen gehindert. Viele zogen es daher vor, nachdem sie lange den Arm geschüttelt hatten, den Schild fahren zu lassen und ohne Schutzwaffe zu kämpfen. Endlich nach schwerem Verluste begannen sie langsam zu weichen und sich auf eine etwa eine Meile entfernte Höhe zurückzuziehen, wo sie sich von Neuem aufstellten. Die Unsrigen rückten ihnen nach. Unterdessen waren die Bojer und Tulinger, welche, ungefähr 15,000 Mann stark, die feindliche Nachhut bildeten und den Troß deckten, im Anmarsche den Unsrigen in die ungedeckte Flanke gekommen und griffen diese an; und als die Helvetier auf der Höhe dies sahen, gingen auch sie wieder vor und erneuerten das Gefecht. Die Römer machten durch eine Schwenkung Front nach beiden Seiten, das erste und zweite Treffen gegen die schon geschlagene und geworfene Hauptmacht, das dritte Treffen gegen die eben erscheinenden Truppen.

26. So wurde der Kampf auf beiden Fronten lange und heftig fortgesetzt. Als endlich die Feinde den Unsrigen nicht länger widerstehen konnten, so zogen sich die einen völlig auf die Höhe zurück, die anderen zu dem Troß und zu den Karren. In dem ganzen Kampfe, der von der siebenten Stunde[1] bis Sonnenuntergang dauerte, hatte kein Feind uns den Rücken gezeigt. Und noch bis tief in die Nacht hinein dauerte das Handgemeng bei dem großen Gepäck. Sie hatten nämlich aus ihren Karren eine Wagenburg gebildet und em-

[1] Etwa 1 Uhr Nachmittags.

pfingen die Unsrigen von dieser herab mit ihren Geschossen, während Einige zwischen den Rädern der Karren aufgestellt ihre Wurfspieße von unten her schleuderten. So wurden uns viele Leute verwundet. Nach langem Kampfe bemächtigten sich die Unsrigen des Trosses und des Lagers. Dabei fiel Orgetorix' Tochter und einer seiner Söhne in ihre Hände. Es waren nach diesem Kampfe noch ungefähr 130,000 Menschen übrig; diese brachen sofort auf, marschirten ohne Aufenthalt noch die ganze Nacht und kamen (in beständigen Tag- und Nachtmärschen) am vierten Tage in das Gebiet der Lingonen[1]. Die Unsrigen hatten sie nicht verfolgen können, weil sie durch die Sorge für die Verwundeten und die Bestattung der Gefallenen drei Tage lang aufgehalten wurden. Dafür schickte Cäsar Boten mit einer schriftlichen Aufforderung an die Lingonen: sie sollten den Helvetiern weder durch Kornlieferung noch sonst irgendwie Vorschub leisten; thäten sie es, so werde er mit ihnen verfahren wie mit den Helvetiern. Er selbst rückte diesen nach Verlauf der drei Tage mit seinem ganzen Heere nach.

27. Die Helvetier, vom äußersten Mangel bedrängt, schickten Gesandte an Cäsar, um ihre Unterwerfung anzutragen. Diese trafen Cäsar auf dem Marsche, warfen sich ihm zu Füßen und baten unter Thränen flehentlich um Frieden. Cäsar befahl ihnen, an ihrem gegenwärtigen Lagerplatze seine Ankunft abzuwarten. Sie gehorchten. Als Cäsar dort angelangt war, verlangte er von ihnen die Stellung von Geiseln, so wie die Auslieferung der Waffen und der zu ihnen übergelaufenen Sklaven. Als es über den Anstalten, dies herbeizuschaffen, Nacht geworden war, verließen etwa 6000 Mann von dem sogenannten Verbigener Stamm bei Einbruch der Dunkelheit das helvetische Lager und schlugen die Richtung nach dem Rhein und dem Gebiet der Germanen ein: sei es, weil sie fürchteten, nach Auslieferung der Waffen mit dem Tode bestraft zu

---

[1] Die Hauptstadt der Lingonen, Andematunnum, heutzutage Langres, ist etwa 14—15 deutsche Meilen vom Schlachtfelde entfernt. Uebrigens sind die Worte nullam partem noctis itinere intermisso, welche nur dann einen Sinn hätten, wenn sie die von uns substituirte Bedeutung haben könnten, als Glossem der vorhergehenden tota nocte continenter zu betrachten.

werden, sei es in der Hoffnung, ihre Flucht werde gelingen, weil sie bei einer solchen Masse von Gefangenen entweder nicht auffallen oder vielleicht gar nicht bemerkt werden würde.

28. Aber Cäsar erfuhr es doch; er ließ daher den Völkerschaften, durch deren Gebiet sie gezogen waren, entbieten, sie möchten die Flüchtlinge anhalten und ausliefern, wenn sie nicht als Mitschuldige angesehen sein wollten. Die Ausgelieferten behandelte er als Feinde, die Unterwerfung der übrigen nahm er an, nachdem sie Geiseln, Waffen und Ueberläufer übergeben hatten. Den Helvetiern, Tulingern und Latovikern gebot er, in ihre verlassene Heimath zurückzukehren, und weil sie nach Vernichtung aller ihrer Früchte daheim Nichts zu essen hatten, so wies er die Allobroger an, ihnen das nöthige Korn zu liefern; ihre niedergebrannten Städte und Dörfer hatten sie selbst wieder aufzubauen. Er handelte so vornämlich aus dem Grunde, weil er nicht wollte, daß das Land der Helvetier verlassen bliebe; es hätten sonst leicht die Germanen von jenseits des Rheins sich durch die Güte des Bodens bestimmen lassen, in Helvetien einzuwandern, und wären so die nächsten Nachbarn der Provinz Gallien und der Allobroger geworden. Den Häduern gestattete er auf ihr Ansuchen die tapferen Bojer bei sich aufzunehmen. Die Häduer wiesen ihnen Land an und gewährten ihnen später gleiche staatsbürgerliche Rechte.

29. Man fand im Lager der Helvetier Verzeichnisse in griechischer Schrift und brachte sie Cäsar. In diesen Verzeichnissen war die gesammte Zahl der Ausgewanderten namentlich aufgeführt, und zwar die Waffenfähigen besonders, und wieder die Weiber, Kinder und Greise besonders. Nach diesen einzelnen Rubriken belief sich die Zahl der Helvetier auf 263,000 Köpfe, die der Tulinger auf 36,000, die der Latoviker auf 14,000, die der Rauraker auf 23,000, die der Bojer auf 32,000, Alles in Allem 368,000 Köpfe, unter ihnen gegen 92,000 Waffenfähige. Die Zahl der in die Heimath Zurückkehrenden betrug nach der von Cäsar angeordneten Zählung 110,000.

2*

II. Der Feldzug gegen Ariovistus.

(Cap. 30—53.)

30. Nach Beendigung des Helvetischen Krieges fanden sich die Oberhäupter der Cantone von fast ganz Gallien bei Cäsar ein, um ihm ihre Glückwünsche darzubringen. Allerdings seien die Helvetier zunächst für ihre alten Unbilden gegen die Römer von diesen durch den eben beendeten Krieg bestraft worden, nichtsdestoweniger sei es ihnen klar, daß dieser Ausgang den Galliern nicht minder ersprießlich sei, als den Römern; denn die Helvetier hätten sich daheim ganz wohl befunden und seien lediglich deshalb ausgewandert, um ganz Gallien zu bekriegen, zu unterwerfen und sich dann den blühendsten und fruchtbarsten Theil von Gallien zum Wohnsitz auszulesen, von da aus aber alle übrigen Cantone als zinspflichtige Unterthanenlande zu beherrschen. Die Gesandten ersuchten ferner Cäsar um die Erlaubniß, mit seiner Bewilligung eine allgemeine Tagsatzung für ganz Gallien auszuschreiben; sie wollten nach gemeinsamem Beschluß einige Bitten über gewisse Dinge an ihn richten. Cäsar bewilligte dies. Sie bestimmten darauf einen Tag, (hielten die Tagsatzung ab,) [1]) und verpflichteten sich auf dieser unter einander durch einen Eid, daß Niemand, mit Ausnahme der offiziell damit Beauftragten, über die Verhandlungsgegenstände etwas verlauten lassen sollte.

31. Nach dem Schlusse dieser Tagsatzung kehrten dieselben Oberhäupter der Cantone, welche schon vorher bei Cäsar gewesen waren, zu ihm zurück und ersuchten ihn um eine geheime Unterredung; sie hätten Dinge von der größten Wichtigkeit nicht blos für sie selbst, sondern für ganz Gallien mit ihm zu verhandeln. Da Cäsar ihnen diese Bitte gewährte, so warfen sie sich ihm Alle weinend zu Füßen und beschworen ihn auf das Dringendste, ihre Mittheilungen streng geheim zu halten; das sei für sie eben so wichtig als die wirk-

---

[1]) Es ist hier jedenfalls eine Lücke, welche dem Sinne nach etwa so auszufüllen ist: diem constituerunt concilinmque habuerunt et jurejurando u. s. w.

liche Gewährung ihrer Bitte; denn verlautete etwas davon, so sähen sie einen qualvollen Tod vor Augen. Dann nahm der Häduer Divitiacus in ihrem Namen das Wort: Ganz Gallien sei in zwei Bünde gespalten; an der Spitze des einen stünden die Häduer, an der Spitze des andern die Arverner. Lange Jahre hätten sich diese auf's Heftigste die Hegemonie streitig gemacht; endlich hätten zu dem Ende die Arverner und Sequaner Germanen in Sold genommen. Anfangs seien etwa 15,000 von diesen über den Rhein gekommen. Bald aber hätten diese rohen Wilden an den wohlbestellten Aeckern, dem Wohlstand und Reichthum Galliens Gefallen gefunden, seien in immer größerer Zahl herübergekommen, und gegenwärtig ständen sie bereits 120,000 Mann stark in Gallien. Die Häduer und ihre Verbündeten hätten wiederholt im offenen Felde ihnen gegenüber gestanden, seien aber mit schwerem Verluste geschlagen worden und hätten ihren ganzen Adel, den ganzen Rath und ihre ganze Reiterei eingebüßt. Die Häduer, einst durch ihre eigene Tapferkeit und durch ihre Verbindung mit den Römern das erste Volk Galliens, seien durch diese unglücklichen Schlachten gebrochen und gezwungen worden, den Sequanern die Ersten ihres Volkes als Geiseln zu stellen; ja der ganze Staat habe sich eidlich verpflichten müssen, niemals die Geiseln zurückzufordern, niemals die Römer zu Hülfe herbeizurufen, niemals gegen die Botmäßigkeit und die Oberherrschaft der Germanen auch nur eine Einsprache zu erheben. Er, Divitiacus, sei von dem ganzen Volke der Häduer der einzige gewesen, welcher sich nicht herbeigelassen habe jenen Eid zu leisten und seine Kinder als Geiseln zu stellen. Deswegen habe er aus seinem Vaterlande flüchten müssen und habe sich nun nach Rom an den Senat um Hülfe gewendet, da er weder durch einen Schwur noch durch Geiseln gebunden sei. Uebrigens sei es den siegreichen Sequanern noch schlimmer ergangen, als den besiegten Häduern. Ariovist nämlich, der König der Germanen, habe sich auf ihrem Gebiete festgesetzt und ein Drittheil des ganzen Sequanerlandes, was in ganz Gallien seines Gleichen nicht habe, in Beschlag genommen, und jetzt verlange er gar von den Sequanern die Ueberlassung eines zweiten Drittheils. Es seien nämlich vor wenigen Monaten 24,000 Haruder zu ihm gestoßen und diese sollten Wohnsitze erhalten. Gehe es so fort, so würden binnen weniger Jahre alle Gallier aus ihrem Lande vertrieben und alle Germanen diesseits des Rheines sein, denn gallisches und germanisches Land, gallische und germanische Lebensweise könne man gar nicht mit einander vergleichen. Ariovist selbst führe seit seinem großen Siege über die vereinigten Gallier bei Magetobriga[1]) ein übermüthiges und grausames Regiment, er fordere die Kinder der Edeln als Geiseln und verhänge über sie alle möglichen Strafen und Martern, sobald irgend Etwas nicht nach seinem Wink und Willen geschehe. Er sei ein jähzorniger, leidenschaftlicher Wilder; man könne sein Regiment nicht länger ertragen. Fände man keine Hülfe bei Cäsar und den Römern, so seien alle Gallier genöthigt, dem Beispiele der Helvetier zu folgen, ihre Heimath zu verlassen, eine andere Heimath, andere Wohnsitze fern von den Germanen sich zu suchen und zu erwarten, was das Schicksal über sie verhänge. Erführe Ariovist von dieser Mittheilung Etwas, so werde er unzweifelhaft alle Geiseln, die er in Händen habe, einem grausamen Tode opfern. Cäsar allein vermöge durch seine Persönlichkeit, durch sein Heer, durch seinen kürzlich erfochtenen Sieg und durch den Namen des römischen Volkes die Germanen von weiterem Vordringen über den Rhein abzuhalten, er vermöge ganz Gallien gegen die Unbilden des Ariovist zu schützen.

32. Nach dieser Rede des Divitiacus baten alle Anwesenden unter lautem Weinen Cäsar um seine Hülfe. Cäsar bemerkte, daß einzig und allein die Sequaner sich aller dieser Aeußerungen enthielten und traurig gesenkten Hauptes den Blick auf den Boden hefteten. Verwundert frug er sie nach der Ursache ihres Verhaltens. Die Sequaner geben keine Antwort, sondern bleiben traurig und stumm wie zuvor. Er wiederholte seine Fragen, konnte aber kein Wort aus ihnen herausbringen, bis endlich wiederum der Häduer Divitiacus das Wort nahm: Die Sequaner seien weit übler und elender daran, als alle anderen; sie allein dürften es nicht wagen, nicht einmal im Geheimen, sich zu beschweren oder um Hülfe zu

---

[1]) Magetobriga — das ist nach Glück S. 121—131 die richtige Form, welche er mit amplus collis erklärt — ist wahrscheinlich das heutige la Molgte de Broye unmittelbar am Einfluß des Dignon in die Saone.

bitten; Ariovist's grausames Bild stehe vor ihren Augen, selbst wenn sie ihn nicht sähen; denn den Anderen bliebe doch wenigstens noch die Möglichkeit der Flucht, die Sequaner aber müßten jede Mißhandlung über sich ergehen lassen, da sie den Ariovist bei sich aufgenommen hätten und alle ihre Städte in seinen Händen seien.

33. Nach diesen Mittheilungen sprach Cäsar den Galliern Muth ein und verhieß die Sache in Erwägung zu ziehen; er hoffe zuversichtlich, Ariovist werde durch die Rücksicht auf Cäsar und dessen gute Dienste sich bestimmen lassen, seinen Unbilden ein Ende zu machen. Mit dieser Antwort entließ er die Versammlung. Abgesehen von jenen Mittheilungen fand Cäsar auch andere Gründe, diese Sache ernstlich in's Auge zu fassen und in Angriff zu nehmen. Vor Allem bedachte er, daß der Senat mehrmals die Häduer als Freunde und Brüder anerkannt hatte, und daß dieselben dennoch in der Dienstbarkeit und unter der Botmäßigkeit der Germanen ständen, dem Ariovist ebenso wie den Sequanern Geiseln gestellt hätten — eine Schmach für seine Person wie für das römische Volk bei dessen Ansprüchen auf Weltherrschaft. Ferner erkannte er, daß es für die Römer gefährlich sei, wenn die Germanen sich gewöhnten über den Rhein zu gehen, und massenhaft in Gallien sich anzusiedeln. Hätten diese rohen Wilden einmal ganz Gallien besetzt, so würden sie, schloß er, ohne Weiteres wie die Cimbern und Teutonen auch in die Provinz eindringen und von da nach Italien herüberkommen. Die Provinz ist ja von dem Sequanerland nur durch den Rhodanus geschieden. Dieser Gefahr glaubte Cäsar unverzüglich entgegentreten zu müssen. Ariovist übrigens an und für sich war so übermüthig und anmaßend geworden, daß man das nicht länger mit anfehen konnte.

34. Er beschloß daher an den Ariovist eine Gesandtschaft zu schicken und ihn aufzufordern, er möge halbwegs zwischen ihnen beiden einen Ort für eine Unterredung bestimmen: er wolle mit ihm über Staatsangelegenheiten von der höchsten Wichtigkeit für beide Theile verhandeln. Ariovist antwortete dieser Gesandtschaft: wenn er den Cäsar brauche, so würde er zu Cäsar kommen; wenn Cäsar etwas von ihm wolle, so müsse Cäsar zu ihm kommen. Außerdem könne er nur an der Spitze eines Heeres in dem Theile von Gallien erscheinen, der in Cäsar's Händen sei; ein Heer aber könne er nicht

ohne große Kosten und Umstände vereinigen. Uebrigens müsse er sich auch wundern, was Cäsar oder überhaupt die Römer in seinem Gallien zu suchen hätten, das er in ehrlichem Kampfe erobert habe.

35. Auf diese Antwort schickte Cäsar wiederum Gesandte an Ariovist mit folgendem Auftrag: Das sei also der Dank des Ariovist an Cäsar und das römische Volk für die erwiesene Freundschaft! Unter Cäsar's Consulat[1]) sei Ariovist vom Senat als König und Bundesgenosse anerkannt worden, und nun weigere er sich, die Einladung zu einer Unterredung anzunehmen und über gemeinschaftliche Interessen mit Cäsar zu verhandeln und zu berathen. Unter diesen Umständen lasse ihm denn Cäsar einfach seine Forderungen wissen: erstens solle er keine weiteren Massen über den Rhein nach Gallien herüberziehen; zweitens solle er die Geiseln der Häduer freigeben und den Sequanern gestatten, ein Gleiches mit den Geiseln zu thun, welche sie von den Häduern in Händen hätten; endlich solle er die Häduer in Ruhe lassen und weder sie noch ihre Verbündeten mit Krieg überziehen. Entspreche Ariovist diesen Forderungen, so werde er mit Cäsar und den Römern auch ferner in bestem Vernehmen bleiben, wo nicht, so sehe sich Cäsar genöthigt der Häduer sich anzunehmen, da nach einem Senatsbeschluß aus dem Consulatjahre des Marcus Messala und des Marcus Piso[2]) der jedesmalige Statthalter der Provinz Gallien verpflichtet sei, die Häduer und die übrigen Bundesgenossen des römischen Volkes zu vertheidigen, sofern es dem Interesse der Republik angemessen sei.

36. Darauf antwortete Ariovist: Nach dem Rechte des Krieges könne der Sieger mit dem Besiegten nach seinem Belieben schalten; auch die Römer pflegten mit den Besiegten nicht nach der Vorschrift eines Dritten, sondern nach ihrem eigenen Gutdünken zu schalten. Er schreibe den Römern nicht vor, wie sie ihr Recht ausüben sollten; ebensowenig dürften die Römer ihm sein Recht verkümmern. Die Häduer hätten das Kriegsglück versucht, seien in offener Feldschlacht besiegt und in Folge davon ihm zinspflichtig geworden. Es sei sehr unrecht von Cäsar, durch sein Einschreiten dem

---

[1]) 59 v. Chr.
[2]) 61 v. Chr.

Ariovist seine Einnahmen zu schmälern. Die Geiseln werde er den Häduern nicht herausgeben, aber ohne Ursache werde er weder sie noch ihre Verbündeten mit Krieg überziehen, vorausgesetzt natürlich, daß sie ihre Schuldigkeit thäten und ihm jährlich seinen Tribut zahlten. Thäten sie dies nicht, so werde ihnen die Brüderschaft mit den Römern verdammt wenig helfen. Cäsar kündige ihm freilich an, er würde sich der Häduer annehmen. Nun, jeder Feind sei bisher nur zu seinem eigenen Verderben dem Ariovist entgegengetreten. Cäsar möge nur kommen, wenn er Lust habe: er werde bald erfahren, wie seine unbesiegbaren, waffengeübten Germanen sich schlügen, welche 14 Jahre lang unter kein Dach gekommen seien.

37. Gerade als Cäsar diesen Bescheid erhielt, trafen gleichzeitig auch Gesandte von den Häduern und Treverern[1]) ein; die Häduer, um sich zu beklagen, daß die kürzlich nach Gallien herübergeholten Haruder ihr Gebiet verwüsteten — nicht einmal durch die Stellung von Geiseln könnten sie von Ariovist Frieden erkaufen —; die Treverer mit der Nachricht, die hundert Stämme der Sueben lagerten bereits am Ufer des Rheines und seien im Begriff, denselben zu überschreiten, die Brüder Nasua und Cimberius ständen an ihrer Spitze. Diese Nachrichten beunruhigten Cäsar nicht wenig, und er glaubte keine Zeit verlieren zu dürfen, damit nicht der frische Zuzug der Sueben mit den alten Schaaren des Ariovist sich verbände und der Kampf dann um so schwieriger werde. Er traf daher mit möglichster Beschleunigung die nöthigen Anordnungen für die Verpflegung und rückte dann in Eilmärschen dem Ariovist entgegen.

38. Nach einem Marsche von drei Tagen erhielt er Meldung, Ariovist sei mit seinem ganzen Heere aufgebrochen, um Besontio (Besançon), die Hauptstadt der Sequaner, zu besetzen, und er sei bereits drei Tagemärsche über sein Gebiet hinaus. Der Besetzung jener Stadt glaubte Cäsar um jeden Preis zuvorkommen zu müssen. Denn alle möglichen Kriegsbedürfnisse waren dort mit größter Leichtigkeit zu beschaffen, und sie war durch ihre Lage und Festigkeit be-

---

[1]) Dies und nicht das gewöhnliche Trevirer ist die richtige Benennung des Volkes, von welchem bekanntlich Trier seinen Namen hat. S. Glück S. 155—157.

sonders geeignet, für das Hinziehen des Krieges einen vortrefflichen Stützpunkt zu bieten. Der Fluß D u b i s (Doubs) nämlich umfließt wie in einem regelmäßigen Kreise fast die ganze Stadt. Den einzigen Zugang, welchen der Fluß offen läßt — seine Breite beträgt nicht mehr als 600 Fuß — nimmt ein Berg von bedeutender Höhe ein, der sich auf beiden Seiten mit seinen Abhängen bis unmittelbar zum Flußufer herab erstreckt. Er ist mit einer Ringmauer befestigt, welche ihn zugleich mit der Stadt verbindet. Hieher marschirte Cäsar in starken Märschen bei Tag und bei Nacht, nahm die Stadt in Besitz und legte eine Garnison ein.

39. Während Cäsar einige Zeit bei Besontio verweilte, um Verpflegung und Zufuhr zu ordnen, zogen die Unsrigen bei den Galliern und den Kaufleuten Erkundigungen ein. Diese konnten nicht genug erzählen von der riesenmäßigen Größe der Germanen, ihrer fabelhaften Tapferkeit, ihrer Uebung in den Waffen; sie hätten oft bei'm Zusammentreffen mit ihnen nicht einmal ihre trotzige Miene und ihren feurigen Blick aushalten können. Diese Aeußerungen verbreiteten mit einem Male im ganzen Heere die größte Furcht; Alles gerieth in eine fieberhafte Bewegung. Die Furcht zeigte sich zuerst bei den Kriegstribunen, Präfecten und Anderen, welche, ohne gerade viel vom Kriegshandwerk zu verstehen, dem Cäsar nur aus Anhänglichkeit gefolgt waren. Diese kamen bei Cäsar unter verschiedenen Vorwänden dringend um Urlaub ein. Nur Wenige blieben zurück, weil sie sich schämten in den Verdacht der Feigheit zu gerathen; sie konnten aber weder ihre Mienen beherrschen, noch ihre Thränen jederzeit zurückhalten; sie saßen in ihren Zelten und klagten entweder einsam über ihr Schicksal oder jammerten mit ihren Vertrauten über die gemeinsame Gefahr. Ueberall im ganzen Lager wurden Testamente gemacht. Diese Ausbrüche der Furcht wirkten mit der Zeit auch auf die alten gedienten Soldaten, die Centurionen und die Obersten der Reiterei. Einige von diesen, die nicht für furchtsam gelten wollten, äußerten sich dahin: sie fürchteten sich nicht vor dem Feinde, aber wohl vor den schwierigen Pässen und ausgedehnten Wäldern, welche uns noch von Ariovist trennten; oder sie sprachen die Besorgniß aus, daß die regelmäßige Zufuhr der Verpflegung ihre großen Schwierigkeiten haben werde. Einige meldeten gar dem

Cäsar, die Soldaten würden aus Furcht den Gehorsam aufkündigen und nicht marschiren, wenn er den Befehl zum Aufbruch und Abmarsch geben werde.

40. Als Cäsar dies inne ward, berief er einen allgemeinen Kriegsrath, zog die Centurionen aller Grade zu und hielt ihnen eine eindringliche Strafrede zuerst darüber, daß sie sich berufen hielten, über die Richtung und Absicht des Marsches zu grübeln und nachzusinnen. Habe doch Ariovist in Cäsar's Consulatjahre sich eifrigst um die Freundschaft des römischen Volkes bemüht, warum man denn annehmen solle, daß er leichtsinnig dieses Verhältniß aufgeben werde? Er für seine Person habe den festen Glauben, Ariovist werde die Gunst Cäsar's und der Römer nicht verscherzen wollen, sobald er erst deren Forderungen kennen gelernt und von ihrer Billigkeit sich überzeugt habe. Sollte aber Ariovist in einem Anfall von Tollheit und Blödsinn wirklich Krieg anfangen, was hätten sie denn da zu fürchten? warum wollten sie denn ihrer eigenen Tapferkeit oder der Umsicht ihres Feldherrn mißtrauen? Man habe sich ja schon mit diesem Feinde zur Zeit unserer Väter gemessen, als Cajus Marius die Cimbern und Teutonen[1]) geschlagen und dabei das Heer eben so großen Ruhm erworben habe als der Feldherr selbst. Man habe sich ferner mit ihm neuerdings in Italien bei'm Sklavenaufstande[2]) gemessen, wo ihm doch noch dazu die von uns erlernte Ordnung und Mannszucht einigermaßen zu Gute gekommen sei. Und doch habe man diesen Feind trotz seiner Waffen und Siege zuletzt überwunden, während man sich ohne Ursache vor ihm eine Zeitlang gefürchtet, da ihm noch keine Waffen zu Gebot standen. Das sei ein Beweis dafür, wie gut es sei, den Muth nicht zu verlieren. Und endlich sei dies ja derselbe Feind, welchem die Helvetier nicht allein in ihrem, sondern selbst in seinem Lande gewöhnlich mit glücklichem Erfolge die Spitze geboten hätten, dieselben Hel-

---

[1]) 102 v. Chr. die Teutonen bei Aquae Sextiae (heutzutage Aix in der Provence), 101 v. Chr. die Cimbern in den Raudischen Gefilden bei Vercelli.

[2]) 73—71 v. Chr. Cäsar nimmt — wohl mehr rhetorisch als historisch — germanische Fechtersklaven als den Hauptbestandtheil der Schaaren des Spartacus an.

vetier, welche unserem Heere nicht hätten widerstehen können. Vielleicht mache auf den und jenen die Niederlage und Flucht der Gallier
einigen Eindruck. Der möge aber die näheren Umstände dabei in
Erwägung ziehen. Die Gallier seien durch die lange Dauer des
Krieges ermüdet gewesen; Ariovist habe sich Monate lang in festem
Lager und hinter Sumpfland gehalten und durchaus auf keine
Schlacht eingelassen; die Gallier hätten bereits jeden Gedanken an
eine Schlacht aufgegeben und sich zerstreut gehabt, als Ariovist plötzlich über sie hergefallen sei und sie nicht sowohl durch Tapferkeit als
durch schlaue Berechnung geschlagen habe. Er werde wohl selbst
nicht hoffen, durch solche Kunstgriffe, welche gegen unerfahrene Wilde
am Platze gewesen, römische Heere berücken zu können.

Wollten dann Einige ihre Feigheit hinter der erheuchelten Besorgniß wegen der Verpflegung und der schwierigen Pässe verstecken,
so sei das eine Unverschämtheit, zu zweifeln, daß der Feldherr seine
Pflicht thun werde oder ihm über das Wie Vorschriften machen zu
wollen. Das sei seine Sache. Sequaner, Leuker[1]) und Lingonen
hätten Getreide zu liefern, außerdem sei das Korn auf den Feldern
bereits reif; über die Beschaffenheit der Straßen würden sie selbst in
kürzester Frist urtheilen können. Wenn es dann endlich heiße, die
Soldaten würden ihm den Gehorsam aufkündigen und nicht marschiren, so sei ihm dieses Gerede vollkommen gleichgültig; er wisse,
daß ein Heer nie einem Feldherrn den Gehorsam aufkündige, wenn
er nicht entweder es schlecht und unglücklich führe oder des Ver-
brechens gemeiner Habsucht sich schuldig mache. Sein bisheriges
Leben sei Zeuge seiner Uneigennützigkeit, sein Sieg über die Helvetier Beweis seines Glückes. Er habe sich vorgenommen gehabt,
erst in einigen Tagen abzumarschiren; nun aber werde er schon in
der nächsten Nacht mit der vierten Nachtwache aufbrechen, um so
bald als möglich sich zu überzeugen, ob das Gefühl für Ehre und
Pflicht oder die Feigheit bei ihnen überwiege. Wenn ihm auch sonst
Niemand folge, so werde er mit der einzigen zehnten Legion marschiren: dieser sei er gewiß, und sie werde auch in Zukunft seine

---

[1]) Der Hauptort der Leuker ist Tullum, das heutige Toul an der
Mosel.

Leibwache bilden. Cäsar hatte diese Legion ganz besonders begünstigt und konnte sich auf ihre Tapferkeit unbedingt verlassen.

41. In Folge dieser Rede trat ein wunderbarer Umschwung der Stimmung ein; Alles ward von Muth und Kriegslust im höchsten Grade ergriffen. Vor Allem ließ die zehnte Legion durch ihre Kriegstribunen ihm ihren Dank abstatten, daß er sie auf solche Weise vor allen ausgezeichnet habe; sie ließ ihm zugleich versichern, daß sie zum Kampfe bereit sei; ferner beauftragten die übrigen Legionen ihre Kriegstribunen und Obercenturionen, sie bei Cäsar zu rechtfertigen. Sie seien nie schwankend oder furchtsam gewesen, sie hätten nie daran gedacht, in die Leitung des Krieges dem Feldherrn hinein zu reden. Cäsar nahm diese Rechtfertigung an. Er hatte unterdessen schon durch Divitiacus, auf den er sich unbedingt verlassen konnte, den Weg recognosciren lassen, um das Heer durch offenes Terrain, freilich auf einem Umwege von mehr als 50 Meilen, führen zu können, und brach, wie er es vorher angekündigt, um die vierte Nachtwache auf. Nach sieben Tagen unausgesetzten Marsches erfuhr er von seinen Streifern, daß Ariovist mit seinem Heere 24 Meilen von dem unsrigen stehe.

42. Von Cäsar's Heranrücken benachrichtigt schickte Ariovist Bevollmächtigte an ihn: Da Cäsar zu ihm gekommen sei, so sei er bereit, dessen Wunsch in Bezug auf eine Unterredung zu erfüllen; er glaube dies ohne Gefahr thun zu können. Cäsar wies das Anerbieten nicht von der Hand; ja er dachte, Ariovist werde wieder zur Vernunft kommen, da er ohne Veranlassung sich zu dem erbot, was er früher Cäsar's Gesuche gegenüber verweigert hatte; er begann sogar stark zu hoffen, Ariovist werde mit Rücksicht auf seine Verpflichtung gegen Cäsar und das römische Volk seinen Trotz aufgeben, sobald er Cäsar's Forderungen kennen gelernt hätte. Man bestimmte für die Unterredung den nächstfünften Tag. Unterdessen gingen mehrfach Bevollmächtigte zwischen Beiden hin und her. Ariovist verlangte, Cäsar solle kein Fußvolk zur Unterredung mitbringen: er fürchte von Cäsar hinterlistig überfallen zu werden; Beide sollten nur mit einem berittenen Gefolge erscheinen, sonst werde er nicht kommen. Cäsar wollte durch diesen Zwischenfall die Unterredung nicht auf's Spiel setzen lassen, ebensowenig durfte er es wagen, seine Person der galli-

schen Reiterei anzuvertrauen; er hielt es daher für das Zweckmäßigste, Legionssoldaten der zehnten Legion, auf die er sich am
meisten verlassen konnte, mit den Pferden der gallischen Reiterei beritten zu machen und auf diese Weise für vorkommende Fälle eine
möglichst zuverlässige Bedeckung bei der Hand zu haben. Ein Soldat der zehnten Legion äußerte sich über diese Anordnung ganz
witzig: Cäsar thue mehr als er versprochen: er habe versprochen die
zehnte Legion zu seiner Leibwache zu machen; jetzt erhebe er sie gar
in den Ritterstand.

43. Es war eine weite Ebene, in deren Mitte sich ein ziemlich bedeutender Erdhügel erhob; dieser war ungefähr gleich weit von
beiden Lagern entfernt. Hier fand man sich verabredeter Maßen zur
Unterredung ein. Cäsar ließ seine beritten gemachte Legion 200 [1]
Schritt von diesem Hügel Halt machen; ebenso stellten sich die Reiter Ariovist's in gleicher Entfernung auf. Ariovist verlangte, die
Unterredung solle zu Pferd vor sich gehen und Jeder solle noch zehn
Begleiter zu derselben mitbringen. Als man endlich zusammengekommen war, so zählte Cäsar im Eingang seiner Rede die Beweise
des Wohlwollens auf, welche er und der Senat dem Ariovist gegeben. Der Senat habe den Ariovist als König und Freund anerkannt, habe ihm reiche Geschenke übersandt; das sei eine Ehre, die
sonst nur Wenigen und lediglich als Belohnung wichtiger Dienste zu
Theil werde; Ariovist habe eigentlich keine Veranlassung, keine ge-
rechte Ursache gehabt, derartige Ansprüche zu machen, nur dem
Wohlwollen und der Güte Cäsar's und des Senats habe er diese
Auszeichnungen zu verdanken. Ferner setzte Cäsar auseinander, wie
alt und wie wohlbegründet die innige Verbindung zwischen Rom
und den Häduern sei, wie oft und in wie ehrenvoller Weise Senats-
beschlüsse in Bezug auf sie gefaßt worden seien, wie die Häduer von
jeher schon vor ihrer Verbindung mit Rom die Hegemonie in ganz
Gallien geführt hätten. Das römische Volk sei gewohnt, seine

---

[1] Es mag ein für alle Mal erinnert werden, daß stets römische
Schritte — passus — zu verstehen sind, deren jeder zwei gewöhnliche
Schritte oder fünf Fuß hat. 1000 passus machen eine römische Meile,
5 römische Meilen eine deutsche Meile aus.

Freunde und Bundesgenoſſen nicht blos im Beſitz des Erworbenen
zu erhalten, ſondern auch an Einfluß, Würde und Ehre zu mehren.
Wie könne er es alſo dulden, daß ihnen Etwas entriſſen werde, was
ſie ſchon vor ihrer Verbindung mit den Römern beſeſſen hätten?
Zuletzt wiederholte er dieſelben Forderungen, welche er bereits durch
ſeine Bevollmächtigten geſtellt hatte: Arioviſt ſolle weder die Häduer
noch ihre Bundesgenoſſen mit Krieg überziehen, die Geiſeln herausgeben, und wenn er von ſeinen Germanen Nichts zurückſchicken könne,
wenigſtens keine ferneren Zuzüge über den Rhein dulden.

44. Arioviſt hielt ſich mit der Beantwortung dieſer Forderungen nicht lange auf, deſto weitläufiger hob er ſeine eigene Bedeutung
hervor: Er habe nicht aus eigenem Antriebe, ſondern auf Anſuchen
und Bitten der Gallier den Rhein überſchritten: nicht ohne glän-
zende Ausſichten auf lohnenden Gewinn habe er ſeine Heimath und
ſeine Verwandten verlaſſen. Seine Wohnſitze in Gallien hätten ihm
die Gallier ſelbſt eingeräumt, die Geiſeln hätten ſie ihm freiwillig
geſtellt, den Tribut beziehe er von ihnen nach dem Rechte des Krieges, welches der Sieger über den Beſiegten auszuüben pflege. Nicht
er habe die Gallier, die Gallier hätten ihn mit Krieg überzogen;
alle galliſchen Stämme ſeien gegen ihn in's Feld gerückt und hätten
ihm gegenüber geſtanden; er habe ihre vereinigten Heere in einer
einzigen Schlacht vollſtändig geſchlagen. Wollten ſie es zum zweiten
Male verſuchen, ſo ſei er zum zweiten Male zur Schlacht bereit;
wollten ſie Frieden haben, ſo ſei es unbillig ihm den Tribut zu verweigern, den ſie ihm bisher freiwillig gezahlt hätten. Eine Verbindung mit den Römern müſſe ihm ſelbſtverſtändlich Glanz und Vortheil, nicht Schaden bringen; nur in dieſer Erwartung habe er
darum nachgeſucht. Wolle ihm das römiſche Volk ſeinen Tribut
verkümmern und ſeine Unterthanen ſchwierig machen, ſo werde er
ſeine Verbindung mit den Römern eben ſo gern löſen, als er ſie
vorher geſucht habe. Allerdings ziehe er mehr und mehr Germanen
nach Gallien, das thue er aber zu ſeiner eigenen Sicherheit, nicht
aus feindlicher Abſicht gegen Gallien. Beweis deſſen ſei, daß er
nur auf Bitten gekommen und keinen Angriffs-, lediglich einen Ver-
theidigungskrieg geführt habe. Er ſei eher nach Gallien gekommen
als die Römer. Noch nie bis auf den heutigen Tag habe ein römi-

sches Heer die Grenzen der Provinz Gallien überschritten. Was Cäsar eigentlich wolle, weshalb er in Ariovist's Besitzungen käme? Dies Gallien hier sei seine Provinz, so gut wie das Gallien dort unsere Provinz. Wie wir es ihm nicht erlauben dürften, wenn er in unsere Grenzen einfiele, so sei es von uns unbillig, ihn in seinem guten Rechte zu stören. In Bezug auf den Brudertitel, welchen der römische Senat den Häduern gegeben, sei er nicht so roh und der Verhältnisse unkundig, um nicht zu wissen, daß die Häduer weder in dem letzten Allobrogerkriege[1]) den Römern Hülfe geleistet hätten, noch ihrerseits in ihren jüngsten Fehden mit ihm und den Sequanern von den Römern unterstützt worden seien. Er müsse wirklich auf den Gedanken kommen, Cäsar brauche diese Freundschaft mit den Häduern nur als Vorwand, und sein Heer in Gallien sei zur Vernichtung Ariovist's bestimmt. Wenn Cäsar nicht mit seinem Heere sofort diese Gegenden verlasse, so werde ihn Ariovist nicht als Freund, sondern als Feind ansehen. Uebrigens werde er vielen römischen Großen und Machthabern einen Gefallen thun, wenn er Cäsar erschlüge; das hätten sie selbst durch eigene Boten ihn wissen lassen; mit Cäsar's Tode könne er ihrer Aller Gunst und Freundschaft erkaufen. Wenn Cäsar dagegen sich zurückziehe und ihm den freien Besitz Galliens überlasse, so sei er zu jedem auch dem größten Gegendienste bereit und werde ihm alle möglichen Kriege zu Ende führen, ohne daß Cäsar sich zu rühren oder auszusetzen brauche.

45. Cäsar suchte den Ariovist in ausführlicher Erörterung zu überzeugen, daß er von seiner Forderung nicht abstehen könne; weder er selbst noch das römische Volk seien gewohnt, wohlverdiente Bundesgenossen im Stiche zu lassen. Er könne auch nicht zugeben, daß Ariovist mehr Rechte auf Gallien habe, als das römische Volk. Quintus Fabius Maximus habe die Arverner und Rutener besiegt[2]); aber das römische Volk habe ihnen verziehen und sie weder zu Unterthanen noch tributpflichtig gemacht. Wolle man auf das Alter der Ansprüche sehen, so sei sicherlich die Herrschaft der Römer in

---

[1]) 62 und 61 v. Chr. S. unsere Einleitung S. 43.

[2]) 121 v. Chr. am Zusammenfluß der Isère und der Rhone. S. unsere Einleitung S. 42.

Gallien beffer begründet; wolle man den Willen des Senats zur Richtschnur nehmen, so müsse Gallien frei bleiben, da ihm der Senat nach seiner Besiegung die Unabhängigkeit gelassen habe.

46. Als die Unterredung bis zu diesem Punkte gediehen war, erhielt Cäsar Meldung, daß die Reiter Ariovist's sich dem Hügel näherten, auf die Unsrigen losritten und mit Steinen und Wurfspießen nach ihnen wärfen. Cäsar brach das Gespräch ab, zog sich zu den Seinigen zurück und gab strengen Befehl, die feindlichen Neckereien durchaus nicht zu erwidern. Er war zwar vollkommen überzeugt, daß seine erlesene Legion sich ohne irgend eine Gefahr mit der feindlichen Reiterei messen könne; er glaubte jedoch keine Veranlassung zu dem Vorwurfe geben zu sollen, den man ihm nach einer Niederlage des Feindes hätte machen können, er habe denselben während einer Unterhandlung hinterlistiger Weise angegriffen. Bald wurde es unter den Soldaten allgemein bekannt, mit welcher Anmaßung Ariovist den Römern Gallien geradezu verboten, wie seine Reiter die Unsrigen angegriffen hätten und wie dies zum Abbruch der Unterredung geführt habe. Der Muth und die Kampflust des Heeres wurde hiedurch nur gesteigert.

47. Zwei Tage später schickte Ariovist Bevollmächtigte an Cäsar: er wünsche die mit Cäsar begonnenen aber nicht zu Ende geführten Verhandlungen wieder aufzunehmen; Cäsar möge entweder den Tag zu einer zweiten Unterredung bestimmen, oder, wenn er dies nicht wolle, einen von seinen Vertrauten als Bevollmächtigten [1] zu ihm schicken. Cäsar sah keinen Grund zu einer zweiten Unterredung, um so weniger, weil Tags vorher schon die Germanen es nicht hatten lassen können, nach den Unsrigen zu werfen. Einen von seinen Vertrauten als Bevollmächtigten an ihn abzuschicken und diesen Wilden preiszugeben, schien ihm für den Betreffenden denn doch zu gefährlich zu sein. So hielt er es denn für das Zweckmäßigste, den Cajus Valerius Procillus und den Marcus Metius an den Ariovist abzuordnen. Ersterer, der Sohn des Cajus Valerius Ca-

---

[1] Es ist mit H. A. Koch zu lesen: e suis legatum (statt legatis) aliquem ad se mitteret.

burus, ein tüchtiger und gebildeter junger Mann, dessen Vater von Cajus Valerius Flaccus das römische Bürgerrecht erhalten hatte, war ebenso zuverlässig als mit der gallischen Sprache vertraut, die Ariovist bei seinem langen Aufenthalt in Gallien bereits geläufig sprach; auch hatten die Germanen keine Veranlassung, sich an ihm zu vergreifen. Marcus Metius war der Gastfreund des Ariovist. Diesen trug Cäsar auf zu hören, was Ariovist wolle, und ihm darüber zu berichten. Als diese aber in Ariovist's Lager vor ihm erschienen, so brüllte er sie in Gegenwart seiner Soldaten an, was sie hier wollten? etwa spioniren? — ließ sie gar nicht zu Worte kommen und in Ketten legen.

48. An demselben Tage brach Ariovist auf und bezog, sechs Meilen von Cäsars Lager entfernt, am Fuße eines Berges ein neues Lager. Am folgenden Tage zog er mit seinen Truppen bei Cäsars Lager vorbei und nahm zwei Meilen jenseits desselben Stellung, in der Absicht, dem Cäsar die Zufuhr aus dem Sequaner- und Häduer-Lande abzuschneiden. Die nächsten fünf Tage hinter einander führte Cäsar seine Truppen vor das Lager und nahm dort die Aufstellung zum Gefecht, indem er dem Ariovist auf diese Weise die Schlacht anbot. Ariovist hielt seine Truppen diese ganze Zeit über im Lager zurück und begnügte sich mit täglichen Reitergefechten. Die Germanen verfuhren dabei in folgender Art, auf welche sie wohl eingeübt waren. Es waren sechstausend Reiter und eben so viele besonders behende und tapfere Fußsoldaten, von denen sich jeder Reiter seinen Mann aus der ganzen Masse zu seiner persönlichen Unterstützung gewählt hatte. Diese Fußsoldaten begleiteten ihre Reiter in's Gefecht: auf sie zogen sich die Reiter zurück; sie gingen geschlossen vor, wenn es zu einem harten Kampfe kam; sie waren bei der Hand, wenn ein Reiter schwer verwundet vom Pferde stürzte. Sie waren so gut zu Fuß und so wohl eingeübt, daß bei einem weitern Vorgehen oder schnellen Rückzug sie sich an den Mähnen der Pferde hielten und auf diese Weise mit den Reitern gleichen Schritt hielten.

49. Cäsar kam zu der Ueberzeugung, Ariovist werde sich nicht aus seinem Lager herauslocken lassen. Um sich nun nicht ferner die Zufuhr abschneiden zu lassen, so ersah er etwa 600 Schritte vom germanischen Lager und zwar jenseits desselben einen geeigneten La-

gerplaß und rückte in drei Treffen geordnet dorthin. Das erste und
zweite Treffen ließ er unter den Waffen bleiben, von dem dritten
das Lager verschanzen. Der Plaß war, wie gesagt, ungefähr 600
Schritte vom Feinde entfernt. Ariovist schickte ungefähr 16,000
Mann leichte Truppen mit seiner ganzen Reiterei ab, um die Unsrigen zu beunruhigen und in der Schanzarbeit zu hindern. Cäsar hielt
einfach an der getroffenen Maßregel fest: die beiden ersten Treffen
hätten den Feind abzuweisen, das dritte die Verschanzung zu vollenden. Als das Lager befestigt war, so ließ er zwei Legionen und
einen Theil der Hülfsvölker dort zurück; mit den vier übrigen kehrte
er in das größere Lager zurück.

50. Am folgenden Tage zog Cäsar wie bisher aus beiden Lagern seine Truppen heraus und ließ sie in einiger Entfernung vom
größeren Lager zum Gefechte aufmarschiren, indem er so dem Feinde
wiederum die Schlacht bot. Als er zur Ueberzeugung kam, daß
auch jeßt der Feind sich nicht darauf einließe, führte er sein Heer um
Mittag in's Lager zurück. Nun erst entsendete Ariovist einen Theil
seiner Truppen zum Angriff auf das kleinere Lager. Dort schlug
man sich bis zum Abend von beiden Seiten mit gleicher Hartnäckigkeit. Mit Sonnenuntergang führte Ariovist nach bedeutendem Verluste auf beiden Seiten seine Truppen in's Lager zurück. Cäsar er-
kundigte sich bei den Gefangenen, weshalb sich Ariovist auf keine
entscheidende Schlacht einließe, und erfuhr von ihnen folgenden
Grund: es herrsche nämlich bei den Germanen die Sitte, daß ihre
Frauen durch Loos und Weissagung bestimmen, ob es zweckmäßig
sei oder nicht, ein Treffen zu liefern; diese nun erklärten sich dahin,
nach dem Willen der Götter könnten die Germanen nicht siegen,
wenn sie vor dem Neumond eine Hauptschlacht wagten.

51. Am folgenden Tage ließ Cäsar in jedem der Lager eine
hinlängliche Besaßung zurück und stellte die sämmtlichen Hülfstruppen im Angesicht des Feindes vor dem kleineren Lager auf. So verwendete er auch die Hülfstruppen wenigstens zum Scheine, da er
der Uebermacht des Feindes gegenüber in der That an Legionssoldaten verhältnißmäßig schwach war. Hierauf rückte er selbst in drei
Treffen bis gegen das feindliche Lager vor. Jeßt erst rückten die
Germanen mit allen ihren Schaaren nothgedrungen aus dem Lager

und stellten sich nach Stämmen, durch gleiche Abstände von einander gesondert, auf: Haruder, Markomannen, Triboker, Vangionen, Nemeter, Sedusier, Sueven; auf den Flügeln und im Rücken ihrer Schlachtordnung fuhren sie alle ihre Wagen und Karren auf, um sich jede Hoffnung auf Flucht abzuschneiden. Auf den Wagen standen ihre Weiber, welche mit gerungenen Händen und unter Thränen die in den Kampf gehenden Männer beschworen, sie nicht in die Knechtschaft der Römer fallen zu lassen.

52. Cäsar vertheilte das Commando der einzelnen Legionen auf seine Legaten und den Quästor, damit die Tapferkeit jedes Einzelnen um so sicherer ihren Zeugen habe. Er selbst stellte sich an die Spitze des rechten Flügels und eröffnete mit diesem das Gefecht, weil ihm hier der Feind am schwächsten zu sein schien. Die Unsrigen stürmten einerseits auf das gegebene Zeichen so hitzig auf den Feind ein, und der Feind stürzte ihnen andrerseits so plötzlich und schnell entgegen, daß man nicht dazu kam die Pilen zu schleudern. Man ließ sie daher fallen und griff sofort mit dem Schwert an. Die Germanen aber schlossen ihrer Sitte gemäß schnell ihre Glieder an einander und begegneten auf diese Weise dem Schwertangriff. Es fanden sich unter unseren Soldaten verschiedene, welche auf die geschlossenen Phalangen lossprangen, die Schilde mit den Händen herunterrissen und über sie hinabstießen. Während also der linke Flügel des Feindes geworfen und in die Flucht geschlagen wurde, brachte die Uebermacht seines rechten Flügels die Unsrigen bedeutend in's Gedränge. Dies bemerkte der junge Publius Crassus, welcher die Reiterei führte, weil er einen freieren Ueberblick hatte als diejenigen, welche im Gefecht begriffen waren. Er ordnete daher an, daß das dritte Treffen zur Unterstützung des bedrängten Flügels vorrücke.

53. So wurde das Treffen hergestellt; die Feinde wendeten sich sämmtlich zur Flucht und stellten sie nicht eher ein, als bis sie an den Rheinstrom, etwa 50 Meilen von da [1]), gekommen waren.

---

[1]) Die Bücher Cäsar's haben milla passuum ex eo loco circiter quinque pervenerunt. Aber nicht allein die sämmtlichen Bücher des Drosius VI, 7 — wie wir aus einer Mittheilung des Herrn Prof. Halm wissen — geben quinquaginta, sondern es wird diese Ziffer auch von Plutarch bestätigt, welcher Cäs. 19 die Entfernung des Rheines vom Schlachtfelde auf 400 Sta-

Dort suchten einige im Vertrauen auf ihre Körperkraft hinüberzu-
schwimmen, andere retteten sich in vorgefundenen Kähnen. Unter
diesen befand sich Ariovist, der ein am Ufer angebundenes Schiff-
chen fand und in demselben entkam; alle Uebrigen wurden von unserer Reiterei eingeholt und niedergemacht. Ariovist hatte zwei
Frauen, eine Suebin, welche er von Hause mitgebracht, und eine aus
Noricum, die Schwester des Königs Voctio, welche ihm dieser gesendet und er in Gallien geheirathet hatte: beide kamen auf der
Flucht um. Er hatte zwei Töchter: von diesen [1]) wurde die eine getödtet, die andere gefangen. Cajus Valerius Procillus, den seine
Wächter an drei Ketten auf der Flucht mit sich fortschleppten, fiel
dem Cäsar selbst in die Hände, als er mit der Reiterei den Feind
verfolgte. Es machte dem Cäsar ebensoviel Freude als der Sieg
selbst, einen so ehrenwerthen Mann aus der Provinz Gallien, seinen
Vertrauten und Gastfreund, den Händen des Feindes entrissen und
sich zurückgegeben zu sehen. So wollte das Glück, daß ihm durch
keinen Unfall des Freundes die Freude und der Siegesjubel getrübt
wurde. Procillus erzählte, man habe in seiner Gegenwart dreimal
das Loos gezogen, ob man ihn sofort dem Feuertode überantworten
oder für später aufheben solle; glücklicher Weise habe das Loos jedesmal zu seinen Gunsten entschieden. Auf ähnliche Weise ward
auch Marcus Metius aufgefunden und dem Cäsar zugeführt.

54. Als die Kunde von dieser Schlacht über den Rhein kam,
so zogen die Sueben, welche bereits an dessen Ufern angelangt waren, allmählich heim. Als sie dabei in Unordnung geriethen, so-
fielen die Ubier, welche unmittelbar am Rhein wohnen, über sie her
und tödteten ihnen einen großen Theil ihrer Leute. So hatte Cäsar

---

dien (= 10 deutschen Meilen) bestimmt. Daher hat denn auch Nipperdey
quinquaginta aufgenommen. Freilich läßt sich damit die beliebte, neuerdings auch von Göler und Napoleon festgehaltene Annahme, welche das
Schlachtfeld im oberen Rheinthal, südwestlich von Enfisheim, sucht — nach
Ersterem ist es die Ebene von Cernay — schlechterdings nicht vereinigen.
Gegen jene Annahme sprechen aber auch andere sehr bedeutende Gründe. S.
unsere Einleitung S. 116 f.

[1]) Es ist ohne Zweifel mit Herrn Dr. Arnold Hug zu lesen: utraque
in ea fuga periit. Fuerunt duae filiae, harum altera u. s. w.

in Einem Sommer zwei große Kriege zu Ende geführt; er ließ daher etwas zeitiger, als es die Jahreszeit forderte, das Heer bei den Sequanern die Winterquartiere beziehen. Labienus erhielt für den Winter den Oberbefehl; Cäsar selbst begab sich in das dießseitige Gallien, um die Gerichtstage abzuhalten.

Zweites Buch.

(Das Jahr 57 v. Chr. = 697 n. R. E.)

I. Der Feldzug gegen die Belgier.
(Cap. 1—33.)

1. Die Unterwerfung der westlichen Belgier.
(Cap. 1—15.)

1. Cäsar befand sich also, wie gesagt, während des Winters im dießseitigen Gallien. Unterdessen kamen ihm mancherlei Gerüchte zu Ohren, auch berichtete ihm Labienus in gleichem Sinne, daß die sämmtlichen Belgier, die, wie gesagt, den dritten Theil der Gallier ausmachen, eine geheime Verbindung gegen die Römer schlössen und sich gegenseitig Geiseln stellten. Die Beweggründe zu dieser Verbindung seien folgende: einmal die Besorgniß, wenn unser Heer mit dem übrigen Gallien fertig wäre, würde auch an sie die Reihe kommen; sodann die Aufwiegelung von Seiten mancher Gallier: diese seien nämlich zum Theil über die Winterquartiere und den verlängerten Aufenthalt der Römer in Gallien ebenso erbittert, wie sie gegen die Festsetzung der Germanen in Gallien gewesen seien; zum Theil strebten sie auch nur aus Leichtsinn und Unbeständigkeit nach einer Aenderung der Verhältnisse. Bei Manchem wirke auch der Umstand, daß fast überall in Gallien die Großen und überhaupt

diejenigen, welche hinlängliche Mittel besäßen, um Söldner zu halten, daran dächten, sich zu Königen aufzuwerfen, und dies, meinten sie, könnten sie unter römischer Botmäßigkeit nicht so leicht erreichen.

2. Auf diese Nachrichten und Berichte hin hob Cäsar im diesseitigen Gallien zwei neue Legionen aus und beauftragte den Legaten Quintus Pedius, sie mit Beginn des Sommers in das innere Gallien zu führen. Er selbst ging zum Heert ab, sobald die Wiesen das nöthige Futter darboten. Hierauf wies er die Senonen[1]) und die übrigen Grenznachbarn der Belgier an, über Alles, was bei diesen vorginge, Nachrichten einzuziehen und ihm hierüber Bericht zu erstatten. Sie meldeten alle einstimmig, man hebe Mannschaften aus und ziehe ein Heer zusammen. Nun glaubte er mit seinem Aufbruch nicht länger zaudern zu dürfen. Nach den nöthigen Anstalten für die Verpflegung brach er auf und langte nach einem Marsche von etwa vierzehn Tagen an der belgischen Grenze an.

3. Sein unvermuthetes und über alles Erwarten schnelles Erscheinen veranlaßte die Remer[2]), die nächsten belgischen Grenznachbarn der Gallier, die Ersten ihres Staates, den Jccius und Andocumborius, an Cäsar abzuordnen. Diese erklärten, die Remer unterwürfen sich vollständig und bedingungslos dem römischen Volke, sie seien mit dem Beginnen der übrigen Belgier keineswegs einverstanden, hätten sich auch keiner Verbindung gegen Rom angeschlossen und seien bereit, Geiseln zu stellen, Gehorsam zu leisten, den Römern ihre Städte zu öffnen und ihnen Korn und sonstige Bedürfnisse zu liefern; alle übrigen Belgier ständen unter den Waffen, die Germanen diesseits des Rheins hätten sich mit ihnen vereinigt und es herrsche eine so allgemeine Aufregung, daß es den Remern nicht einmal gelungen sei, die Suessionen von dieser Verbindung abzubringen, ihre Brüder und Blutsfreunde, die doch mit ihnen das gleiche Recht und die gleiche Verfassung, ja ein und dieselbe Regierung und Verwaltung hätten.

4. Auf weitere Erkundigungen über die verbündeten Stämme,

---

[1]) Die Hauptstadt der Senonen ist Agedincum, das heutige Sens.

[2]) Die Hauptstadt der Remer ist Durocortorum, das heutige Rheims. Hierher war Cäsar wahrscheinlich von Besançon aus in 14 Tagen gelangt.

ihre Namen, Ausdehnung und Streitkräfte brachte er Folgendes in Erfahrung: Die meisten Belgier sind ihrer Abstammung nach Germanen, welche vor Alters den Rhein überschritten, angelockt von der Fruchtbarkeit des Landes sich dort niedergelassen und die früheren gallischen Bewohner verdrängt haben. Sie waren die einzigen, welche zur Zeit unserer Väter ihre Grenzen vor den Cimbern und Teutonen zu schirmen wußten, als diese ganz Gallien so schwer heimsuchten. In der Erinnerung an diese Erfolge hätten sie daher von ihrer kriegerischen Tüchtigkeit eine hohe Meinung und gewaltige Einbildung. Ueber die Zahl der einzelnen Contingente versicherten die Remer auf's Genaueste unterrichtet zu sein, da sie durch ihre Verbindungen und Verwandtschaften erfahren hätten, wieviel Mannschaft jeder einzelne Staat auf der belgischen Tagsatzung für diesen Krieg zu stellen versprochen habe. Den obersten Rang durch Tapferkeit, Einfluß und Kriegerzahl nähmen die Bellovaker ein; diese könnten 100,000 Bewaffnete aufbringen und hätten davon einen Auszug von 60,000 Mann versprochen; dafür nähmen sie die Oberleitung des Krieges für sich in Anspruch. Die Nachbarn der Remer seien die Suessionen; diese besäßen den ausgedehntesten und fruchtbarsten Landstrich. Noch zu unserer Zeit sei ihr König Divitiacus weitaus der mächtigste in ganz Gallien gewesen, habe nicht blos einen großen Theil dieser Gegenden, sondern auch von Britannien beherrscht. Jetzt sei Galba ihr König; diesem spreche wegen seiner Gerechtigkeit und Klugheit die öffentliche Meinung den obersten Heerbefehl zu; die Suessionen besäßen 12 Städte und hätten 50,000 Bewaffnete zugesagt, ebensoviel die Nervier, welche unter ihnen selbst für die wildesten gälten und am weitesten entfernt wohnten; 15,000 die Atrebaten, 10,000 die Ambianer, 25,000 die Moriner, 7,000 die Menapier, 10,000 die Caleten, ebensoviel die Velocasser und Veromanduer, 19,000 die Aduatuker; die Condrusen, Eburonen, Cäröser, Pämaner, welche unter dem gemeinsamen Namen der Germanen begriffen würden, schätzten sie zusammen auf 40,000 Mann.

5. Cäsar hieß die Remer gutes Muthes sein und entließ sie mit freundlichem Zuspruch; zugleich beschied er ihren großen Rath zu sich und forderte die Kinder ihrer Fürsten als Geiseln. Sie lei-

steten in allen Stücken den strengsten und pünktlichsten Gehorsam. Cäsar selbst stellte dem Häduer Divitiacus einleuchtend und dringend vor, wie wichtig es für die Sache und ihr gemeinschaftliches Interesse sei, die feindlichen Schaaren zu trennen, damit man es nicht zu gleicher Zeit mit der ganzen Uebermacht zu thun habe. Jene Trennung könne man herbeiführen, wenn die Häduer mit ihren Truppen in das Gebiet der Bellovaker einbrächen und deren Land verwüsteten. Mit diesem Auftrage entließ er ihn. Unterdessen hatten die Belgier ihre sämmtlichen Streitkräfte vereinigt und rückten gegen ihn vor; bald erfuhr Cäsar von seinen ausgesendeten Vortruppen und von den Remern, sie befänden sich bereits in der Nähe. Er beeilte sich daher, sein Heer über die Axona (Aisne) zu führen, welche das Grenzland der Remer durchfließt, und nahm am rechten Ufer derselben sein Lager, so daß der Fluß die eine Seite desselben schützte[1]). Diese Stellung deckte ihm zugleich den Rücken und sicherte ihm die freie Zufuhr von den Remern und den übrigen Staaten. Ueber den Fluß führte eine Brücke, diese besetzte er und ließ außerdem auf dem linken Ufer des Flusses den Legaten Quintus Titurius Sabinus mit 6 Cohorten zurück. Das Lager selbst ließ er mit einem Wall von 12 Fuß Höhe und einem Graben von 18 Fuß Breite befestigen.

6. Von diesem Lager war die remische Stadt Bibrax[2]) 8 Meilen entfernt, bei welcher die Marschlinie der Belgier vorbeiführte. Sie griffen sie daher mit großem Ungestüm an, so daß sich die Belagerten nur mit Mühe den Tag über hielten. Gallier und Belgier haben dieselbe Art, eine Stadt anzugreifen. In dichten Massen nähern sie sich von allen Seiten der Ringmauer und bewer-

---

[1]) Von Göler (Gallischer Krieg 58—52. S. 59—61) hat sehr wahrscheinlich gemacht, daß Cäsar bei dem heutigen Berry-au-Bac, etwa 2⅔ Stunden östlich von Beaurieux, Stellung nahm. Gewöhnlich nimmt man Pontavert an, was etwa auf halbem Wege zwischen Berry-au-Bac und Beaurieux liegt.

[2]) Bibrax ist nicht mit Sicherheit zu bestimmen. Gewöhnlich hält man Blèvre bei Laon dafür, wie es auch noch auf der Napoleonischen Karte eingezeichnet ist. Aber mit Recht macht v. Göler geltend, daß es nothwendig am Flusse gelegen haben müsse, da es sonst Cäsar nicht hätte unterstützen können. Seine Annahme, es dort in der Gegend des heutigen Beaurieux anzusetzen, ist daher sehr wahrscheinlich.

fen fie fo lange mit Steinen, bis fie von ihren Vertheidigern verlaffen ift; dann bilden fie ein Schilddach, rücken fo gegen die Mauer
an und fuchen fie zu untergraben. Das war nun hier keine Kunst.
Denn einer folchen Maffe von Steinen und Gefchoffen gegenüber
vermochte kein Menfch auf der Mauer Stand zu halten. Endlich
machte die Nacht dem Angriffe ein Ende. In der Stadt befehligte
der Remer Jccius, ein Mann von höchstem Abel und Anfehen, der-
felbe, welcher bei der Friedensgefandtfchaft an Cäfar gewefen war.
Diefer fchickte jetzt Botfchaft an Cäfar: wenn er nicht Hülfe erhielte,
könne er fich nicht länger halten.

7. Cäfar benutzte fogleich die Boten des Jccius als Führer
und fendete mit ihnen um Mitternacht Numidier, kretifche Bogen-
fchützen und balearifche Schleuderer den Belagerten zu Hülfe. Ihre
Ankunft erfüllte die Remer einerfeits mit Hoffnung und neuem
Muth zum Widerstande, und benahm andrerfeits dem Feinde die
Hoffnung, fich der Stadt zu bemächtigen. Sie hielten fich daher
nur noch kurze Zeit vor der Stadt auf, verwüfteten das Land der
Remer und steckten alle Weiler und Häufer in Brand, die fie errei-
chen konnten, dann rückten fie mit ihrer Gefammtmaffe auf Cäfar's
Lager los und fchlugen in einer Entfernung von nicht ganz zwei
Meilen ihr Lager auf. Diefes Lager hatte, nach dem Rauche der
Wachtfeuer zu urtheilen, eine Ausdehnung von 8 Meilen in die
Breite.

8. Cäfar befchloß, wegen der Uebermacht der Feinde und ihrer
angeblichen außerordentlichen Tapferkeit zunächst keine entfcheidende
Schlacht zu liefern, doch stellte er durch tägliche Reitergefechte die
Tapferkeit des Feindes und den Muth der Seinigen auf die Probe
und überzeugte fich bald, daß diefe dem Feinde gewachfen feien. Zugleich war auch das Terrain vor dem Lager für die Aufstellung feines Heeres vortrefflich geeignet. Die Höhe nämlich, auf welcher Cäfar's Lager stand, stieg fanft aus dem Thale empor und breitete fich
auf der entgegengefetzten Seite fo weit aus, daß ein Heer in
Schlachtordnung bequem darauf Platz hatte. Rechts und links hatte
fie steile Abhänge; in der Front dagegen fiel fie fanft und allmählich
wieder in die Ebene ab. Er zog nun rechts und links von diefem
Hügel einen Graben von 800 Schritt Länge quer vor und legte an

den Enden dieser Gräben Redouten an, die er mit Geschütz besetzte. Hiedurch wollte er den an Zahl überlegenen Feind hindern, seinen Truppen im Gefecht in Flanken und Rücken zu kommen. Hierauf ließ er die zwei jüngst ausgehobenen Legionen im Lager zurück, um sie allfällig als Reserven verwenden zu können, die übrigen sechs Legionen stellte er vor dem Lager in Schlachtordnung auf. Ebenso hatten die Feinde ihre Truppen aus dem Lager gezogen und aufgestellt.

9. Zwischen unserem und dem feindlichen Heere lag ein Morast von mäßiger Ausdehnung. Der Feind wartete darauf, daß die Unseren denselben überschreiten würden; die Unsrigen standen schlagfertig, um ihrerseits den Feind bei einem Uebergange, den er etwa versuchen sollte, anzugreifen. Unterdessen kam es zu einem Reitergefecht auf dem Raume zwischen beiden Aufstellungen. Kein Theil machte Anstalt, überzugehen; das Reitergefecht aber fiel im Ganzen zu unseren Gunsten aus und Cäsar führte die Seinen in's Lager zurück. Der Feind rückte sofort aus seiner Stellung an die Axona, welche, wie gesagt, im Rücken unseres Lagers floß. Dort begann er durch die aufgefundenen Furthen einen Theil seiner Streitkräfte überzuführen, um wo möglich die Schanze, in welcher der Legat Quintus Titurius commandirte, zu stürmen und die Brücke zu zerstören, wo nicht, wenigstens das Land der Remer zu verwüsten, auf welches wir uns stützten, und uns die Zufuhr abzuschneiden.

10. Auf Titurius' Meldung ging Cäsar mit der ganzen Reiterei, den leichten Numidiern, Schleuderern und Bogenschützen über die Brücke und näherte sich dem Feinde. Es kam dort zu einem hitzigen Gefecht. Wir griffen den Feind an, ehe er noch das diesseitige Ufer erreichte, und tödteten ihm viele Leute. Mit unerschrockenem Muthe suchten die Uebrigen über die Leichen der Gefallenen den Uebergang zu erzwingen. Vergebens, sie wurden von unseren Geschossen zurückgewiesen. Die Vordersten, welche das diesseitige Ufer erreichten, wurden von der Reiterei umringt und niedergemacht. Die Feinde sahen sich nun in der doppelten Hoffnung getäuscht, Bibrax zu nehmen und den Flußübergang zu erzwingen. Sie kamen zugleich zu der Ueberzeugung, daß wir auf ungünstigem Terrain keine Schlacht annähmen, und der Mundvorrath begann

ihnen auszugehen. So beriefen sie denn einen Kriegsrath und beschlossen: Jedermann solle vorerst in seine Heimath zurückkehren,
Alle aber sich zur Vertheidigung desjenigen Gebietes wieder vereinigen, welches die Römer zuerst bedrohen würden. Günstiger sei es
doch, im eignen, als im fremden Lande Krieg zu führen, weil ihnen
dort die eignen Vorräthe zu Gebot ständen. Zu diesem Beschluß
bewog sie, abgesehen von den übrigen Ursachen, auch noch dieß, daß
sie die Nachricht von dem drohenden Einfall des Divitiacus mit seinen Häduern in das Bellovakische Gebiet erhalten hatten. Die
Bellovaker waren danach nicht länger zu halten; sie wollten auf der
Stelle den Ihrigen zu Hülfe eilen.

11. Diesem Beschlusse gemäß brachen sie um die zweite Nachtwache mit großem Geräusch und Lärmen ohne bestimmte Ordnung
und Führung aus dem Lager auf. Jeder wollte auf dem Marsche
an der Spitze sein und beeilte sich zuerst nach Hause zu kommen.
So sah denn dieser Abzug eher einer Flucht ähnlich. Cäsar erfuhr
dieß zwar sofort von seinen Streifern, fürchtete jedoch eine Kriegslist,
weil er sich keinen vernünftigen Grund ihres Abmarsches denken
konnte. Er hielt daher alle seine Truppen — auch die Reiterei —
im Lager zurück. Mit Tagesanbruch bestätigten die ausgesandten
Patrullen die Sache. Nun schickte er seine ganze Reiterei vor, um
die feindliche Nachhut aufzuhalten. An ihre Spitze stellte er die Legaten Quintus Pedius und Lucius Aurunculejus Cotta. Den Legaten Titus Labienus ließ er mit drei Legionen der Reiterei als
Rückhalt folgen. Sie holten die feindliche Nachhut bald ein, blieben
ihr mehrere Meilen weit auf den Fersen und hieben eine große
Menge Volks davon nieder. Während sich nämlich die äußerste
Nachhut, da man auf sie stieß, setzte und entschlossen dem Angriffe
der Unsrigen Stand hielt, suchte die Spitze, als sie den Lärmen hinter sich hörte, ihr Heil einzig in der Flucht und löste sich vollständig auf; von keinem Zwang, von keinem Befehl zusammengehalten,
meinte sie außer aller Gefahr zu sein. So machten denn die Unsrigen den ganzen Tag hindurch ohne alle Gefahr eine große Menge
Feinde nieder, gegen Untergang der Sonne aber ließen sie ab und
zogen sich, wie befohlen worden, in's Lager zurück.

12. Cäsar ließ den Feinden keine Zeit, sich von dem Schrecken

und der Flucht zu erholen. Gleich am folgenden Tage brach er in
das Gebiet der Suessionen, der nächsten Nachbarn der Remer,
ein und rückte in einem starken Tagemarsche vor ihre Hauptstadt
Noviodunum (Soiſſons). Er hörte, die Stadt ſei von Vertheidigern entblößt, und griff ſie daher ſofort an, konnte ſie aber trotz der
geringen Zahl der Vertheidiger wegen der Breite des Grabens und
der Höhe der Mauer nicht erſtürmen. Er ließ daher das Lager ver-
ſchanzen und gab Befehl, die Sturmlauben aufzuführen und die
ſonſtigen Anſtalten zur Belagerung zu treffen. Unterdeſſen ſammelte
ſich die ganze Maſſe der Suessionen von ihrer Flucht und zog ſich
in der nächſten Nacht in die Stadt. Raſch wurden die Sturmlauben gegen die Stadt aufgeführt, der Damm aufgeworfen, die
Thürme errichtet. Auf die Gallier, welche Werke von ſolcher Größe
nie geſehen und nicht einmal davon gehört hatten, machten ſie und
die Schnelligkeit der Römer bei ihrer Herſtellung einen ſo gewaltigen Eindruck, daß ſie Geſandte an Cäſar ſchickten, um über die
Bedingungen der Unterwerfung zu unterhandeln. Auf die Fürbitte
der Remer hin ward ihnen Schonung zu Theil.

13. Cäſar ließ ſich von ihnen die Erſten des Staates und unter ihnen die zwei Söhne des Königs Galba als Geiſeln übergeben,
ferner alle in der Stadt befindlichen Waffen ausliefern, und nahm
dann die Unterwerfung der Suessionen an. Hierauf rückte er gegen
die Bellovaker. Dieſe hatten ſich und alle ihre Habe in die
Stadt Bratuſpantium[1]) geflüchtet. Als aber Cäſar mit ſeinem Heere noch etwa fünf Meilen von dieſer Stadt entfernt war, ſo
kamen alle älteren Leute ihm entgegen, erhoben die Hände zu Cäſar
und ſuchten ihm verſtändlich zu machen, ſie unterwürfen ſich ihm auf
Gnade und Ungnade und würden gegen die Römer gar keinen
Widerſtand leiſten. Und als er dann an die Stadt herangerückt war
und vor derſelben ſein Lager nahm, ſo ſtreckten Weiber und Kinder

---

[1]) Obgleich das heutige Beauvais unbezweifelt von den Bellovakern ſeinen
Namen trägt, ſo iſt es doch mehr als zweifelhaft, ob es dem alten Bratuſpantium entſpricht. Mit mehr Wahrſcheinlichkeit ſuchtman dieſes bei Breteuil,
wie zuletzt noch Napoleon. Von Göler identifiſirt es mit Montdidier. Sicher
iſt weder die eine noch die andere Annahme.

auf der Mauer ihre Hände nach ihm aus und baten so in ihrer Art die Römer um Frieden.

14. Divitiacus, der nach dem Abzug der Belgier die Häduer entlassen hatte und dann zu Cäsar zurückgekehrt war, legte Fürsprache für sie ein: die Bellovaker seien jederzeit treue Bundesgenossen der Häduer gewesen; ihre Fürsten aber hätten ihnen eingeredet, die Häduer seien von Cäsar geknechtet und würden von ihm auf die unwürdigste und schimpflichste Weise gemißhandelt. Dadurch seien sie verleitet worden, sich von den Häduern loszusagen und gegen die Römer die Waffen zu ergreifen. Die eigentlichen Anstifter, wohl wissend, welches Unheil sie über ihr Volk gebracht, seien nach Britannien entflohen. Nicht allein die Bellovaker, sondern auch die Häduer als deren Fürsprecher bäten ihn, gnädig und milde gegen die Ersteren zu verfahren. Dadurch werde er den Einfluß der Häduer bei allen Belgiern bedeutend heben, und jene hätten oft bei etwaigen Kriegen aus der Hülfe und dem Beistand der Letzteren großen Nutzen gezogen.

15. Cäsar erklärte hierauf, aus Rücksicht auf Divitiacus und die Häduer wolle er ihre Unterwerfung in Gnaden annehmen. Er verlangte jedoch wegen des großen Einflusses der Bellovaker auf die übrigen Belgier und wegen ihrer großen Volkszahl 600 Geiseln von ihnen. Man stellte sie und lieferte auch alle Waffen aus, die sich in der Stadt befanden. Dann rückte Cäsar von da in das Gebiet der Ambianer[1]); diese unterwarfen sich auf der Stelle und unbedingt. An diese grenzten die Nervier[2]), von deren Art und Sitte Cäsar auf seine Erkundigungen Folgendes in Erfahrung brachte: Bei ihnen dürften gar keine Handelsleute über die Gränze, sie ließen auch weder Wein noch andere Luxusgegenstände einführen, weil sie dadurch verweichlicht und entnervt zu werden fürchteten; sie seien wild und tapfer und schimpften auf's Aeußerste über die anderen Belgier, daß sie sich den Römern unterworfen und ihre ererbte

[1]) Von den Ambianern hat Amiens seinen Namen; ob aber ihre alte Hauptstadt Samarobriva damit identisch ist und nicht vielmehr dem heutigen Bray sur Somme entspreche, ist streitig.
[2]) Die Hauptstadt der Nervier war Bagacum, das heutige Bavay.

Tapferkeit geſchändet hätten. Ihr Entſchluß ſtehe feſt, weder Geſandte zu ſchicken noch ſich auf irgend eine Friedensunterhandlung einzulaſſen.

2. Die Nervierſchlacht.
(Cap. 16—28.)

16. Als Cäſar drei Tagemärſche in ihrem Lande gemacht hatte, ſo erfuhr er von den Gefangenen, die Sabis (Sambre) ſei von ſeinem Lager nur noch 10 Meilen entfernt; jenſeits des Fluſſes hätte das Hauptheer der Nervier Stellung genommen, um die Römer zu erwarten. Mit ihnen vereinigt ſeien ihre Nachbarn, die Atrebaten und Veromanduer. Dieſe beiden Völkerſchaften hätten ſie nämlich dahin gebracht, gemeinſchaftlich mit ihnen das Kriegsglück zu verſuchen. Sie erwarteten auch noch den Heerbann der Aduatuker, der ſchon auf dem Marſche ſei. Weiber, Kinder und Greiſe hätten ſie an einem Punkte in Sicherheit gebracht, der wegen ſeiner ſumpfigen Umgebung für ein Heer unzugänglich ſei.

17. Hierauf ſchickte Cäſar Streifer und Centurionen voraus, um einen paſſenden Lagerplatz auszuſuchen. Es begleiteten Cäſar auf ſeinem Marſche eine ziemliche Anzahl von den unterworfenen Belgiern und den übrigen Galliern, welche ſich bei dieſer Gelegenheit mit unſerer gewöhnlichen Marſchordnung bekannt gemacht hatten. Wie man ſpäter von Gefangenen erfuhr, gingen nun einige von dieſen in der Nacht zu den Nerviern über und theilten ihnen mit: zwiſchen je zwei Legionen marſchire immer ein zahlreicher Troß; wenn nun die erſte Legion auf dem Lagerplatz eingetroffen und die übrigen Legionen noch weit zurück ſeien, wäre es ein Leichtes, dieſe anzugreifen, ehe ſie ihr Gepäck abgelegt. Sei dann die erſte geſchlagen und der ihr folgende Troß über den Haufen geworfen, ſo werde es den übrigen Legionen unmöglich ſein, zum Aufmarſch zu kommen. Zur Empfehlung dieſes Plans trug noch folgender Umſtand bei. Die Nervier hatten von jeher keine Reiterei, halten auch bis auf den heutigen Tag Nichts darauf: ihre ganze Stärke beſteht in ihrem Fußvolk. Um nun deſto leichter etwaige räuberiſche Streifzüge der Rei-

terei ihrer Nachbarn abzuwehren, hatten sie überall Hecken angelegt.
Sie kappten zu dem Ende junge Bäume, so daß sie nach den Seiten
neue Zweige ansetzten, und pflanzten dann Brombeer- und Dorn-
sträucher dazwischen. So bildeten diese Hecken förmliche dichte
Wände, die nicht blos den Durchgang, sondern selbst den Durchblick
unmöglich machten[1]). Da diese Hecken auch den Marsch unseres
Heeres erschwerten, so glaubten die Nervier um so mehr den erwähnten Plan annehmen zu müssen.

18. Die Oertlichkeit des Lagerplatzes, welchen die Unsrigen
ausgesucht hatten, war von folgender Beschaffenheit[2]). Die Höhen
des Thalrandes senkten sich mit stetiger Neigung gegen den obenerwähnten Fluß Sabis ab. Gegenüber am andern Ufer stiegen die
Thalränder mit gleicher Neigung wieder empor, unten auf 200
Schritt Breite vom Ufer unbedeckt, oben bewaldet, so daß der Ein-
blick nicht leicht möglich war. Innerhalb dieser Waldung hatte sich
der Feind verdeckt aufgestellt; auf dem freien Terrain längs des
Flusses ließen sich nur einzelne Reiterposten sehen. Die Tiefe des
Flusses betrug ungefähr drei Fuß.

19. Cäsar hatte seine Reiterei an der Spitze und folgte mit
dem Hauptheer. Aber seine Marschordnung war eine andere, als
die Belgier den Nerviern hinterbracht hatten. Weil er sich nämlich
dem Feinde näherte, so ließ er, wie er in diesem Fall gewöhnlich
that, sechs Legionen ohne Gepäck und Troß voranziehen. Auf diese
folgte der Troß des gesammten Heeres, endlich schlossen den Zug, zugleich als Bedeckung für den Troß, die zwei vor Kurzem ausgehobenen Legionen. Unsere Reiter gingen mit den Schleuderern und Bogenschützen über den Fluß und begannen mit der feindlichen Reiterei

---

[1]) „Diese Art von Gehägen ist zwar an der Sambre nicht mehr vorhanden, aber ich fand dagegen auf dem Schlachtfelde eine auffallende Menge von
Hägen aus etwa 4 Zoll starken mannshohen Hainbuchenstämmen bestehend, die
nicht nur in der Nähe der Dörfer, sondern auch im freien Felde Terraintheile
einzäunen und zeigen, daß sich in jener Gegend die Liebhaberei für derartige
Pflanzungen bis auf heute erhalten hat.“ Von Göler Gallischer Krieg von
58—52. S. 69.

[2]) Mit großer Wahrscheinlichkeit hat von Göler das Schlachtfeld auf dem
linken Ufer der Sambre zwischen Louvroil und Boussières bestimmt.

zu scharmuziren. Diese zog sich bald auf die Ihrigen in den Wald zurück, bald brach sie wieder aus demselben gegen die Unsrigen hervor. Die Unsrigen dagegen wagten es nicht, über das offene Terrain hinaus in den Wald selbst vorzugehen. Unterdessen langten die sechs Legionen, welche die Spitze bildeten, auf dem Lagerplatze an, die Lagerräume wurden abgemessen, und sie begannen die Verschanzung. Sobald nun die Feinde im Walde die Spitze unseres Trosses herankommen sahen — diesen Augenblick hatten sie unter sich zum Beginn des Angriffes bestimmt —, so brachen sie plötzlich, der gegenseitigen Verabredung gemäß, mit ganzer Macht und in der Ordnung hervor, in welcher sie sich schon im Walde vollständig aufgestellt hatten. Natürlich warfen sie bei'm ersten Anlauf unsere Reiterei über den Haufen und stürzten sich dann mit fabelhafter Schnelligkeit in den Fluß. Fast in dem gleichen Augenblick, daß der Feind aus dem Walde hervorbrach, war er auch schon im Fluß und in unserer nächsten Nähe. Mit derselben Schnelligkeit stürmte er die Höhe hinauf gegen unser Lager und die Soldaten, welche bei der Schanzarbeit beschäftigt waren.

20. Cäsar hätte Alles auf Einmal thun sollen: die Rennfahne aufstecken, welche das Zeichen war, in's Gewehr zu treten; mit der Trompete das Signal geben; die Soldaten von der Schanzarbeit abrufen; diejenigen, welche sich etwas weiter entfernt hatten, um Holz zu beschaffen, herbeiholen lassen; die Aufstellung anordnen; die Soldaten anreden; das Zeichen zum Angriff geben. Von alledem konnte nur das Wenigste geschehen, weil die Zeit zu kurz und der Feind schon zu nahe herangekommen war. Zweierlei half in dieser Bedrängniß aus, einmal die Kenntniß und Gewöhnung der Soldaten, daß sie nämlich in den früheren Gefechten gelernt hatten sich selbst zurecht zu finden und nicht erst auf die Anordnungen von oben zu warten brauchten, sodann, daß Cäsar befohlen hatte, kein Legat solle die Schanzarbeit und seine Legion verlassen, bevor der Lagerwall fertig sei. Diese Legaten warteten bei der Nähe und Schnelligkeit des Feindes nicht erst auf Befehle von Cäsar, sondern trafen von sich aus die nöthigen Maßregeln.

21. Cäsar gab daher nur die nöthigsten Befehle und eilte dann die Soldaten anzureden, wie er gerade auf sie traf. So kam er zu-

nächst zur zehnten Legion. Er hielt sich nicht mit einer langen Rede auf, sondern erinnerte die Soldaten einfach an ihre bisherige Tapferkeit: sie sollten daher ihre Ruhe bewahren und entschlossen dem feindlichen Angriff Stand halten; dann befahl er sofort den Beginn des Kampfes, weil der Feind bereits auf Schußweite herangekommen war. Hierauf eilte er weiter, um eine andere Abtheilung anzureden, fand sie aber bereits in vollem Gefecht. Die Zeit war so kurz und der Feind griff mit solchem Ungestüm an, daß man nicht einmal Zeit hatte, die Dienstzeichen anzulegen, ja nicht einmal die Helme aufzusetzen und die Schilde aus den Ueberzügen zu reißen. Jeder Soldat schloß sich der ersten besten Abtheilung an, zu welcher ihn der Zufall vom Schanzen führte, um nicht über dem Herumsuchen nach der seinigen die kostbare Zeit zu verlieren.

22. Endlich war das Heer aufmarschirt, freilich weniger nach Kriegsraison und Ordonnanz, als, wie es die Oertlichkeit, der Abhang der Höhe und der Drang der Zeit erforderte. Die Legionen nämlich, von einander getrennt, machten vereinzelt hier und dort gegen den Feind Front; die oben erwähnten dichten Hecken zwischen ihnen verhinderten den freien Ueberblick; man konnte keine Reserven mit bestimmter Anweisung aufstellen; man konnte nicht eingreifen, wo es gerade fehlte; überhaupt war die Einheit der Leitung eine reine Unmöglichkeit. Bei so ungünstigen Verhältnissen wechselte denn auch das Glück im Kampfe auf die mannigfachste Weise.

23. Unsern linken Flügel, auf dem die Soldaten der neunten und zehnten Legion aufmarschirt waren, griffen die Atrebaten an, denen dieser Posten zugefallen war. Sie kamen erschöpft, vom Lauf außer Athem, heran; die Unsrigen warfen ihre Pilen mit großem Erfolg, griffen dann zum Schwert und trieben die Feinde unaufgehalten zuerst von der Höhe in den Fluß, folgten ihnen dann in den Fluß nach und machten hier eine große Menge fast ohne Widerstand nieder. Ja, sie überschritten ohne Zaudern den Fluß und rückten bis auf die jenseitige Höhe vor; dort setzte sich der Feind von Neuem, wurde aber durch einen zweiten Angriff der Unsrigen abermals geworfen. Ebenso schlugen auf einem andern Punkte wieder zwei einzelne Legionen, die elfte und achte, die Veromanduer, von denen sie angegriffen waren, von der Höhe herunter. Doch kam das

Gefecht noch am diesseitigen Flußufer zum Stehen. So war freilich fast das ganze Lager auf der Front und der linken Flanke völlig ungedeckt. Auf unserem rechten Flügel stand die zwölfte Legion und in geringer Entfernung von ihr die siebente. Gegen diesen Punkt wendete sich das Hauptheer der Nervier in festgeschlossener Ordnung und unter Anführung des Oberfeldherrn Boduognatus selbst. Sie theilten sich in zwei Colonnen: die eine griff die Legionen in der ungedeckten (linken) Flanke an, die andere suchte die Höhe des Lagers zu gewinnen.

24. In diesem Augenblick wollte sich unsere Reiterei und das derselben beigegebene leichte Fußvolk, die, wie gesagt, vom Feinde bei'm ersten Anlauf zurückgeworfen waren, in's Lager zurückziehen; nun stießen sie hier wieder auf den Feind und rissen von Neuem in einer andern Richtung aus. Die Troßknechte hatten vom Hinterthore, das heißt vom Kamme der Höhe aus, gesehen, wie die Unsrigen siegreich den Fluß überschritten hatten, und waren ihnen nachgelaufen, um zu plündern. Als diese sich nun umsahen und den Feind schon mitten in unserem Lager erblickten, zerstreuten sie sich in wilder Flucht. Zugleich erhob sich bei dem eben herankommenden Troß Lärmen und Geschrei, und es ging Alles in der größten Verwirrung aus einander. Alles das verfehlte seine Wirkung auf die Reiterei der Treverer nicht, welche bei den Galliern im Rufe ausgezeichneter Tapferkeit steht und das von ihrem Canton an Cäsar gestellte Contingent bildete. Als sie nämlich sahen, wie die feindlichen Massen unser Lager überschwemmten, die Legionen bedrängt und so gut wie eingeschlossen waren, Troßknechte, Reiter, Schleuderer, Numidier zerstreut und versprengt nach allen Himmelsgegenden aus einander liefen, so meinten sie, wir seien rettungslos verloren, ritten heim und brachten ihren Leuten die Nachricht, die Römer seien auf's Haupt geschlagen, ihr Lager und ihre Bagage in die Hand des Feindes gefallen.

25. Cäsar hatte sich nach seiner Ansprache an die zehnte Legion auf den rechten Flügel begeben. Dort fand er die Seinen in der größten Bedrängniß: die Cohorten der zwölften Legion in Einem Haufen vereinigt, die Soldaten so zusammengedrängt, daß sie sich selbst im Gebrauch ihrer Waffen hinderten; sämmtliche Cen-

4 *

turionen der vierten Cohorte sammt dem Fähndrich gefallen, die Fahne verloren, fast alle Centurionen der andern Cohorten todt oder verwundet. Auch der tapfere Primipilus Publius Sextius Baculus war mehrfach und so schwer verwundet, daß er sich nicht mehr aufrecht erhalten konnte; Alle waren bereits matt, und Einzelne aus den hintern Gliedern gaben schon den Kampf auf und zogen sich aus der Schußweite zurück. Der Feind setzte indessen seinen Angriff gegen die Front den Abhang hinauf fort und bedrängte zugleich die beiden Flanken. Kurz, die Sache sah hier gar übel aus, und eine Reserve, um das Treffen herzustellen, war nicht vorhanden. Da nahm Cäsar einem der Soldaten aus den hintern Gliedern den Schild ab, weil er selbst keinen führte, und eilte in die Front, rief die Centurionen jeden bei seinem Namen, und ermuthigte die Soldaten; dann gab er Befehl, von Neuem vorzugehen und die Rotten zu öffnen, um Raum für den Gebrauch des Schwertes zu gewinnen. Sein Auftreten belebte die Soldaten mit frischer Hoffnung und neuem Muthe. Jeder strebte unter den Augen des Feldherrn selbst in dieser verzweifelten Lage sich auszuzeichnen, und so ward in der That der feindliche Angriff einigermaßen gehemmt.

26. Als nun Cäsar sah, daß die siebente Legion, welche seitwärts der zwölften aufmarschirt war, gleichfalls vom Feinde bedrängt wurde, gab er den Kriegstribunen Befehl, die Legionen sich allmählich an einander ziehen und nach einer Frontveränderung gleichzeitig den Feind angreifen zu lassen. So unterstützten sie einander gegenseitig und brauchten nicht mehr zu fürchten, vom Feinde im Rücken angegriffen zu werden. Sie leisteten daher entschlossenen Widerstand und gingen entschiedener drauf. Jetzt erblickte der Feind auf dem Kamme der Höhe auch die Soldaten der zwei Legionen, welche als Nachhut das große Gepäck escortirt hatten und auf die Kunde vom Gefecht im Sturmschritt herbeigeeilt waren. Unterdessen hatte auch Titus Labienus, welcher sich des feindlichen Lagers bemächtigt, von den jenseitigen Anhöhen aus die Ereignisse in unserem Lager wahrgenommen und sandte den Unsrigen die zehnte Legion zu Hülfe. Als diese Soldaten aus der Flucht der Reiter und Troßknechte erkannten, wie die Sache stünde und in welcher Gefahr La-

ger, Legionen und Feldherr sich befänden, stürmten sie in athemloser Eile dem Kampfplatze zu.

27. Mit ihrem Eintreffen trat ein vollständiger Umschwung ein. Die Unsrigen, selbst die schwer Verwundeten, welche sich auf ihre Schilde stützen mußten, erneuerten den Kampf; die Troßknechte, ermuthigt durch den Schrecken der Feinde, stürzten sich waffenlos den Bewaffneten entgegen; die Reiter aber, um den schmählichen Eindruck ihrer Flucht durch ihre Tapferkeit zu verwischen, warfen sich aller Orten in das Gefecht, um es den Legionssoldaten zuvorzuthun. Aber auch die Feinde, obgleich alle Hoffnung auf Erfolg verloren war, zeigten einen wahren Heldenmuth: auf den Leibern der gefallenen Vordermänner kämpften ihre nächsten Hintermänner; und als auch diese gefallen, dienten ihre aufgethürmten Leichen den Letzten als Wall, von welchem herab sie selbst ihre Geschosse auf die Unseren schleuderten und ihnen die aufgefangenen Pilen zurücksandten. Man mußte in der That anerkennen, daß diese Tapferen nicht umsonst so tollkühn gewesen waren, einen breiten Fluß zu überschreiten, ein hohes Ufer zu ersteigen, bergauf anzugreifen: Schwierigkeiten, welche ihre Begeisterung wie Nichts überwunden hatte.

28. In diesem Kampf war die Nation der Nervier fast vollständig aufgerieben worden. Als daher die Greise, welche man, wie gesagt, mit den Weibern und Kindern in den Marschen und Sumpfgegenden geborgen hatte, die Nachricht von der Schlacht erhielten, so erkannten sie, daß die Sieger Nichts mehr aufhalten, die Besiegten Nichts mehr retten könne. So schickten sie denn nach einstimmigem Beschluß aller Ueberlebenden Gesandte an Cäsar und ergaben sich ihm auf Gnade und Ungnade, wobei sie in der Schilderung ihres Unglücks ausdrücklich erwähnten, von ihren 600 Aeltesten seien nur noch 3, von 60,000 Waffenfähigen kaum noch 500 übrig. Cäsar zeigte den Bitten dieser Unglücklichen gegenüber ein fühlendes Herz: er ließ ihnen volle Schonung angedeihen und den ungestörten Besitz ihres Gebietes und ihrer Städte, verbot auch ihren Nachbarn, sie zu belästigen und zu mißhandeln.

3. Die Ueberwältigung der Abuatuker.
(Cap. 29—33.)

29. Die Abuatuker waren, wie oben erwähnt, bereits mit gesammter Macht auf dem Marsche, um zu den Nerviern zu stoßen. Sie kehrten aber auf die Nachricht von dieser Schlacht sofort um, gaben alle ihre Städte und festen Plätze preis und zogen sich mit all' ihrer fahrenden Habe in eine einzige Stadt zurück, welche von Natur äußerst fest war[1]). Sie lag nämlich auf einem hohen Berge, der nach allen Seiten hin steile Felsabstürze hatte und nur auf der einen Seite in einer Breite von nicht mehr als 200 Fuß mittelst einer sanften Aufsteigung des Terrains zugänglich war. Diesen Punkt hatten sie durch eine doppelte hohe Mauer befestigt, hatten ferner ungeheure Felsstücke und vorn angespitzte Balken auf die Mauer geschafft. Sie selbst waren Abkömmlinge der Cimbern und Teutonen. Als diese nämlich nach unserer Provinz und Italien aufbrachen, so ließen sie das Gepäck, welches sie nicht mit sich nehmen konnten, unter dem Schutze von 6000 Mann diesseits des Rheines zurück. Diese wurden nach der Vernichtung der Cimbern und Teutonen von den Nachbarn angegriffen, wußten sich aber derselben bald angriffs- bald vertheidigungsweise viele Jahre lang zu erwehren, bis es endlich nach allseitiger Uebereinkunft zu einem Frieden kam, durch welchen ihnen dieser Platz als Wohnsitz überlassen wurde.

30. Bei dem Erscheinen unseres Heeres machten sie anfangs häufige Ausfälle und versuchten sich in kleinen Gefechten mit den Unsrigen. Cäsar ließ darauf eine Circumvallationslinie von 12 Fuß Höhe und 15 Meilen Umfang anlegen und mit vielen Redouten versehen. Nun hielten sich die Abuatuker in der Stadt. Als sie hierauf die Schutzdächer vorbringen, den Angriffsdamm aufschütten und endlich einen Thurm in der Ferne erbauen sahen, so begannen sie zuerst von

---

[1]) Mit großer Wahrscheinlichkeit hat v. Göler nach dieser überaus charakteristischen Beschreibung den Berg Falhize am linken Ufer der Maas, gegenüber der Stadt Huy, erkannt: s. ebendas. S. 83—86. Napoleon ist ihm gefolgt.

der Mauer herab darüber zu spotten und zu schimpfen: wozu man in einer so großen Entfernung eine solche Anstalt einrichte; mit was für Händen, mit was für Kräften zumal so winzige Bursche einen so schweren Thurm an die Mauer heranzubringen sich einbildeten? Es ist nämlich ganz gewöhnlich, daß die hochaufgeschossenen Gallier sich über unsern kleinen Wuchs lustig machten.

31. Als sie aber sahen, daß der Thurm wirklich anfing sich zu bewegen und an die Mauern heranzurücken, wurden sie durch dieses wunderbare und überraschende Schauspiel dermaßen betroffen, daß sie sofort Unterhändler an Cäsar schickten, welche in folgender Weise sich aussprachen: Die Aduatuker seien überzeugt, daß die Römer mit übermenschlichen Gewalten im Bunde ständen, da sie Anstalten von so ungeheurer Höhe mit solcher Schnelligkeit fortbewegen könnten; sie seien daher bereit, sich auf Gnade und Ungnade zu ergeben. Nur die eine Bitte hätten sie: wenn Cäsar etwa in seiner viel gerühmten Milde Gnade für Recht ergehen und ihnen Schonung angedeihen ließe, so möge er nicht die Auslieferung ihrer Waffen fordern. Fast alle ihre Nachbarn, denen ihre Tapferkeit ein Dorn im Auge sei, wären ihre Feinde. Müßten sie die Waffen strecken, so seien sie diesen gegenüber wehrlos. Käme es so weit mit ihnen, so wollten sie lieber von den Römern sich jede beliebige Behandlung gefallen, als von ihren bisherigen Knechten sich zu Tode martern lassen.

32. Cäsar antwortete darauf: Mehr, weil es seine Art sei, als weil sie es verdient hätten, wolle er ihnen Schonung angedeihen lassen, wenn sie sich ergäben, bevor der Sturmbock ihre Mauer berührte; doch könne von Ergebung nur unter der Bedingung die Rede sein, daß sie ihre Waffen auslieferten. Er werde es machen, wie bei den Nerviern, und den Nachbarn ankündigen, daß sie sich gegen römische Unterthanen aller Feindseligkeiten zu enthalten hätten. Auf diesen Bescheid erklärten die Aduatuker, sie wollten gehorchen. Sie warfen hierauf eine große Menge Waffen von der Mauer in den Graben vor der Stadt, so daß die aufgehäuften Waffen fast bis an die Krone der Mauer und des Angriffsdammes reichten; — und doch hatten sie, wie man später erfuhr, ziemlich ein Drittheil verheimlicht

und in der Stadt zurückbehalten. Dann wurden die Thore geöffnet, und es war an diesem Tage Friede.

33. Gegen Abend ließ Cäsar die Thore schließen und die Soldaten aus der Stadt zurückrufen, damit nicht von ihrer Seite während der Nacht irgend eine Unordnung in der Stadt angerichtet würde. Die Aduatuker hatten schon vorher, wie man später erfuhr, ihren Entschluß gefaßt, in dem Wahne, daß wir nach erfolgter Uebergabe unsere Wachtposten einziehen oder sie wenigstens mit minderer Sorgfalt besetzen würden. Sie bewaffneten sich daher theils mit den zurückbehaltenen und verheimlichten Waffen, theils mit Schilden aus Rinde und Flechtwerk, die sie, wie es der Drang der Zeit erlaubte, einfach mit Fellen überzogen hatten; dann machten sie um die dritte Nachtwache auf der Seite, wo unsere Befestigungen am leichtesten ersteigbar schienen, mit gesammter Macht plötzlich einen Ausfall aus der Stadt. Cäsar hatte schon für den Fall die nöthigen Maßregeln angeordnet. Auf die gegebenen Feuersignale eilten die Truppen von den nächsten Redouten auf den bedrohten Punkt. Die Feinde schlugen sich mit äußerster Hartnäckigkeit, wie es von Braven sich erwarten läßt, welche in der ungünstigsten Oertlichkeit, von Wall und Thürmen herab beschossen, ihre letzte und einzige Hoffnung auf ihre Tapferkeit setzen. Nach einem Verluste von etwa 4000 Mann wurde der Rest in die Stadt zurückgeworfen. Am folgenden Tage ließ Cäsar die Thore erbrechen, ohne daß Jemand Widerstand leistete, die Soldaten eindringen und sämmtliche Einwohner, wie ihre Habe, verkaufen. Nach den Mittheilungen der Käufer belief sich die Zahl der Verkauften auf 53,000.

II. Die Unterwerfung der Seestaaten.

34. Gleichzeitig erhielt Cäsar Bericht von Publius Crassus, welchen er mit einer Legion in das Gebiet der Seestaaten an der Küste des Oceans entsandt hatte. Diese alle — die Veneter, Veneller, Osismer, Curiosoliten, Esubier, Aulerker, Rhedonen — hatten nämlich die römische Herrschaft und Oberhoheit anerkannt.

III. Die Resultate.

35. So war denn ganz Gallien unterworfen, und der Ruf dieses Krieges brachte bei den Barbaren eine solche Wirkung hervor, daß die überrheinischen Völkerschaften Gesandte an Cäsar schickten und sich erboten, Geiseln zu stellen und Gehorsam zu leisten. Cäsar beschied diese Gesandtschaften auf den nächsten Sommer wieder zu sich, da er im Begriff war, nach Italien und Illyrien zu gehen. Die Legionen brachte er bei den Carnuten [1]), Anden [2]) und Turonen [3]) in der Nachbarschaft des Kriegsschauplatzes in die Winterquartiere; er selbst reiste nach Italien ab. Auf seinen Bericht über diese Ereignisse wurde ein Dankfest von vierzehn Tagen beschlossen: eine Ehre, welche bis dahin noch Niemandem widerfahren war.

Drittes Buch.

(Spätherbst 57 v. Chr. = 697 n. E. R.)

Galba's vergeblicher Versuch in Octodurus.
(Cap. 1—6.)

1. Bei seiner Abreise nach Italien sendete Cäsar den Servius Galba mit der zwölften Legion und einer Abtheilung Reiterei in das Gebiet der Nantuaten, Veragrer und Seduner [4]), welches

---

[1]) Die Hauptstadt der Carnuten ist Cenabum, das heutige Orleans.
[2]) Die Hauptstadt der Anden, welche in den übrigen Quellen richtiger Undecaven heißen (s. Glück, S. 24), ist Jullomagus, das heutige Angers sur la Mayenne.
[3]) Die Hauptstadt der Turonen ist Caesarodunum, das heutige Tours.
[4]) Von den Sedunern hat das heutige Sion (Sitten) seinen Namen.

sich von der Allobrogischen Grenze, dem Leman-See und dem Rhodanus bis zu dem Kamme der Alpen erstreckt. Er bezweckte mit dieser Sendung die Alpenpässe zu öffnen, welche bisher von den Kaufleuten nur mit großer Gefahr und unter Erlegung schwerer Zölle passirt wurden. Er gab dem Galba Vollmacht, nöthigenfalls die Legion in jenen Gegenden in die Winterquartiere zu legen. Galba lieferte einige glückliche Gefechte und nahm verschiedene Vesten, worauf man von allen Seiten Gesandte an ihn schickte, Geiseln stellte und sich unterwarf. Er beschloß hierauf, zwei Cohorten im Gebiet der Nantuaten zu stationiren und mit den übrigen Cohorten der Legion in Octodurus (Martinach), einem Flecken der Veragrer, zu überwintern. Dieser Flecken liegt in einem ziemlich engen Thale, welches rings von hohen Bergen eingeschlossen ist. Der Flecken ist durch einen Fluß in zwei Theile geschieden; den einen überließ Galba den Galliern, den anderen von ihnen geräumten belegte er mit den Cohorten, und diesen Platz begann er mit Wall und Graben zu befestigen.

2. Man war bereits mehrere Tage in den Winterquartieren, und Galba hatte die nöthigen Ausschreibungen für die Herbeischaffung von Proviant gemacht, als er plötzlich von seinen Streifern die Meldung erhielt, die Gallier hätten sämmtlich in der Nacht die ihnen eingeräumte Hälfte des Fleckens verlassen, und die beherrschenden Berge seien massenhaft von den Sedunern und Veragrern besetzt. Es waren verschiedene Gründe, welche die Gallier veranlaßt hatten, sich plötzlich zu erheben und den Entschluß zum Ueberfalle der Legion zu fassen. Einmal glaubten sie mit dieser Legion wegen ihrer Schwäche leicht fertig zu werden, da sie nach Abgang jener zwei ganzen Cohorten und noch mehrerer einzelnen nach dem Proviant ausgeschickten Abtheilungen nichts weniger als vollzählig war; sodann setzten sie voraus, man würde kaum ihrem ersten Angriff widerstehen können, wenn sie, von der Oertlichkeit begünstigt, von den Höhen herab das Thal angriffen und mit Geschossen überschütteten. Dazu kam der Groll, daß man ihnen ihre Kinder als Geiseln entrissen hatte, und die feste Ueberzeugung, daß die Römer die Alpenhöhen nicht blos wegen des freien Durchpasses, sondern vielmehr zu beständigem Besitz gewinnen wollten

und diese Gegenden zu der benachbarten Provinz zu schlagen beabsichtigten.

3. Galba berief auf diese Meldungen ungesäumt einen Kriegsrath, um dessen Meinung zu vernehmen. Denn seine Lage war nichts weniger als günstig: die Winterquartiere noch nicht eingerichtet, die Befestigungen noch nicht vollendet, auch keinesweges für Getreide und die sonstigen Bedürfnisse hinreichend gesorgt, da er, im Vertrauen auf die Unterwerfung und die Geiseln, nicht mehr an die Möglichkeit von Feindseligkeiten gedacht hatte. Ganz unvermuthet und überraschend war diese große Gefahr hereingebrochen; rings auf den Höhen erblickte man Massen von Bewaffneten; abgeschnitten von allen Seiten, konnte man weder auf das Herbeiziehen von Unterstützungstruppen, noch auf die Heranschaffung des Proviants rechnen. So wurden denn in dieser fast verzweifelten Lage sogar einige Stimmen im Kriegsrathe laut, die da meinten, man müsse die Bagage im Stich lassen, einen Ausfall machen und auf dem Wege, den man gekommen, sich durchzuschlagen suchen. Die Mehrzahl dagegen beschloß, diese Maßregel für das Aeußerste aufzusparen, einstweilen die Sache abzuwarten und sich vertheidigungsweise in dem Lager zu halten.

4. Kaum hatte man Zeit gehabt, die für diesen Beschluß nothwendigen Anordnungen zu treffen, als auch schon nach kürzester Frist der Feind auf ein bestimmtes Zeichen herabstürmte und den Wall mit Steinen und Wurfspießen überschüttete. Die Unsrigen hielten Anfangs, so lange sie noch bei frischer Kraft waren, wacker Stand; keines ihrer Geschosse fehlte von der Höhe des Walles herab seinen Mann; wo irgend ein schwach besetzter Theil des Lagers bedroht ward, dort eilte man rasch zur Hülfe herbei. Aber bald freilich geriethen sie dadurch in Nachtheil, daß der Feind im Laufe des Gefechts seine ermüdeten Truppen zurückzog und wiederholt durch frische Leute ersetzte: ein Verfahren, welches die Unsrigen bei ihrer geringen Anzahl nicht nachahmen konnten; nicht einmal die Verwundeten durften ihren Posten verlassen und aus dem Gefechte zurückgehen, geschweige denn, daß man den Ermüdeten einige Ruhe hätte gestatten können.

5. Schon mehr als sechs Stunden währte unausgesetzt der Kampf; den Unsern gingen schon nicht blos die Kräfte, sondern auch

die Geschosse aus; sie wurden immer matter und matter, während
der Feind immer heftiger stürmte und bereits den Wall niederzureißen
und die Gräben auszufüllen begann. Kurz, die Sache stand verzweifelt. Da eilten jener Primipilus Publius Sextius Baculus,
der, wie erwähnt [1]), in der Nervierschlacht mehrfach schwer verwundet
worden war, und mit ihm der einsichtige und tapfere Kriegstribun
Cajus Volusenus zu Galba und stellten ihm vor, es gäbe nur eine
Möglichkeit der Rettung: man müsse ausfallen und das Aeußerste
versuchen. Dieser berief darauf die Centurionen und ließ durch sie die
Soldaten anweisen, sie sollten allmählich das Gefecht abbrechen, sich
lediglich gegen die feindlichen Geschosse decken und sich auf diese
Weise von ihrer Anstrengung erholen, dann auf ein gegebenes Zeichen aus dem Lager vorbrechen und sich nur noch auf ihre Tapferkeit
verlassen.

6. Die Soldaten folgten dem erhaltenen Befehl und brachen
so plötzlich aus allen Thoren vor, daß der Feind nicht wußte, wie
ihm geschah, und gar nicht dazu kam sich zu sammeln. Es trat daher ein vollständiger Umschwung ein: die Feinde, welche sich schon
eingebildet hatten, im Besitz des Lagers zu sein, wurden in Flanke und
Rücken gefaßt und unter ihnen ein solches Gemetzel angerichtet, daß
von mehr als 30,000 Mann — so stark waren die Barbaren an-
erkanntermaßen vor dem Lager erschienen — über ein Drittheil auf
dem Platze blieb. Der Rest floh in wilder Flucht, warf die Waffen
von sich und konnte nicht einmal auf den Höhen wieder zum Stehen
kommen. So kehrten die Unsrigen nach vollständiger Niederlage des
Feindes in die Lagerverschanzung zurück. Trotz des Ausgangs dieses
Kampfes trug Galba doch Bedenken, das Glück öfter zu versuchen;
er verglich den Zweck, zu welchem er dort Winterquartiere genommen,
mit den ganz anderen Verhältnissen, die er dort angetroffen, und
endlich gab namentlich der Mangel an Getreide und das Ausbleiben
der Zufuhr den Ausschlag. So ließ er denn am nächsten Tage alle
Gebäude des Fleckens in Brand stecken und trat den Rückmarsch in
die Provinz an; ohne daß ein Feind ihm in den Weg trat oder seinen Marsch belästigte, führte er die Legion ohne Verlust in's Gebiet

---

[1]) S. Buch II, Cap. 25.

der Nantuaten, dann in's Allobrogerland und bezog daselbst Winterquartiere.

(56 v. Chr. = 698 n. E. R.)

I. Die Empörung der Seestaaten.
(Cap. 7—19.)

7. Cäsar hatte nach diesen Vorfällen allen Grund, Gallien für vollständig beruhigt zu halten: die Belgier waren überwunden, die Germanen über den Rhein getrieben, in den Alpen die Seduner besiegt. So begab er sich denn mit Einbruch des Winters nach Illyrien, um auch dort Land und Leute näher kennen zu lernen. Da brach in Gallien plötzlich von Neuem der Krieg aus. Die Ursache war folgende: Der junge Publius Crassus hatte mit der siebenten Legion in der Nähe des Oceans im Gebiet der Anden Winterquartiere bezogen. Da es ihm hier an dem nöthigen Getreide fehlte, so schickte er eine Anzahl Präfecten und Kriegstribunen in die benachbarten Cantone, um Getreide herbeizuschaffen, unter ihnen den Titus Terrasidius zu den Esubiern [1]), den Marcus Trebius Gallus zu den Curiosoliten [2]), den Quintus Velanius mit dem Titus Silius zu den Venetern [3]).

8. Die Veneter sind weitaus das bedeutendste Volk an jener ganzen Meeresküste: sie haben die meisten Schiffe, mit denen sie regelmäßige Fahrten nach Britannien machen, sind als unterrichtete und geübte Seeleute allen Andern überlegen, und außerdem im

---

[1]) Dieß und nicht Essuer, Esuvier oder gar Gesuvier ist die richtige Namensform dieses Stammes, welcher nordöstlich von den Anden (f. zu Buch II, Cap. 34), in der Umgegend des heutigen Alençon, Depart. Orne, wohnte. Vgl. Glück, S. 95 ff.

[2]) Von den Curiosoliten, welche nordwestlich von den Anden, unmittelbar am Ocean, im Depart. Côtes-du-Nord, saßen, hat das heutige Corseult seinen Namen.

[3]) Die Hauptstadt der Veneter, welche westlich von den Anden um die heutige Halbinsel Quiberon saßen, war Dariorigum, das heutige Vannes.

Besitz der wenigen Häfen, welche sich an jenen stürmischen und offenen Küsten befinden, woher ihnen fast alle dortigen Seefahrer zinsbar sind. Diese gaben mit der Festhaltung des Silius und Velanius das Signal: sie meinten dadurch ihre Geiseln zurückzuerhalten, welche sie dem Craſſus gestellt hatten. Diesem Anstoße folgten mit dem gewöhnlichen Leichtsinn und Wankelmuth der Gallier die Nachbarcantone und nahmen in gleicher Absicht den Trebius und Terrasidius fest. Man verständigte sich rasch durch Gesandtschaften; die Fürsten traten zusammen und verbanden sich eidlich, nur nach gemeinsamem Beschluß zu handeln, gemeinsam alle möglichen Folgen dieses Schrittes zu tragen. Hierauf rief man die übrigen Cantone auf, die angestammte Freiheit zu behaupten und das römische Joch abzuschütteln. Sofort fiel ihnen die ganze Meeresküste zu, und nun erging eine Gesandtschaft im Namen Aller an den Publius Craſſus mit der Erklärung: wolle er die Seinen zurückhaben, so solle er ihnen ihre Geiseln zurückschicken.

9. Cäſar erhielt sofort Bericht von Craſſus; da er aber selbst nicht zur Stelle war, so gab er Befehl, vorläufig auf dem Fluſſe Liger (Loire), der in den Ocean mündet, Kriegsschiffe zu erbauen, Ruderer aus der Provinz auszuheben und einzuüben, Matrosen und Steuermänner zusammenzubringen. Seine Befehle wurden pünktlich vollzogen, und sobald es die Jahreszeit erlaubte, traf er selbst bei'm Heere ein. Die Nachricht von seiner Ankunft gelangte bald zu den Venetern und ihren Bundesgenoſſen; zugleich kam ihnen auch die Ueberlegung, welch' eine unerhörte That sie begangen hatten, Gesandte, deren Amt stets bei allen Völkern für heilig und unverletzlich gilt, festzunehmen und in Banden zu legen. Sie begannen daher, gemäß der Größe der drohenden Gefahr, sich zu rüsten und namentlich für ihre Seemacht die nöthigen Anschaffungen zu machen; von dieser erwarteten sie das Meiste, im Vertrauen auf die Beschaffenheit ihres Landes. Sie wußten: die Heerstraßen waren von Marschen durchschnitten; die Schifffahrt war bei der Unbekanntschaft mit den Küsten und der geringen Zahl der Häfen schwierig; sie hofften, unsere Truppen würden wegen Mangels an Zufuhr sich nicht lange in ihrem Lande halten können. Und selbst angenommen, daß sie sich in Allem täuschten, so blieb ihnen ja noch die Ueberlegenheit ihrer Seemacht,

während die Römer mit Schiffen schlecht versehen und mit der Oertlichkeit des Kriegsschauplatzes, seinen Untiefen, Häfen und Inseln
unbekannt seien. Auch wußten sie wohl, wie ganz anders es mit
der Schifffahrt in dem geschlossenen Becken des Mittelmeeres, als in
dem unermeßlich weiten Ocean sei. Sie trafen daher ihre Maßregeln,
befestigten ihre Städte, schafften in dieselben das Getreide vom Lande,
und zogen möglichst viele Schiffe im Veneter-Lande zusammen, wo
Cäsar jedenfalls den Feldzug eröffnen würde. Bündnisse schlossen
sie zu diesem Kriege mit den Osismern, Lexoviern, Namneten, Am-
biliaten, Morinern, Diablintren, Menapiern; auch aus dem gegen-
überliegenden Britannien zogen sie Hülfstruppen an sich.

10. Die oben erwähnten Schwierigkeiten der Kriegführung
bestanden in der That. Andererseits aber waren für Cäsar mehrfache
Gründe vorhanden, diesen Krieg zu unternehmen: die Festnahme und
Mißhandlung römischer Ritter, die Empörung nach vertragsmäßiger
Unterwerfung, der Abfall nach Stellung von Geiseln, die Verbindung so vieler Staaten, ganz besonders aber die Erwägung, die
übrigen Völkerschaften würden meinen, sie könnten es ebenso machen,
wenn er nicht hier mit aller Entschiedenheit einschritte. Er verbarg
sich eben so wenig, daß die Gallier, jederzeit zum Aufstande geneigt,
sich leicht und rasch für einen Krieg begeistern, als daß überhaupt
Jedermann von Natur die Freiheit liebt und die Sklaverei haßt.
Er glaubte daher, ehe noch mehrere Cantone dem Bunde beiträten,
sein Heer theilen und nach verschiedenen Seiten zugleich Front machen
zu müssen.

11. In diesem Sinne schickt er den Legaten Titus Labienus
mit einem Theile der Reiterei in das Trevererland, unmittelbar am
Rhein; und beauftragt ihn, die Remer, sowie die übrigen Belgier,
zu beobachten und im Zaum zu halten, zugleich die Germanen, welche
angeblich von den Belgiern zu Hülfe gerufen waren, zurückzuwerfen,
falls sie einen gewaltsamen Uebergang über den Fluß versuchen sollten. Den Publius Crassus entsendet er mit zwölf Legionscohorten
und einer starken Reiterabtheilung nach Aquitanien, um hier die
Absendung von Hülfstruppen nach Gallien und damit die Verbindung dieser beiden großen Nationen zu verhindern. Den Legaten
Quintus Titurius Sabinus ließ er mit drei Legionen gegen die

Veneller, Curiosoliten und Lexovier marschiren, um diese zu beschäftigen. Den jungen Decimus Brutus stellt er an die Spitze der Flotte und der gallischen Schiffe, die er bei den **Pictonen**, **Santonen** [1]) und den übrigen treu gebliebenen Völkerschaften aufgeboten hatte, mit dem Befehl, so schnell als möglich die Veneter zur See anzugreifen. Er selbst marschirt ebendahin an der Spitze der übrigen Landtruppen.

12. Ihre Städte lagen regelmäßig auf den äußersten Spitzen von Landzungen und Vorgebirgen, und es war ihnen weder von der Landseite beizukommen, weil allemal von 12 zu 12 Stunden die Fluth eintritt [2]), noch von der Seeseite, weil bei'm Wiedereintritt der Ebbe die Schiffe auf den Untiefen sitzen blieben. So war in jeder Hinsicht der Angriff auf die Städte schwierig, und gelang es auch einmal, durch ungeheure Arbeiten diese Schwierigkeiten zu überwinden, durch gewaltige Steindämme das Meer abzuhalten und diese bis zur Höhe der Stadtmauern hinaufzuführen, so daß den Belagerten um den Ausgang bange zu werden anfing, so erschien plötzlich eine Menge Schiffe, an denen sie den größten Ueberfluß hatten; die Belagerten schifften alle ihre beweglichen Güter ein und zogen sich in die nächsten Städte zurück. Dort begann dann unter denselben örtlichen Verhältnissen die Vertheidigung von Neuem. Mit diesen Unternehmungen ging um so eher ein großer Theil des Sommers hin, als unsere Schiffe von Stürmen zurückgehalten wurden und die Schifffahrt auf dem weiten offenen Meere überhaupt bei den hohen Fluthen und bei dem fast gänzlichen Mangel an Häfen sehr schwierig war.

13. Die Schiffe der Veneter nämlich waren auf folgende Weise gebaut und ausgerüstet: ihre Kiele waren um ein Bedeutendes flacher als bei unseren Schiffen, um desto leichter Untiefen und Ebbe zu überwinden; Vorderdeck und Hinterdeck außerordentlich hoch, der

---

[1]) Die Hauptstadt der **Santonen**, welche nördlich von der Mündung der Garonne wohnten, ist Mediolanum, das heutige Saintes. Nördlich von ihnen saßen die **Pictonen** in dem von ihnen benannten Poitou.

[2]) Es ist mit Hrn. Arnold Hug zu lesen: quod is (gew. bis sinnlos) accedit (so die besten Handschriften statt des gewöhnlichen accidit) semper horarum XII. spatio.

Gewalt der Fluthen und Stürme entsprechend; die Schiffe ganz und gar aus Kernholz gezimmert und dadurch des größtmöglichen Widerstandes fähig. Die Bodenrippen waren durch Balken von ein Fuß Höhe mittelst zollstarker eiserner Nägel verbunden. Die Anker hingen nicht an Tauen, sondern an eisernen Ketten; statt der leinenen Segel hatten sie solche von stärkerem und feinerem Leder, sei es aus Mangel an Leinwand und Unbekanntschaft mit ihrem Gebrauch, sei es, was wahrscheinlicher ist, weil sie meinten, leinene Segel seien nicht ausreichend, um den gewaltigen Stürmen und Stoßwinden des Oceans Trotz zu bieten und so stark gezimmerte Schiffe zu regieren. Wenn nun unsere Flotte mit diesen Schiffen zusammenstieß, so hatte sie einzig und allein den Vortheil ihrer Beweglichkeit und der Ruderkraft, sonst, in Ansehung der Oertlichkeit und zum Widerstand gegen die Stürme, waren jene geschickter und brauchbarer. Auch mit dem Schnabel konnte man ihnen Nichts anhaben — dazu waren sie eben zu fest gebaut —, und wegen ihrer bedeutenden Höhe konnte man sie weder wirksam beschießen noch bequem entern. Dazu kam, daß sie bei'm Einbruch von Stürmen sich ohne Gefahr dem Winde überlassen konnten, weil sie dem Sturme widerstanden, ohne Furcht auf die Untiefen auflaufen durften und, durch die Ebbe überrascht, von den Klippen und Riffen nichts zu besorgen hatten — Alles Dinge, vor denen sich unsere Schiffe außerordentlich in Acht nehmen mußten.

14. Nach Einnahme mehrerer Städte kam Cäsar zu der Ueberzeugung, die ganze Arbeit sei umsonst: auf diese Weise könne man weder dem Feinde die Flucht aus den eroberten Städten abschneiden, noch ihnen sonst etwas anhaben; er beschloß daher, die Ankunft seiner Flotte abzuwarten. Sobald diese herankam und im Angesicht des Feindes erschien, liefen ungefähr 220 feindliche Schiffe schlagfertig und wohlgerüstet aus und nahmen den unsrigen gegenüber Stellung [1]), während weder Brutus, der die ganze Flotte commandirte, noch die Kriegstribunen und Centurionen, welche die einzelnen Schiffe führten, in's Klare kommen konnten, was sie thun, wie sie sich im Kampfe benehmen sollten. Mit dem Schnabel, das war ihnen

---

[1]) Man nimmt gewöhnlich an, daß dieses entscheidende Seetreffen in der berühmten Bucht von Quiberon geliefert worden ist.

bekannt, konnten sie dem Feinde Nichts anhaben; über die Holz-
thürme aber, welche sie errichtet hatten, ragten doch die Vorderdecke
der feindlichen Schiffe noch hinaus, so daß man sie nicht wirksam
beschießen konnte, dagegen der vollen Wirkung der gallischen Geschosse ausgesetzt war. Nur Eine Maßregel bewährte sich als äußerst
zweckmäßig: scharfe Sicheln, welche an langen Stangen eingelassen
und wohl befestigt waren, etwa in der Art von Mauersicheln. Wenn
man nämlich die Toppenanten mit diesen Sicheln gepackt und angezo-
gen hatte, so ruderte man zurück und durchschnitt sie auf diese Weise.
Natürlich mußten dann sofort die Raaen herabstürzen, und da die
gallischen Schiffe ausschließlich Segelschiffe waren, so war dann in
einem Augenblick das Schiff gänzlich unfähig, sich zu bewegen. Der
weitere Erfolg hing dann von der persönlichen Tapferkeit ab, und
darin waren unsere Soldaten den Feinden entschieden überlegen, um
so mehr, als der Kampf im Angesichte Cäsar's und des ganzen Land-
heeres stattfand und keine einigermaßen ausgezeichnete Waffenthat
verborgen bleiben konnte. Denn das Heer bedeckte alle Hügel und
Höhen, welche eine Aussicht auf das nahe Meer darboten.

15. Sobald nun, wie gesagt, die Raaen heruntergerissen waren,
umringten je zwei oder drei unserer Schiffe ein feindliches, welches
dann sofort mit Ungestüm von unsern Soldaten geentert wurde.
Eine Anzahl Schiffe war auf diese Weise bereits genommen, Widerstand war nicht möglich. Als der Feind dessen inne wurde, suchte
er sein Heil in der Flucht. Und schon hatte er seine Schiffe nach
der Windrichtung gewendet, als plötzlich eine vollständige Windstille
eintrat, daß sie sich nicht von der Stelle rühren konnten. Dieser
glückliche Zufall trug vorzüglich dazu bei, der Sache ein Ende zu
machen; die Unsrigen verfolgten und eroberten ein Schiff nach dem
anderen, und nur sehr wenige von der Gesammtmasse vermochten sich
bei Einbruch der Nacht an's Land zu retten. Der Kampf hatte etwa
von der vierten Stunde [1]) bis Sonnenuntergang gedauert.

16. Dieser eine Schlag machte dem Kriege mit den Venetern
und dem ganzen Küstenlande ein Ende; denn ihre ganze waffenfähige
Mannschaft, außerdem auch die älteren Männer, welche einigermaßen

---

[1]) Ungefähr 10 Uhr Morgens.

Einsicht und Einfluß besaßen, waren dort versammelt gewesen, alle
Schiffe ferner, die ihnen irgend zu Gebote standen, hatten sie an diesem Punkte vereinigt gehabt. Nach ihrem Verlust war für den Ueberrest jeder weitere Rückzug, jede weitere Vertheidigung der Städte
eine Unmöglichkeit. So ergaben sie sich denn Cäsarn auf Gnade und
Ungnade. Dieser glaubte ein strenges Exempel statuiren zu müssen,
um den Barbaren für die Zukunft den nöthigen Respekt vor dem
Recht der Gesandten einzuprägen. Er ließ daher die sämmtlichen
Mitglieder des Rathes hinrichten und die Uebrigen als Sclaven
verkaufen.

17. Während dieser Ereignisse im Veneterland war Quintus
Titurius Sabinus mit seiner Abtheilung im Gebiete der Veneller [1]) angelangt. An ihrer Spitze stand Viridoviz, welcher zugleich
den Oberbefehl über alle abgefallenen Cantone führte. Er hatte
auch aus ihnen Heer und Landsturm in bedeutenden Massen zusammengebracht. Eben in den letzten Tagen hatten auch die Aulerker-
Eburoviker und die Lexovier [2]) die Mitglieder ihres Rathes ermordet,
weil diese den Krieg nicht gutheißen wollten, hatten ihre Thore
verschlossen und sich mit dem Viridoviz vereinigt; außerdem hatten
sich große Banden von Räubern und anderem Gesindel aus ganz
Gallien zusammengefunden, welche Beutegier und Kriegslust von
Ackerbau und täglicher Arbeit abgerufen. Sabinus blieb an einem
in jeder Beziehung günstigen Orte ruhig im Lager stehen, während
Viridoviz in einer Entfernung von zwei Meilen ihm gegenüber Stellung nahm, Tag für Tag seine Truppen aufmarschiren ließ und ihm
die Schlacht anbot. So fingen nicht blos die Feinde an den Sabinus zu verachten, sondern auch seine eigenen Soldaten stichelten
einigermaßen auf seine Unthätigkeit. Ja, der Anschein seiner Feigheit ermuthigte den Feind, dicht an den Lagerwall heranzukommen.
Das eben war seine Absicht: er glaubte, ein Legat dürfe, zumal in

---

[1]) Dieß 'und nicht das gewöhnliche Unelleur ist die richtige Form des
Namens: s. Glück, S. 165. Sie wohnten im heutigen Depart. Manche.

[2]) Die Aulerker-Eburoviker wohnten in den heutigen Depart. Orne
u. Eure. Ihre Hauptstadt ist Mediolanum, das heutige Evreux. Nördlich von
ihnen, an der Mündung der Seine, die Lexovier, mit dem Hauptorte Novio-
magus, heutzutage Lisieux.

Abwesenheit des Oberfeldherrn, nur auf günstigem Terrain oder bei sonst günstigen Umständen gegen eine solche feindliche Uebermacht den Kampf annehmen.

18. Als Sabinus den Feind in seiner Meinung hinlänglich bestärkt hatte, wählte er aus den gallischen Hülfstruppen einen geeigneten schlauen Burschen, bewog diesen durch große Belohnungen und Versprechungen, zum Feinde überzugehen, und gab ihm die nöthigen Anweisungen. Dieser ging nun als Ueberläufer zu ihnen, schilderte die Furcht der Römer, setzte auseinander, wie Cäsar selbst von den Venetern bedrängt werde, und schloß damit: Sabinus sei drauf und dran, in der nächsten Nacht mit seinen Truppen heimlich das Lager zu verlassen und Cäsar zu Hülfe zu eilen. Auf diesen Bericht schrieen Alle mit einer Stimme: man dürfe eine so günstige Gelegenheit sich nicht entgehen lassen, man müsse das Lager angreifen. Mancherlei wirkte zusammen, die Gallier für diesen Entschluß zu stimmen: das bisherige Zaudern des Sabinus, die bestimmte Mittheilung des Ueberläufers, der Mangel an Lebensmitteln, für welche sie nicht gehörig gesorgt hatten, die Hoffnung, die sie auf den Ausgang des Venetischen Krieges setzten. Und überhaupt glauben ja die Menschen so gern, was sie wünschen! So ließen sie denn Viridoviz und die übrigen Anführer nicht eher aus dem Kriegsrath, als bis diese ihre Einwilligung zu dem Beschlusse gegeben hatten, in die Waffen zu treten und gegen das Lager vorzugehen. Lustig, als ob sie den Sieg schon in Händen hätten, sammelten sie Faschinen und Strauchwerk, um die Gräben der Römer auszufüllen, und rückten gegen das Lager vor.

19. Das Lager stand auf einer Anhöhe, welche in einer Ausdehnung von etwa einer Meile allmählich aufstieg. Diese stürmten sie in vollem Laufe herauf, um den Römern so wenig Zeit als möglich zu lassen, sich zu sammeln und die Waffen zu ergreifen. So kamen sie außer Athem oben an. Sabinus hatte indessen die Seinigen ermuntert, gab ihnen, die von Kampflust brannten, das Zeichen zum Angriffe und ließ sie plötzlich aus zwei Thoren auf die Feinde ausfallen, welche durch ihre Lasten kampfunfähig waren. Das günstige Terrain, das Ungeschick und die Ermattung der Feinde, die Tapferkeit und Kriegserfahrung unserer Soldaten, Alles das

wirkte zusammen, daß der Feind sogleich bei'm ersten Anlauf der Unsrigen sich zur Flucht wendete. Unsere Soldaten, welche den erschöpften Feind mit frischen Kräften verfolgten, tödteten ihm eine große Menge Leute; die Reiterei verfolgte die übrigen und ließ nur Wenige von ihnen entkommen. So wurden gleichzeitig Sabinus von der Seeschlacht und Cäsar vom Siege des Sabinus unterrichtet, und alle diese Cantone ergaben sich sofort dem Titurius. Denn wie die Gallier stets bereit und geneigt sind, Krieg anzufangen, so fehlt es ihnen andererseits an der nöthigen Festigkeit und Ausdauer im Unglück.

II. Crassus' Feldzug in Aquitanien.
(Cap. 20—27.)

20. Etwa gleichzeitig war Publius Crassus in Aquitanien eingetroffen, das, wie oben gemeldet, sowohl nach seiner Ausdehnung, als nach seiner Bevölkerung ungefähr ein Drittheil von ganz Gallien ausmacht. Crassus hatte nicht vergessen, daß auf demselben Boden wenige Jahre vorher der Legat Lucius Valerius Präconius Schlacht und Leben verloren, der Proconsul Lucius Mallius mit Verlust seines ganzen Gepäckes [1] nur durch die Flucht sich gerettet hatte; er erkannte daher, daß hier die größte Vorsicht nöthig sei. Erst, als er für die Verpflegung gesorgt, Hülfstruppen und Reiterei aufgeboten, außerdem viele tapfere Veteranen aus Tolosa (Toulouse) und Narbo (Narbonne), den benachbarten Grenzstädten der Provinz Gallien, namentlich aufgefordert hatte, rückte er in das Gebiet der Sontiaten [2] ein. Die Sontiaten hatten auf die Nachricht seines Anmarsches große Truppenmassen und besonders Reiterei, ihre Hauptwaffe, zusammengebracht und griffen zunächst mit letzterer die Unsrigen auf dem Marsche an. Als aber ihre Reiterei geworfen und von den Unsrigen verfolgt ward, brachen sie plötzlich mit ihrem Fuß-

---

[1] Diese Vorfälle, über welche etwas Näheres nicht bekannt ist, gehören dem Kriege mit Sertorius an, 84 bis 71 v. Chr.

[2] Von den Sontiaten hat der Bezirk Sos im Depart. Lot et Garonne seinen Namen.

volk aus einer Schlucht vor, in welcher sie dasselbe im Hinterhalt aufgestellt hatten. Dieß stellte durch seinen Angriff auf unsere auseinander gekommenen Truppen das Gefecht her.

21. Es kam zu einem langen und hartnäckigen Kampfe: die Sontiaten, im Vertrauen auf ihre früheren Siege, vermeinten allein durch ihre Tapferkeit das Geschick von ganz Aquitanien zu entscheiden; die Unsrigen wollten einmal zeigen, was sie auch ohne den Oberfeldherrn und ohne die übrigen Legionen unter ihrem jugendlichen Anführer zu leisten vermöchten. Endlich mußte der Feind, erschöpft und nach schwerem Verlust, die Flucht ergreifen. Crassus folgte ihnen und begann sofort den Angriff auf die Stadt der Sontiaten. Da die Belagerten tapferen Widerstand leisteten, ließ er Schutzdächer und Thürme heranführen. Die Belagerten versuchten bald Ausfälle, bald führten sie Minengänge unter den Damm und die Schutzdächer; denn hierin haben die Aquitanier bedeutende Erfahrung, da bei ihnen an vielen Orten Bergbau getrieben wird. Als sie aber zu der Ueberzeugung kamen, daß sie mit allen diesen Mitteln gegenüber der Wachsamkeit der Unsrigen Nichts auszurichten vermöchten, so schickten sie Gesandte an Crassus und trugen ihre Unterwerfung an. Crassus ging darauf ein und forderte die Auslieferung der Waffen, welche denn auch erfolgte.

22. Während nun die Aufmerksamkeit der Unsrigen mit diesen Vorgängen beschäftigt war, versuchte der Oberfeldherr der Sontiaten, Adiatunnus, an der Spitze seiner 600 „Getreuen", welche bei ihnen „Soldurier" heißen, einen Ausfall. Diese Soldurier pflegen mit demjenigen, welchem sie sich als Freunde geweiht haben, alle Freuden des Lebens gemeinschaftlich zu genießen, dagegen im Fall seines gewaltsamen Todes entweder auch dieses Schicksal mit ihm zu theilen oder sich selbst das Leben zu nehmen. Und es ist seit Menschengedenken nicht vorgekommen, daß ein solcher Soldurier nach dem Falle des von ihm erkorenen Freundes sich dem Tode entzogen hätte. Mit diesen also versuchte Adiatunnus einen Ausfall. Sofort entstand auf dieser Seite der Befestigungen Lärm, die Soldaten griffen zu den Waffen und Adiatunnus ward nach einem heftigen Kampfe in die Stadt zurückgeworfen. Doch ließ sich Crassus bestimmen, ihm dieselben Bedingungen der Unterwerfung zu gewähren, wie den übrigen.

23. Nach Empfang der Waffen und Geiseln rückte Crassus
in's Gebiet der Vocaten und Tarusaten [1]). Auf die Barbaren
hatte die Nachricht von der in wenigen Tagen bewerkstelligten Eroberung einer durch Natur und Kunst so festen Stadt einen tiefen
Eindruck gemacht. Sie schickten daher nach allen Seiten Gesandte,
schlossen Bündnisse ab, tauschten Geiseln aus, zogen Truppen zusammen. Sogar zu den benachbarten Völkerschaften des diesseitigen
Spaniens schickten sie Gesandte und erbaten sich von dort Hülfstruppen und Anführer. Als diese ankamen, begann man den Krieg
mit großer Regelmäßigkeit und großen Streitkräften. Zu Anführern
wählte man Die, welche die ganze Zeit über unter Quintus Sertorius gefochten hatten und daher als ausgezeichnet erfahrene Krieger
galten. Diese begannen denn auch gleich, ganz wie es die Römer zu
machen pflegen, geeignete Stellungen zu nehmen, ihre Lager zu befestigen, den Unsrigen die Zufuhren abzuschneiden. Crassus sah wohl
ein, daß er seine Streitkräfte wegen ihrer geringen Zahl nicht füglich
theilen, der Feind dagegen auf allen Straßen streifen könne, ohne
deßhalb sein Lager zu entblößen, daß eben deßhalb die Zufuhr von
Getreide und anderem Proviant für ihn immer schwieriger werde,
daß der Feind von Tage zu Tage sich verstärke. So kam er denn zu
dem Entschluß, ohne Zaudern eine Hauptschlacht zu wagen. Er trug
dieses einem Kriegsrath vor, und als er Alle damit einverstanden sah,
bestimmte er den folgenden Tag zur Schlacht.

24. Bei Tagesanbruch führte er alle seine Truppen vor das
Lager und ließ sie in zwei Treffen aufmarschiren, indem er die Hülfstruppen in's Centrum nahm. So erwartete er ruhig den Feind.
Dieser hielt zwar wegen seiner Uebermacht und seines alten Kriegs-
ruhms einerseits, unserer geringen Zahl andererseits, den Sieg für
sicher, immerhin aber es für noch sicherer, ohne Blutvergießen, blos
durch Besetzen der Straßen und Abschneiden der Zufuhr, den Sieg
zu gewinnen. Träten dann die Römer aus Mangel an Lebensmitteln den Rückzug an, so dachte man dieselben auf dem Marsche an-

---

[1]) Von den Tarusaten hat das heutige Tartas am Adour, im Depart.
les Landes, seinen Namen. Zwischen ihnen und den Sontiaten müssen also
die Vocaten gewohnt haben.

zugreifen, wo diese, nicht kampfbereit und unter dem Gepäck, mit geringerem Selbstvertrauen sich schlagen würden. Dieser Entschluß fand die Billigung aller Anführer: man hielt sich daher, troß des Aufmarsches der Römer, ruhig im Lager. Durch dieses Zaudern und seine scheinbare Furcht erhöhte der Feind nur die Kampflust unserer Soldaten; von allen Seiten erhoben sich Stimmen, man dürfe nicht länger zögern, man müsse sofort das feindliche Lager angreifen. Craffus hatte den Plan des Feindes durchschaut; jeßt ermunterte er noch einmal die Seinen und führte sie, die von Kampflust brannten, gegen das feindliche Lager.

25. Ein Theil begann die Gräben auszufüllen; Andere versuchten durch einen Hagel von Geschoffen die Vertheidiger vom Wall der Befestigung zu vertreiben; die Hülfstruppen, welche Craffus sich nicht getraute in's Gefecht zu ziehen, mußten Steine und Geschoffe herbeischaffen, Rasenstücke zur Ausfüllung des Grabens zutragen und auf diese Weise wenigstens scheinbar die Zahl der Kämpfer vergrößern. Der Feind seinerseits hielt sich hartnäckig und tapfer, und seine Geschoffe, von oben herab geschleudert, verfehlten ihre Wirkung nicht. Unterdessen war die Reiterei um das feindliche Lager herumgegangen und meldete jeßt dem Craffus, am Hinterthor sei das Lager durchaus nicht mit der gleichen Sorgfalt befestigt und hier werde ein Angriff leicht gelingen.

26. Craffus wies die Reiteroberften an, die Ihrigen durch große Belohnungen und Versprechungen anzufeuern, und gab ihnen die nöthigen Verhaltungsbefehle. Demgemäß nahmen diese die Cohorten, welche, als Besaßung im Lager zurückgelaffen, noch intact waren, und führten sie auf einem bedeutendem Umwege um das feindliche Lager herum, um nicht von dort aus bemerkt zu werden. So gelangten sie schnell zu dem angegebenen Theile der Verschanzung, während die ganze Aufmerksamkeit des Feindes auf das im Gange befindliche Gefecht gerichtet war, riffen diese Verschanzungen rasch nieder und waren mitten im Lager des Feindes, ehe dieser sie nur ordentlich gesehen hatte und wußte, wie ihm geschah. Als nun die Unsrigen das Kriegsgeschrei im Rücken des Feindes vernahmen, begannen sie auch auf der Front den Kampf von Neuem mit frischer Kraft, wie sie die Hoffnung auf den Sieg zu geben pflegt. Die Feinde,

von allen Seiten umschlossen, gaben Alles verloren, suchten über die Verschanzungen hinabzuspringen und in der Flucht ihr Heil zu finden. Die Reiterei verfolgte sie auf dem ganz offenen Terrain und kehrte erst tief in der Nacht in das Lager zurück. Von den 50,000 Mann, welche unzweifelhaft aus Aquitanien und Cantabrien zusammengekommen waren, hatte sich kaum der vierte Theil gerettet.

27. Auf die Kunde von dieser Schlacht unterwarf sich der größte Theil von Aquitanien dem Crassus und schickte unaufgefordert Geiseln, namentlich die Tarbeller, Bigerrionen, Ptianier, Vocaten, Tarusaten, Elusaten, Gaten, Ausker, Garumner, Sibuzaten und Cocosaten[1]). Nur ein paar entlegene Völkerschaften unterließen dieß im Vertrauen auf die Jahreszeit, da der Winter vor der Thür war.

III. Cäsar's Zug gegen die Moriner und Menapier.
(Cap. 28 und 29.)

28. So war denn ganz Gallien unterworfen; nur die Moriner und Menapier[2]) standen noch unter den Waffen und hatten überhaupt noch niemals Friedensgesandte an Cäsar geschickt. Obgleich daher der Sommer fast zu Ende war, führte doch Cäsar noch in dieser Jahreszeit sein Heer gegen sie, in der Hoffnung, dieser Krieg werde sich rasch beendigen lassen. Aber diese Völker trafen Anstalt, den Krieg auf eine ganz andere Art zu führen, als die übrigen Gallier. Durch die Erfahrung gewitzigt, daß selbst die größten Völkerschaften in offener Feldschlacht den Römern erlegen waren, zogen sie sich mit all' ihrer Habe in die ausgedehnten Waldungen und Sümpfe zurück, welche ihr Land bedeckten. Als Cäsar im An-

---

[1]) Von den hier genannten Völkerschaften (vergl. zu Cap. 23) sind noch erkennbar die Bigerrionen in der heutigen Grafschaft Bigorre, mit der Stadt Bagnères de Bigorre am Adour; die Ausker in dem heutigen Auch, dem alten Climberrum, ihrer Hauptstadt am Gers; die Sibuzaten in Saubusse, zwischen Bayonne und Dax.

[2]) Die Moriner, in deren Lande sich der vielgenannte portus Itius befindet, am Ocean, im heutigen Depart. Pas de Calais. Oestlich schließen sich ihnen die Menapier im heutigen Flandern an.

gesicht ihrer Wälder angelangt war, begann er sein Lager zu errichten, ohne daß ein Feind sich sehen ließ. Sobald aber die Unsrigen
bei der Arbeit sich vertheilt hatten, brachen sie plötzlich auf allen
Seiten aus den Wäldern hervor und überfielen die Unsrigen. Diese
griffen rasch zu den Waffen und warfen sie nicht ohne Verlust in die
Wälder zurück. Als sie aber dann den Feind zu weit in seine Schlupfwinkel verfolgten, verloren sie auch ihrerseits einige Leute.

29. Nun begann Cäsar in den nächsten Tagen die Wälder
niederschlagen zu lassen und aus gefällten Bäumen, die Kronen nach
auswärts gekehrt, auf beiden Flanken Verhaue zu bilden, damit unsere Soldaten nicht etwa waffenlos und unversehens vom Feinde in
der Flanke angegriffen werden könnten. Mit unglaublicher Schnelligkeit schritt die Arbeit in wenigen Tagen ein gutes Stück weit vor,
und schon kam man mit ihr bis zu dem Vieh und dem letzten Gepäck
des Feindes, während er selbst sich in die dichteren Waldungen zurückzog. Da fiel aber so übles Wetter ein, daß man nothwendig von
der Arbeit ablassen mußte; die fortwährenden Regengüsse machten es
unmöglich, die Soldaten länger unter Zelten lagern zu lassen. Cäsar
verwüstete daher alle Aecker des Feindes, brannte seine Flecken und
Höfe nieder und führte dann das Heer in's Gebiet der Aulerker[1])
und Lexovier, sowie der übrigen Völkerschaften zurück, gegen die er
zuletzt im Felde gelegen; dort legte er es in die Winterquartiere.

---

[1]) Außer den oben Cap. 17 genannten Eburovikern gab es noch drei
Stämme der Aulerker: die auch oben Cap. 9 erwähnten Diablintren
(so! S. Glück, S. 93 f.), welche im heutigen Depart. Mayenne, die Cenoma-
nen, welche im Depart. Sarthe wohnten, und die Brannoviker, deren Sitze
nicht mit Sicherheit nachzuweisen sind.

Viertes Buch.

(Das Jahr 55 v. Chr. = 699 u. E. R.)

I. Die Heerfahrt der Usipeten und Tenkteren.

(Cap. 1—15.)

1. Im folgenden Winter[1]), — es war das Consulatsjahr des Cnejus Pompejus und Marcus Crassus — überschritten zwei germanische Stämme, die Usipeten und Tenkteren, in großer Masse den Rhein, nahe seiner Einmündung in's Meer. Die Ursache dieser Auswanderung war, daß sie eine Reihe von Jahren von den Sueben beunruhigt, mit Krieg überzogen und am ruhigen Bestellen ihrer Aecker gehindert worden waren.

Die Sueben[2]) sind weitaus die größeste und kriegerischeste Völkerschaft Germaniens. Sie sollen aus 100 Gauen bestehen: jeder von diesen sendet jährlich 1000 Bewaffnete zu Kriegszügen über die Grenzen. Die Anderen bleiben zu Hause und schaffen den nöthigen Unterhalt für sich und die Ausgezogenen. Die Zurückgebliebenen ziehen dafür das nächste Jahr in den Krieg, während die Anderen zu Hause bleiben. So verlernen sie weder den Ackerbau, noch Kenntniß und Uebung des Krieges. Besondern Privatgrundbesitz gibt es bei ihnen nicht; auch darf Niemand denselben Fleck länger als ein Jahr bebauen. Sie leben auch nicht sowohl von Getreide, als größtentheils von der Milch und dem Fleisch ihrer Heerden, und sind außerdem eifrige Jäger. Die Jagd stärkt ihre Körper und giebt ihnen diesen riesenmäßigen Wuchs; die Art der Nahrung, die tägliche Uebung und die ungebundene Freiheit wirken gleichmäßig zusammen;

---

¹) ⁵⁶/₅₅ v. Chr. = 69⁸/₉ n. E. R.
²) Dieß und nicht das gewöhnliche S u e v e n ist die gute Ueberlieferung des berühmten Völkernamens, welcher bei Cäsar sehr allgemein und unbestimmt ist.

denn von Jugend auf keiner Zucht und keinem Zwange unterworfen thun ſie Nichts, als was ihnen gefällt. Und dabei ſind ſie dergeſtalt abgehärtet, daß ſie ſelbſt in den kälteſten Gegenden in den Flüſſen baden und keine andere Kleidung, als einen kurzen Pelz, tragen, der den größten Theil des Körpers blos läßt.

2. Handelsleute laſſen ſie mehr deßhalb zu, um ihre Kriegs-beute zu Gelde zu machen, als um irgend welche Einfuhrartikel zu erhalten. Selbſt fremde Pferde laſſen ſie [1]) nicht bei ſich einführen, während die Gallier mit beſonderer Liebhaberei und großen Koſten ſich dergleichen anſchaffen, ſondern ſie begnügen ſich mit ihrer einhei-miſchen Raſſe, welche klein und unanſehnlich iſt, aber durch tägliche Uebung an die äußerſte Ausdauer gewöhnt wird. Bei den Reiter-gefechten ſpringen ſie oft von den Pferden, um zu Fuß zu kämpfen, während ihre vortrefflich dreſſirten Pferde auf derſelben Stelle ſtehen bleiben, wohin ſich dann die Reiter nöthigenfalls wieder raſch zurück-ziehen. Nichts gilt bei ihnen für ſchimpflicher oder für ein größeres Zeichen der Weichlichkeit, als der Gebrauch des Sattels. Sie be-ſinnen ſich daher nicht, ſelbſt wenn ihrer noch ſo Wenige ſind, auch die entſchiedenſte Uebermacht von Reitern auf geſattelten Pferden anzugreifen. Die Einfuhr von Wein iſt bei ihnen geradezu verboten; ſie meinen, der Menſch werde dadurch verweichlicht und unfähig, Strapazen zu ertragen.

3. Sie betrachten es als Ehrenſache für ein Volk, wenn ſeine Grenzen von möglichſt ausgedehnten Einöden umgeben ſind; ſie ſehen dieß als einen Beweis an, daß alle die andern Völker ſeiner Macht nicht haben widerſtehen können. So ſoll denn auf der einen Grenze der Sueben das Land auf ungefähr 600 Meilen wüſt liegen. Auf der andern Seite grenzen mit ihnen die Ubier [2]) zuſammen,

---

[1]) Die Stelle, welche in den Büchern lautet: Germani importatis his non utuntur, iſt mit Hrn. Hug ſo zu verbeſſern, daß Germani als unpaſ-ſende Gloſſe geſtrichen, dann aber importatis hi (d. i. Suebi) geſchrieben wird.

[2]) Die Ubier wohnten damals noch auf dem rechten Rheinufer, und zwar etwa vom Main abwärts bis unterhalb Köln, welches bekanntlich ihre Haupt-ſtadt (oppidum Ubiorum) war, und nach Agrippa, der ſie ihrem Wunſche gemäß 38 v. Chr. auf das linke Rheinufer verſetzt hatte, ſpäter den Namen Colonia Agrippina erhielt: Tac. Ann. XII, 27.

deren Staat nach germanischen Begriffen einst groß und blühend war; sie sind auch etwas cultivirter, als ihre anderen Stammgenossen, weil sie unmittelbar am Rheine wohnen, viel Handelsverkehr bei ihnen ist und sie selbst Manches von den Sitten ihrer gallischen Nachbarn angenommen haben. Auch mit diesen haben die Sueben oft gekriegt und haben sie zwar wegen der Macht und Ausdehnung ihres Reichs nicht aus dem Lande treiben können, jedoch wenigstens zinsbar gemacht und bedeutend geschwächt.

4. Ganz ebenso war es den oben erwähnten Usipeten und Tenkteren gegangen: eine Reihe von Jahren hatten sie den Sueben Widerstand geleistet, zuletzt jedoch waren sie aus ihrer Heimath vertrieben worden, waren drei Jahre lang da und dort in Germanien herumgezogen und endlich an den Rhein gekommen. Dort wohnten die Menapier und hatten auf beiden Ufern des Flusses Ländereien, Höfe und Flecken. Erschreckt durch den Anzug einer solchen Masse verließen diese ihre Höfe jenseits des Stromes und trafen diesseits des Rheins Vertheidigungsanstalten, um den Germanen den Uebergang zu wehren. Jene versuchten alles Mögliche, um herüberzukommen; aber zu einem gewaltsamen Uebergang fehlte es ihnen an den nöthigen Schiffen, und Versuche, unbemerkt überzugehen, scheiterten an der Wachsamkeit der Menapier. Da stellten sie sich, als wollten sie in ihre Heimath zurückkehren, und marschirten drei Tage landeinwärts, dann kehrten sie plötzlich um, legten diesen ganzen Marsch mit ihrer Reiterei in Einer Nacht zurück und überfielen unvermuthet und unversehens die Menapier, welche auf die Kunde vom Abzug der Germanen sorglos über den Rhein in ihre Flecken zurückgezogen waren. Diese machten die Germanen nieder, bemächtigten sich ihrer Schiffe, gingen mit diesen über den Strom, ehe die Menapier diesseits des Rheins eine Nachricht erhalten konnten, setzten sich in deren Höfen und Flecken fest und lebten den Winter über von deren Vorräthen.

5. Sobald Cäsar von diesen Vorgängen Kunde erhielt, glaubte er die Gallier keinen Augenblick dem Eindruck derselben überlassen zu dürfen. Er kannte ihren Wankelmuth, wie leicht sie sich zu plötzlichen Entschlüssen bestimmen lassen und wie sie fast immer zur Empörung geneigt sind. Es ist nämlich bei den Galliern eine ganz allgemeine Sitte,

Reisende selbst wieder ihren Willen anzuhalten und nach allem Möglichen auszufragen, was sie etwa gehört oder erfahren haben. In den Städten sammelt sich das Volk um die Handelsleute und zwingt sie, laut zu erzählen, woher sie kommen und was sie dort erfahren haben. Auf solches Hörensagen hin lassen sie sich oft verleiten, Entschlüsse von der größten Tragweite zu fassen, die sie nothwendig sehr bald bereuen müssen. Denn natürlich sind es immer nur unsichere Gerüchte, nach denen sie sich richten, und die Meisten heften ihnen Lügen auf, wie sie es eben hören wollen.

6. Weil Cäsar diese Gewohnheit kannte, eilte er früher als gewöhnlich zum Heere zurück, um den Krieg in seinem Keime zu ersticken. Bei seiner Ankunft überzeugte er sich, daß sein Argwohn nur zu gegründet gewesen war: einige Cantone hatten bereits die Germanen beschickt und sie eingeladen, vom Rheine weiter vorzurücken; man werde ihnen allen gewünschten Vorschub leisten. Dadurch ermuthigt dehnten die Germanen ihre Streifzüge bereits weiter aus und waren dabei schon bis in's Gebiet der den Treverern unterthänigen Eburonen und Condrusen[1]) gekommen. Cäsar berief die gallischen Fürsten, hielt es aber für zweckmäßig, ihnen, was er in Erfahrung gebracht hatte, zu verheimlichen; er sprach ihnen vielmehr mit freundlicher Rede Muth ein, forderte die Stellung von Reiterei und beschloß, die Germanen sofort anzugreifen.

7. Nachdem Cäsar für die Zufuhr Fürsorge getroffen und die Reiterei ausgehoben hatte, trat er seinen Marsch dorthin an, wo dem Vernehmen nach die Germanen sich befanden. Als er nur noch wenige Tagemärsche von ihnen entfernt war, fanden sich Gesandte von ihnen ein, welche ihm vorstellten: die Germanen hätten keineswegs im Sinne, die Römer zuerst anzugreifen; würden sie dagegen angegriffen, so wären sie zum Kampf bereit. Es sei bei den Germanen uralte Sitte, einem angreifenden Feinde nicht mit guten Worten, sondern mit den Waffen entgegenzutreten. Nur so viel wollten sie

---

[1]) Die Eburonen wohnten auf dem rechten Ufer der Maas, etwa zwischen dem heutigen Lüttich und Aachen. „Der Name der Condrusen ist noch in jenem des Dorfes Condroz erhalten, das ebenfalls auf dem rechten Maasufer zwischen Huy und Lüttich liegt." Von Göler, S. 192, [1]).

sagen: nicht aus freier Wahl, sondern als Vertriebene und Heimath-
lose seien sie gekommen; wollten die Römer sich mit ihnen vertragen,
so könnten sie ihnen sehr nützlich werden; sie möchten ihnen in diesem
Falle Ländereien anweisen oder diejenigen lassen, welche sie bereits
erobert hätten. Einzig die Ueberlegenheit der Sueben erkennten sie
an, denen nicht einmal die unsterblichen Götter gewachsen seien; sonst
gebe es auf Erden Niemanden, der ihnen widerstehen könne.

8. Darauf antwortete Cäsar in angemessener Weise und schloß
wörtlich also: Er könne mit ihnen keine Freundschaft eingehen, wenn
sie nicht Gallien räumten; es sei auch gar nicht in der Ordnung,
daß Leute ein fremdes Gebiet einnähmen, welche ihr eigenes nicht
hätten schützen können. Auch seien in Gallien keine Landstrecken frei,
die man zumal einer solchen Masse anweisen könne, ohne Andern zu
nahe zu treten. Dagegen könnten sie, wenn sie wollten, sich im Gebiete der Ubier ansiedeln, von denen gerade Gesandte bei ihm seien,
um sich über die Unbilden der Sueben zu beklagen und ihn um Hülfe
zu bitten. Er werde dann den Ubiern die nöthigen Anweisungen
geben.

9. Die Gesandten antworteten, sie wollten den Ihrigen das
vortragen und nach drei Tagen zu Cäsar zurückkehren und ihm
ihren Beschluß mittheilen. Zugleich ersuchten sie ihn, bis dahin nicht
weiter vorzurücken. Cäsar erklärte, auch darauf könne er sich nicht
einlassen. Er hatte nämlich erfahren, daß die Germanen einige Tage
vorher den größten Theil ihrer Reiterei in das Gebiet der Ambi-
variten über die Maas geschickt hatten, um Beute und Getreide
einzutreiben. Er glaubte daher, sie suchten lediglich die Sache hin-
zuhalten, um diese Reiter zu erwarten.

10. Die Mosa (Maas) entspringt auf dem Vogesus-
Gebirge (den Vogesen) im Gebiet der Lingonen, nimmt dann einen
Arm des Rheines auf, der Vacalus (Waal) heißt, und bildet mit
ihm die Insel der Bataver, dann mündet sie 80 Meilen vom Rhe-
nus (Rhein) entfernt in den Ocean. Der Rhein aber entspringt im
Gebiet der Lepontier, eines Alpenvolkes, fließt dann auf einer weiten
Strecke mit schnellem Fall durch das Gebiet der Nantuaten, Helvetier, Sequaner, Mediomatriker, Triboker und Treverer, theilt sich
dann unfern des Oceans in mehrere Arme und bildet viele große

Inseln, deren Mehrzahl von wilden und barbarischen Völkern bewohnt wird, die theilweise nur von Fischen und Vogeleiern leben
sollen; zuletzt fällt er dann mit vielen Mündungen in den Ocean.

11. Als Cäsar nur noch 12 Meilen vom Feinde entfernt war,
kehrten dessen Gesandte verabredetermaßen zu ihm zurück, und da sie
ihn auf dem Marsche antrafen, baten sie ihn dringend, nicht weiter
vorzurücken. Als er ihnen dieß abgeschlagen, ersuchten sie ihn, er
möge wenigstens seinen Reitern, welche die Vorhut bildeten, Befehl
geben, keine Feindseligkeiten zu beginnen; ihnen selbst möge er gestatten, Gesandte zu den Ubiern zu schicken. Sie erklärten nämlich
auf Cäsar's Vorschläge eingehen zu wollen, sobald die Fürsten und
Aeltesten der Ubier ihnen durch einen feierlichen Eid Sicherheit gegeben hätten. Zu alle Dem möge er ihnen drei Tage Zeit lassen.
Alles das, war Cäsar überzeugt, lief immer wieder nur darauf hinaus, drei Tage zu gewinnen, um die abwesenden Reiter wieder an
sich zu ziehen; dennoch versprach er, an diesem Tage nur noch vier
Meilen vorrücken zu wollen, wo er Wasser fände; dort sollten sie am
andern Tage sich recht zahlreich einfinden: er wolle dann über ihre
Forderungen entscheiden. Unterdessen schickte er an die Obersten der
gesammten Reiterei, welche die Vorhut bildete, den Befehl, den
Feind nicht anzugreifen, und, wenn sie selbst angegriffen würden, sich
vertheidigungsweise zu verhalten, bis er selbst mit der Hauptmacht
heran wäre.

12. Der Feind hatte nur 800 Reiter bei der Hand, weil diejenigen noch nicht wieder zurück waren, welche um zu fouragiren über
die Maas gegangen waren; unsere Reiterei war 5000 Mann stark.
Trotzdem stürzte sich die feindliche auf die unsrige, sobald sie derselben ansichtig wurde, und warf sie im ersten Anprall über den Haufen, da die Unsrigen sich dessen nicht versahen, weil die feindlichen
Gesandten so eben erst Cäsar verlassen hatten und an diesem Tage
nach ihrem eigenen Wunsche Waffenstillstand sein sollte. Zwar setzten
sich dann die Unsrigen wieder; nun aber sprangen die feindlichen Reiter nach ihrer Sitte von den Pferden, stachen den Unsrigen die Pferde
unter dem Leibe todt und brachten dadurch eine bedeutende Anzahl
von ihnen zu Falle; schlugen dann die Uebrigen in die Flucht und
jagten sie in solcher Verwirrung vor sich her, daß sie nicht eher in

ihrer Flucht anhielten, als bis die Spitze unserer Marschkolonne sichtbar wurde. In diesem Gefechte blieben von unsern Reitern 74, unter ihnen der tapfere Aquitanier Piso, aus dem ersten Geschlechte des Landes, dessen Großvater einst über sein Volk König gewesen und von unserem Senate ausdrücklich anerkannt worden war. Dieser war seinem vom Feinde umringten Bruder zu Hülfe geeilt und hatte ihn auch wirklich gerettet, stürzte jedoch selbst dabei mit dem verwundeten Pferde, wehrte sich aber trotzdem so lange als möglich auf's Tapferste, bis er, von allen Seiten angegriffen und mit Wunden bedeckt, zusammenbrach. Als dieß sein Bruder, der bereits außerhalb des Gefechtes war, von fern bemerkte, gab er seinem Pferde die Sporen, stürzte sich in den Feind und fand hier ebenfalls den Tod.

13. Nach diesem Gefechte hielt es Cäsar für ganz unzulässig, noch ferner Gesandte anzunehmen und Unterhandlungen fortzusetzen mit Leuten, welche erst um Frieden gebeten und dann hinterlistiger und treuloser Weise ohne Veranlassung die Feindseligkeiten begonnen hatten; für geradezu verrückt aber mußte er es halten, wenn man erst noch warten wollte, bis der Feind sich verstärkte und die Reiterei an sich zog. Endlich blieb ihm bei seiner Kenntniß des Wankelmuths der Gallier nicht verborgen, wie viel in ihren Augen der Feind schon durch dieß eine Gefecht gewonnen hatte, und er war sich klar, daß er ihnen nicht einen Augenblick Zeit zur Ueberlegung lassen dürfe. Nach diesen Erwägungen faßte er seinen Entschluß und theilte ihn den Legaten und dem Quästor mit, nicht einen Tag mehr mit der Entscheidungsschlacht zu zögern. Da traf es sich denn nun äußerst glücklich, daß am andern Morgen die Germanen in derselben treulosen und heuchlerischen Weise, alle ihre Fürsten und Aeltesten an der Spitze, sich zahlreich bei ihm im Lager einfanden, angeblich einerseits um sich zu rechtfertigen, daß sie gegen die Abrede und ihr eigenes Gesuch Tags zuvor angegriffen hätten, andererseits um wo möglich durch Lug und Trug einen neuen Waffenstillstand zu erlangen. Cäsar war hoch erfreut, daß sie ihm so in den Wurf kamen, und ließ sie ohne Weiteres festnehmen. Er selbst rückte mit dem ganzen Heere aus dem Lager aus, ließ aber die Reiterei die Nachhut bilden, weil er annehmen mußte, sie sei noch von dem gestrigen Gefechte her demoralisirt.

14. In drei Treffen formirt legte er rasch die acht Meilen zurück und stand vor dem feindlichen Lager, ehe noch die Germanen von dem, was vorging, eine Ahnung haben konnten. Alles brach über sie herein: unser rasches Erscheinen, die Entfernung der Ihrigen, die Unmöglichkeit sich zu berathen und zum Kampfe vorzubereiten. So wußten sie in ihrem Schrecken nicht, was besser sei: gegen uns vorzurücken, sich vertheidigungsweise im Lager zu halten, oder ihr Heil in der Flucht zu suchen. Während ihre Angst sich durch Lärmen und wildes Durcheinanderlaufen kund gab, stürmten schon unsere Soldaten, durch die Treulosigkeit des gestrigen Tages erbittert, das Lager. Ein Theil der Feinde, der noch rasch seine Waffen ergreifen konnte, leistete uns einigen Widerstand und wehrte sich zwischen den Karren und der Bagage. Die übrige Masse, besonders die Weiber und Kinder — sie waren nämlich mit allem Volk ausgezogen und über den Rhein gegangen —, begannen sich in verwirrter Flucht zu zerstreuen. Zu deren Verfolgung entsendete Cäsar die Reiterei.

15. Als die Germanen hinter sich das Geschrei hörten und das Blutbad unter den Ihrigen sahen, warfen sie die Waffen weg, ließen die Fahnen im Stich und flüchteten ebenfalls eiligst aus dem Lager. So ging die wilde Flucht bis zum Zusammenfluß von Maas und Rhein [1]). Dort fand sie ihr Ende. Der größte Theil ward niedergemacht; die Uebrigen stürzten sich in den Fluß und fanden dort, erschreckt und ermattet, wie sie waren, in den Wellen ihren Tod. Wir kehrten, ohne nur Einen Mann verloren zu haben, nur mit wenigen Verwundeten in's Lager zurück — nach einem so furchtbar drohenden Kriege, da die Zahl der Feinde nicht weniger als 430,000 Köpfe betrug. Cäsar gestattete denjenigen, die er im Lager festgehalten hatte, freien Abzug. Doch diese fürchteten, von den Galliern, deren Ländereien sie geplündert hatten, unter Martern getödtet zu

---

[1]) Nach Cap. 10 ist es klar, daß Cäsar die Stelle meint, wo die Maas „den Arm des Rheines, der Vacalus heißt, aufnimmt.“ Grundfalsch hat man neuerdings wieder die von Cäsar nirgend genannte Mosel substituiren und das Schlachtfeld auf dem sogenannten Mayenfelde, südlich von Coblenz, suchen wollen. Mit Recht ist Napoleon auf seiner Charte der unzweideutigen Erzählung Cäsar's treu geblieben.

werden, und erklärten daher, lieber bei ihm bleiben zu wollen. Darauf gab ihnen Cäsar die Freiheit.

II. Cäsar's erster Uebergang über den Rhein.
(Cap. 16—19.)

16. Nach Beendigung des germanischen Krieges hielt es Cäsar aus vielen Gründen für zweckmäßig, den Rhein zu überschreiten: der wichtigste aber war dieser, daß er den Germanen, die so leicht bei der Hand waren nach Gallien zu kommen, auch einmal wegen ihres Landes einige Besorgniß einflößen wollte, indem er ihnen zeigte, daß auch die Römer Macht und Muth hätten, den Rhein zu überschreiten. Dazu kam, daß jene Reiter der Usipeten und Tenkteren, welche, wie oben gesagt, um zu plündern und zu fouragiren über die Maas gegangen waren und am Kampfe nicht Theil genommen hatten, nach der Niederlage der Ihrigen jenseits des Rheins in das Gebiet der Sugambern ¹) sich zurückgezogen und mit diesen sich vereinigt hatten. Cäsar schickte darauf Botschafter an diese mit der Forderung, sie sollten ihm jene Germanen ausliefern, welche ihn und Gallien angegriffen hätten. Sie antworteten indessen: der Rhein sei die Grenze der römischen Herrschaft; wenn Cäsar es für unbillig hielte, daß Germanen wider seinen Willen nach Gallien herüberkämen, wie er sich dann anmaßen könne, jenseits des Rheins irgend etwas zu sagen und zu befehlen? Die Ubier ferner waren die einzige überrheinische Völkerschaft, welche Gesandte an Cäsar geschickt, Freundschaft geschlossen und Geiseln gestellt hatte ²). Diese baten ihn jetzt dringend um Unterstützung, da sie von den Sueben arg bedrängt würden. Wäre ihm das aus politischen Gründen unmöglich, so solle er wenigstens mit seinem Heere einmal über den Rhein kommen: diese Demonstration werde vor der Hand und für die nächste Zukunft genügen.

---

¹) Die Sugambern oder Sigambern, deren Name sich noch in dem des Flusses Sieg erhalten hat, waren die nördlichen Nachbarn der Ubier und wohnten von da etwa bis zur Lippe den Rhein abwärts.

²) Vgl. Buch II, Cap. 35 und oben Cap. 8.

6 *

Denn dieses Heer habe sich durch die Niederlage des Ariovist und diesen letzten Kampf selbst bei den entlegensten germanischen Völkerschaften einen solchen Namen und Ruf erworben, daß ihnen schon der Ruf ihrer Verbindung mit dem römischen Volke hinlängliche Sicherheit gewähren würde. Sie sagten eine große Anzahl von Schiffen zu, um das Heer über den Fluß zu bringen.

17. Aus allen diesen Gründen hatte also Cäsar beschlossen, über den Rhein zu gehen; auf Schiffen aber überzusetzen, hielt er weder für hinreichend sicher, noch seiner und des römischen Volkes Würde für angemessen. Allerdings war der Bau einer Brücke augenscheinlich wegen der Breite, Geschwindigkeit und Tiefe des Stromes mit großen Schwierigkeiten verbunden [1]). Dennoch stand bei ihm der Entschluß fest, dieses entweder durchzusetzen oder gar nicht überzugehen. Die Brücke baute er in folgender Art. Er ließ allemal ein paar Jochpfähle von 1½ Fuß Dicke, am unteren Ende zugespitzt und je nach der Tiefe des Flusses von verschiedener Länge, in einem Abstand von 2 Fuß unter sich mit einander verbinden. Diese wurden dann mittelst Maschinen in den Fluß hinabgelassen, festgesetzt und dann mit Rammen eingetrieben, jedoch nicht senkrecht, wie sonst die Jochpfähle, sondern schräge, wie Dachsparren, und zwar nach der Stromrichtung geneigt. Jedem dieser Paare gegenüber wurde ein gleiches, auf dieselbe Weise verbundenes, Paar in einem Abstande von 40 Fuß unterhalb des vorigen eingerammt, doch so, daß es gegen den Strom geneigt war. Je zwei zusammengehörige Paare von Jochpfählen wurden durch einen Holm von 2 Fuß Dicke verbunden, der von oben zwischen die beiden Pfähle jedes Paares — deren Abstand betrug je 2 Fuß — eingelassen wurde und durch zwei Bolzen an jedem seiner Enden die Pfahlpaare auseinander hielt. Indem so die Pfahlpaare durch die Holme auseinander gehalten und gegen die Bewegung nach beiden Richtungen gesichert waren, erhielt der ganze Bau auf natürliche Weise eine solche Festigkeit, daß er um so besser zu-

---

[2]) Die Orte, an welchen Cäsar die beiden Male (s. Buch VI, Cap. 9) über den Rhein gegangen ist, lassen sich nur annähernd dahin bestimmen, daß sie jedenfalls zwischen Köln und Coblenz, wahrscheinlich in der Gegend von Neuwied und Engers, gewesen sind.

fammengefchloffen wurde, je heftiger der Strom anprallte. Die Holme wurden durch Streckbalken verbunden, und diefe mit Stangen und Flechtwerk bedeckt. Nichtsdeftoweniger wurden einerfeits unterftrom noch Streben in fchiefer Richtung eingetrieben, welche die Jochpfähle ftützten und mit dem ganzen Bau verbunden die Gewalt des Stromes brachen, andererfeits oberhalb der Brücke in einiger Entfernung von ihr andere Streben, um die Brücke gegen Baumftämme und Schiffe zu fichern, welche die Barbaren etwa zur Zerftörung der Brücke ftromabwärts treiben ließen.

18. Binnen zehn Tagen, vom erften Zufammenfchaffen des Bauholzes an, war der ganze Bau vollendet, und das Heer rückte hinüber. Cäfar ließ auf beiden Ufern ftarke Abtheilungen zur Deckung der Brücke zurück und marfchirte dann in das Land der Sugambern. Unterdeffen kamen von verfchiedenen Völkerfchaften Gefandte zu ihm und baten um Frieden und Freundfchaft. Cäfar antwortete ihnen freundlich und verlangte die Stellung von Gfeieln. Die Sugambern dagegen hatten gleich bei dem Beginne des Brückenbaues auf Veranlaffung der von ihnen aufgenommenen Tenkteren und Ufipeten fich zur Flucht bereit gemacht, hatten fich dann mit all' ihrer beweglichen Habe aus ihrem Gebiete zurückgezogen und Verftecke in den Wäldern aufgefucht.

19. Cäfar verweilte einige Tage in ihrem Gebiete und ließ während diefer Zeit alle Flecken und Höfe anzünden und das Getreide abmähen; dann zog er fich in das Gebiet der Ubier zurück, denen er feine Hülfe für den Fall eines Angriffs Seitens der Sueben verfprach. Von ihnen brachte er Folgendes in Erfahrung. Als die Sueben durch ihre Kundfchafter von dem Brückenbau Nachricht erhalten, hätten fie nach ihrer Sitte eine Landsgemeinde gehalten und fodann nach allen Seiten hin Boten mit der Weifung entfendet: Alles folle die Städte verlaffen, Weiber, Kinder und die ganze bewegliche Habe in den Wäldern geborgen werden, alle Waffenfähigen aber follten fich auf einem Sammelplatze vereinigen, den man fo ziemlich in der Mitte des ganzen fuebifchen Gebietes beftimmte; hier hätten fie befchloffen, die Römer zu erwarten und die entfcheidende Schlacht zu fchlagen. So weit die Nachrichten, welche Cäfar erhielt; er hatte jedoch den Zweck feines Rheinüberganges bereits vollftändig

erreicht, den Germanen Schrecken eingejagt, die Sugambern gezüch-
tigt, den Ubiern Luft gemacht, und glaubte daher durch seinen acht-
zehntägigen Aufenthalt jenseits des Rheins sowohl der Ehre, als
der beabsichtigten Wirkung genug gethan zu haben. Er kehrte daher
nach Gallien zurück und brach die Brücke ab.

III. Cäsar's erste Heerfahrt nach Britannien.

(Cap. 20—36.)

20. Der Sommer ging zwar schon zu Ende, und bei der nördlichen Lage von ganz Gallien tritt in jenen Gegenden der Winter
ziemlich zeitig ein; dennoch beschloß Cäsar noch einen Zug nach
Britannien zu machen, weil, wie er wußte, fast in allen gallischen
Kriegen unsere Feinde von dort her Unterstützung erhalten hatten.
Verbot ihm auch die Jahreszeit einen wirklichen Feldzug, so hielt er
es doch für äußerst zweckmäßig, wenigstens einmal die Insel zu betreten, ihre Bewohner kennen zu lernen, die Oertlichkeiten, Häfen
und Landungsplätze zu untersuchen: Alles Dinge, welche den Galliern völlig unbekannt waren. Denn, abgesehen von Handelsleuten,
geht Niemand ohne dringende Veranlassung nach Britannien; und
selbst diese kennen eben nur die Seeküste gegenüber von Gallien.
Obgleich daher Cäsar Handelsleute von allen Orten zu sich entboten
hatte, konnte er doch von ihnen nicht erfahren, wie groß die Insel
sei, welche Stämme sie bewohnten, wie zahlreich diese seien, welchen
Grad der Kriegstüchtigkeit und was für eine Verfassung sie besäßen,
endlich, welche Häfen im Stande seien eine einigermaßen bedeutende
Flotte aufzunehmen.

21. Um sich hierüber vor dem Beginn der Unternehmung zu
unterrichten, schickte er den Cajus Volusenus, den er dazu für tauglich hielt, mit einer Kriegsgaleere voraus. Er trug ihm auf, alle
nöthigen Erkundigungen einzuziehen und dann so schnell als möglich
zurückzukommen. Er selbst rückte mit seinem ganzen Heere in das
Morinerland, von wo man die kürzeste Ueberfahrt nach Britannien

hat [1]). Hier sammelten sich auf seinen Befehl die Schiffe der ganzen Nachbarschaft und die im vorigen Sommer behufs des venetischen Kriegs erbaute Flotte. Unterdessen war seine Absicht ruchbar und durch Handelsleute den Britanniern mitgetheilt worden. In Folge davon kamen von mehreren Völkerschaften der Insel Gesandte zu ihm, welche Geiseln zu stellen und sich den Römern zu unterwerfen versprachen. Cäsar hörte sie an und entließ sie mit freundlichen Versprechungen und der Mahnung, bei dieser Gesinnung zu verbleiben, gab ihnen auch den Commius als Begleiter mit, welchen er selbst über die unterworfenen Atrebaten als König eingesetzt hatte: einen Mann, in dessen Entschlossenheit und Klugheit er volles Vertrauen, in dessen Treue er keinen Zweifel setzte, und der in diesen Gegenden großen Einfluß hatte. Diesem gab er den Auftrag, so viele Völkerschaften als möglich zu besuchen und ihnen den Anschluß an die Römer zu empfehlen, zugleich auch Cäsar's baldiges Erscheinen anzukündigen. Volusenus hatte indessen alle jene Gegenden untersucht, so weit es ihm eben möglich gewesen war, da er es nicht gewagt hatte, sein Schiff zu verlassen und sich unter die Barbaren zu begeben. Er kehrte jetzt nach fünf Tagen zurück und erstattete dem Cäsar Bericht über seine Untersuchungen.

22. Während Cäsar in diesen Gegenden noch mit der Beschaffung von Schiffen beschäftigt war, kamen von einem großen Theile der Moriner Gesandte zu ihm, um sich wegen ihres vorjährigen Benehmens zu entschuldigen, daß sie, rohe Wilde und unbekannt mit unsern Verhältnissen, die Römer bekämpft hätten. Zugleich versprachen sie für die Zukunft Gehorsam. Cäsar mußte dieß für sehr günstig erachten: er konnte einerseits nicht wünschen, einen Feind im Rücken zu behalten, andererseits war es wegen der vorgerückten Jahreszeit unmöglich sie zu bekriegen, und endlich schien ihm Britannien wichtiger als diese Kleinigkeiten. Er forderte daher eine bedeutende

---

[1]) Aus welchem Hafen Cäsar bei seiner ersten Ueberfahrt nach Britannien ausgelaufen ist, kann um so weniger mit Sicherheit bestimmt werden, als nicht einmal bestimmt gesagt wird, ob Cäsar auch das erste Mal aus dem portus Itius ausgelaufen sei, und selbst hinsichtlich dieses Punktes keine volle Gewißheit erlangt werden kann. Vergl. zu Buch V, Cap. 2.

Anzahl Geiseln von ihnen und nahm sie sodann ohne Weiteres zu
Gnaden auf. Unterdessen waren etwa 80 Transportschiffe vereinigt
worden, welche ihm zum Transport von zwei Legionen hinlänglich
zu sein schienen. Die Kriegsschiffe, welche ihm außerdem zu Gebote
standen, stellte er unter den Befehl des Quästors, der Legaten und
Präfekten. Dazu kamen 18 Transportschiffe, welche, 8 Meilen vom
Sammelplatz durch widrigen Wind festgehalten, nicht denselben Hafen
hatten erreichen können. Diese bestimmte er für die Reiterei. Den
Rest des Heeres übergab er den Legaten Quintus Titurius Sabinus und Lucius Aurunculejus Cotta, um ihn in das Gebiet der
Menapier und die Gaue der Moriner, welche keine Gesandten
geschickt hatten, zu führen. Der Legat Publius Sulpicius Ru-
fus sollte mit einer hinlänglichen Besatzung den Hafenplatz besetzt halten.

23. Nach diesen Vorbereitungen wartete er günstiges Wetter
für die Abfahrt ab und lichtete dann etwa um die dritte Nachtwache
die Anker; die Reiter sollten nach dem andern Hafenplatz marschiren,
sich dort einschiffen und ihm folgen. Dieß ging aber etwas langsam
von statten. Er selbst erschien ungefähr um die vierte Stunde des
Tages mit den ersten Schiffen im Angesicht der britannischen Küste
und fand alle die dortigen Anhöhen von feindlichen Schaaren bedeckt. Es bildete das Meer an diesem Punkte eine Bucht, welche
rings von Bergen umschlossen wurde, die so dicht an das Ufer heran-
traten, daß man den Strand von oben herab beschießen konnte.
Cäsar erkannte, daß dieser Punkt keineswegs geeignet sei; er blieb
daher ruhig bis zur neunten Stunde vor Anker liegen und wartete
das Herankommen der übrigen Schiffe ab. Während dieser Zeit
berief er die Legaten und Kriegstribunen zu sich, machte sie mit dem
Berichte des Volusenus und seiner eigenen Absicht bekannt und
schärfte ihnen ein, jedes Winkes gewärtig zu sein und alle Anordnungen auf das Pünktlichste zu vollziehen, wie das überhaupt im
Kriege, ganz besonders aber zur See, nothwendig sei, wo man sich
stets in ebenso rascher, wie wechselnder Bewegung befinde. Kaum
waren die Befehlshaber entlassen, als sich gleichzeitig ein günstiger
Wind und die Fluth einstellten. Sofort gab Cäsar das Zeichen:

man lichtete die Anker, fuhr etwa 7 Meilen weiter und legte die Schiffe an einer offenen und ebenen Strandgegend bei [1]).

24. Die Barbaren hatten indessen die Absicht der Römer er= rathen, hatten Reiterei und Streitwagen — letztere ihre eigenthüm= liche Hauptwaffe — vorausgesendet, waren mit ihren übrigen Trup= pen gefolgt und widersetzten sich jetzt der Landung. Diese bot man= nigfache und große Schwierigkeiten dar: die Schiffe mußten wegen ihrer Größe im tiefen Wasser vor Anker bleiben; die Soldaten, un= bekannt mit dem Ufer, die Hände nicht frei, mit ihrer schweren Rü= stung bewaffnet, mußten gleichzeitig von den Schiffen herabspringen, im Wasser festen Fuß fassen und gegen die Feinde sich wehren, welche ihrerseits, wohlbekannt mit dem Ufer, entweder auf dem Trockenen blieben, oder nur ein wenig in's Wasser hineingingen, dabei all' ihre Glieder frei hatten und so keck ihre Geschosse schleudern und ihre wohldressirten Pferde tummeln konnten. Das Alles verwirrte die Unsrigen, denen überhaupt eine derartige Kampfweise etwas ganz Neues war. Sie griffen daher nicht mit demselben Feuer und Eifer an, den sie sonst in den Gefechten zu Lande zu zeigen pflegten.

25. Als dieß Cäsar bemerkte, ließ er die Kriegsgaleeren, welche durch ihr Aussehen den Barbaren etwas Neues und durch ihre Be= weglichkeit zu solchen Manövern tauglich waren, von den Transport= schiffen sich ein wenig wegziehen, rasch vorwärts rudern und in der ungedeckten Flanke des Feindes sich aufstellen, um von da aus mit Schleudern, Pfeilen und grobem Geschütz den Feind zu beschießen und zurückzuweisen. Diese Anordnung war für die Unsrigen von ent= schiedenem Nutzen. Der Bau der Schiffe, die Bewegung der Ruder, die Neuheit des groben Geschützes machte auf die Barbaren einen bedeutenden Eindruck; sie stutzten zuerst und zogen sich bald darauf etwas zurück. Als nichtsdestoweniger unsere Soldaten, namentlich wegen der Tiefe des Wassers, noch zauderten, so flehte der Adler= träger der zehnten Legion laut die Götter an, sie möchten seine That der Legion zum Heile ausschlagen lassen; dann rief er: „Springt herunter, Soldaten, wenn ihr nicht den Adler dem Feinde preisgeben

---

[1]) Man nimmt die Gegend von Deal, nordöstlich von Dover, als Lan= dungsplatz Cäsar's an.

wollt; ich wenigstens will meine Pflicht gegen Vaterland und Feldherrn gethan haben!" Als er dieß mit lauter Stimme gerufen
hatte, warf er sich vom Schiffe herab und ging mit dem Adler in der
Hand auf den Feind los. Darauf ermunterten sich die Unsrigen
gegenseitig, eine solche Schmach nicht über sich kommen zu lassen,
und sprangen sämmtlich vom Schiff herunter; und als die Leute auf
den nächsten vordersten Schiffen dieß sahen, folgten sie ihnen und
rückten gegen den Feind vor.

26. Hartnäckig schlug man sich von beiden Seiten. Doch geriethen die Unsrigen in große Unordnung, denn sie vermochten weder
Reih' und Glied zu halten, noch festen Fuß zu fassen, noch sich um
ihre Fahnen zu sammeln; vielmehr mußte sich jeder Einzelne, sobald
er vom Schiffe herunter war, der Fahne anschließen, auf welche er
zunächst traf. Die Feinde dagegen, wohlbekannt mit allen seichten
Stellen, griffen in vollem Rosseslauf an, so wie sie vom Ufer aus
sahen, daß die Unsrigen irgendwo vereinzelt ihre Schiffe verließen
und noch nicht kampfbereit waren. Hier umringten sie kleinere Abtheilungen mit Uebermacht, dort beschossen sie unsere ganze Linie in
der offenen Flanke. Als dieß Cäsar bemerkte, so ließ er die Boote
der Kriegsschiffe und die Avisoschiffe bemannen und so überall hin
Verstärkungen abgehen, wo er seine Leute im Gedränge sah. Sobald
die Unsrigen erst auf dem Trocknen Fuß gefaßt und sich gesammelt
hatten, machten sie einen geordneten Angriff auf den Feind und
schlugen ihn in die Flucht, konnten jedoch die Verfolgung nicht weit
fortsetzen, weil die Reiterei verhindert gewesen war, ihren Kurs zu
halten und Britannien zu erreichen. Abgesehen davon, war dem
Cäsar sein altes Glück auch hier treu gewesen.

27. Sobald die geschlagenen Feinde von ihrer Flucht sich wieder erholt hatten, schickten sie sofort Gesandte an Cäsar, baten um
Friede und versprachen Geiseln zu stellen und Gehorsam zu leisten.
Zugleich mit diesen Gesandten kam auch der Atrebate Commius, der,
wie oben gesagt, von Cäsar nach Britannien vorausgeschickt worden
war. Als derselbe nämlich an's Land gestiegen war und sich als Ge-
sandter zu ihnen begeben hatte, um Cäsar's Aufträge auszurichten,
so hatten sie ihn ergriffen und eingekerkert. Jetzt nach der Schlacht
schickten sie ihn zurück und schoben bei ihrer Bitte um Friede die

Schuld auf den großen Haufen, baten auch um Verzeihung, da es aus Unbesonnenheit geschehen sei. Cäsar hielt ihnen vor, daß sie zuerst von freien Stücken Gesandte nach dem Festland geschickt und ihn um Frieden gebeten, dann aber ohne Ursach ihn angegriffen hätten, erklärte jedoch, er wolle ihrer Unbesonnenheit verzeihen, und verlangte Geißeln von ihnen. Einen Theil der letztern stellten sie so sogleich, die übrigen, die von weiter her kommen müßten, versprachen sie binnen weniger Tage zu stellen. Unterdessen entließen sie das Aufgebot nach Hause; ihre Fürsten fanden sich von allen Seiten ein und empfahlen sich und ihre Cantone dem Wohlwollen Cäsar's.

28. So war denn der Friede hergestellt, als vier Tage nach Cäsar's Ankunft in Britannien jene 18 Schiffe, welche, wie oben gesagt [1]), die Reiterei transportirten, bei mäßigem Winde aus dem oberen Hafen absegelten. Schon naheten sie der britannischen Küste und man konnte sie vom Lager aus sehen; da entstand plötzlich ein furchtbarer Sturm: keines der Schiffe konnte seinen Kurs halten, die einen wurden dahin zurückgetrieben, von wo sie ausgelaufen waren, die anderen nach dem unteren westlichen Theile der Insel unter großer Gefahr verschlagen. Als diese dann die Anker ausgeworfen hatten, wurden sie dergestalt von den Fluthen überströmt, daß sie nothgedrungen, trotz der dunkeln Nacht, auf das hohe Meer hinausfahren mußten und dann dem Festlande wieder zusteuerten.

29. In derselben Nacht trat Vollmond ein, ein Zeitpunkt, der im Ocean regelmäßig Springfluthen bringt, wovon wir aber Nichts gewußt hatten. So waren denn gleichzeitig die Kriegsschiffe, auf denen Cäsar seine Truppen übergeführt und die er dann auf's Trockne hatte ziehen lassen, von der Fluth angefüllt; gleichzeitig wurden die vor Anker liegenden Transportschiffe von dem Sturme hin- und hergeworfen, und wir waren außer Stande, sie zu lenken oder Rettungsanstalten zu treffen. Eine ziemliche Anzahl Schiffe zerschellte, und die übrigen wurden durch den Verlust des Tauwerks, der Anker und der sonstigen Ausrüstung seeuntüchtig. Natürlich bemächtigte sich des ganzen Heeres große Niedergeschlagenheit. Man hatte keine anderen Schiffe zur Rückfahrt; es fehlte an allem nöthigen Material zur

---

[1]) S. oben Cap. 22.

Ausbesserung der Schiffe, und weil Jedermann sicher gewesen war, man müsse in Gallien die Winterquartiere halten, so war in diesen Gegenden für Proviant auf den Winter nicht vorgesehen.

30. Den britannischen Fürsten, welche nach der Schlacht sich bei Cäsar zusammengefunden hatten, entging diese Lage der Dinge nicht; sie bemerkten, daß es den Römern an Reiterei, Schiffen und Getreide fehle; sie schlossen aus dem geringen Umfang des Lagers auf die geringe Stärke der Truppen — das Lager war aber noch um so kleiner, weil Cäsar die Legionen ohne Bagage übergesetzt hatte —. Sie traten daher zu geheimen Unterredungen zusammen und erachteten es als das Zweckmäßigste, den Krieg zu erneuern, uns Proviant und Zufuhr abzuschneiden und so die Sache bis in den Winter hinzuziehen; denn würden wir überwunden oder uns die Rückkehr abgeschnitten, so werde, meinten sie, sicherlich Jedermann für die Zukunft die Lust vergehen, Britannien anzugreifen. Nachdem sie sich daher wiederum insgeheim verbunden hatten, verließen sie allmählich das Lager und trafen Anstalt, in aller Stille die Ihrigen von Neuem aufzubieten.

31. Cäsar hatte zwar von ihren Plänen noch Nichts in Erfahrung gebracht, doch war er bei dem Unfall seiner Flotte und dem Ausbleiben der versprochenen Geiseln auf ein derartiges Unternehmen gefaßt. Er suchte sich daher für alle Fälle in die nöthige Verfassung zu setzen: ließ täglich Korn von den Feldern in's Lager schaffen, verwendete das Holz und Metall der am meisten beschädigten Schiffe zur Ausbesserung der übrigen und ließ die noch fehlende Ausrüstung vom Festlande herbeischaffen. Da ihn dabei der Eifer der Soldaten in löblicher Weise unterstützte, so brachte er es dahin, mit der Aufopferung von 12 Schiffen die übrigen wieder seetüchtig zu machen.

32. Während dieser Arbeiten war eines Tages wie gewöhnlich eine Legion, diesmal die siebente, entsendet worden, um Korn einzubringen. Noch war kein Anzeichen eines Ausbruchs vorhanden: die Britannier waren theils noch auf ihren Höfen, theils besuchten sie sogar das Lager. Da meldeten plötzlich die Vorposten außerhalb des Lagers dem Cäsar, es erhebe sich eine ungewöhnlich starke Staubwolke in der Richtung, in welcher die Legion abmarschirt sei. Cäsar

ahnte sogleich die wirkliche Sachlage, den Ausbruch der Empörung; er rückte daher sofort mit den Cohorten, welche die Wache hatten, in der Richtung ab und befahl, zwei andere Cohorten sollten die Wachen besetzen, alle übrigen in die Waffen treten und ihm auf dem Fuße folgen. In ziemlicher Entfernung vom Lager fand er denn auch wirklich die Seinigen vom Feinde bedrängt, dessen Angriffe sie mit Mühe widerstanden: die Legion, in einen Haufen zusammengedrängt, wurde von allen Seiten beschossen. Es war nämlich das Getreide, auf allen Punkten abgemäht, nur noch auf einem einzigen Stück stehen geblieben. In Voraussicht, daß wir uns jetzt hierher wenden würden, hatte sich der Feind Nachts im Walde in Hinterhalt gelegt. Als nun unsere Leute die Waffen abgelegt und sich zum Mähen zerstreut hatten, griffen die Britannier sie mitten in dieser Beschäftigung an, tödteten Einige von ihnen und brachten die Uebrigen dergestalt in Unordnung, daß sie gar nicht zu einer gehörigen Aufstellung kamen; zugleich hatten sie dieselben mit Reiterei und Streitwagen eingeschlossen.

33. Die eigenthümliche Kampfweise dieser Streitwagen ist folgende. Zuerst jagen sie in allen Richtungen herum, werfen ihre Geschosse und bringen gewöhnlich schon durch die Wildheit ihrer Pferde und das Gerassel der Räder die (feindlichen) Glieder in Verwirrung. Haben sie sich so zwischen die (feindlichen) Reitergeschwader eingenistet, so springen sie von den Wagen ab und kämpfen zu Fuß. Unterdessen ziehen sich die Wagenlenker allmählich aus dem Gefecht zurück und stellen sich mit den Wagen so auf, daß sich die Kämpfer leicht auf sie zurückziehen können, wenn sie von feindlicher Uebermacht bedrängt werden. So gewährt diese Waffe zugleich die Beweglichkeit der Reiterei und die Stätigkeit des Fußvolks im Gefecht. Durch tägliche Uebung haben sie eine außerordentliche Gewandtheit erlangt. Sie pariren die Pferde aus dem vollen Lauf, selbst auf ziemlich steilen Abhängen, machen kurze Wendungen, laufen auf der Deichsel hin und her, stellen sich auf das Joch und sind von da aus rasch wieder im Wagen.

34. Diese Manöver und die ganze ungewohnte Kampfweise hatte die Unsrigen in Verwirrung gebracht; Cäsar kam ihnen daher zu sehr gelegener Zeit zu Hülfe. Bei seinem Erscheinen wurden die

Feinde stutzig, die Unsrigen erholten sich von ihrer Bestürzung. Doch hielt Cäsar den Zeitpunkt nicht für geeignet, um anzugreifen und eine Schlacht zu liefern, sondern blieb in Stellung und zog sich dann nach kurzer Frist in's Lager zurück. Während wir auf diese Art vollständig in Anspruch genommen waren, hatten sich die Britannier, welche noch auf den Feldern waren, entfernt. Mehrere Tage hinter einander folgte nun stürmisches Wetter, welches ebenso die Unsrigen im Lager zurückhielt, als dem Feinde einen Angriff verbot. Unterdeß schickten die Barbaren nach allen Orten Boten, ließen die geringe Stärke unserer Truppen ausschreien und überall verkünden, welche günstige Gelegenheit da sei, Beute zu machen und ein für alle Mal die Unabhängigkeit zu befestigen, indem man das römische Lager stürme. Durch diese Maßregel brachten sie schnell eine große Masse Fußvolk und Reiterei zusammen und rückten auf das Lager los.

35. Cäsar sah allerdings ein, daß es auch dießmal kommen werde, wie bisher: der geschlagene Feind werde sich durch seine Schnelligkeit der Verfolgung entziehen; dennoch nahm er mit den Legionen vor dem Lager Stellung, obgleich er nur 30 Reiter hatte, welche der oben erwähnte Atrebate Commius mit herüber gebracht hatte. Der Kampf begann, und der Feind war außer Stande dem Angriff der Unsrigen längeren Widerstand zu leisten; er ergriff die Flucht. Wir verfolgten ihn so weit, als wir es im Sturmschritt aushalten konnten, und machten eine ziemliche Anzahl nieder, dann steckten wir alle Gehöfte weit und breit in Brand und zogen uns in's Lager zurück.

36. Noch am selben Tage kamen Gesandte vom Feinde zu Cäsar und baten um Frieden. Cäsar verdoppelte die früher festgesetzte Zahl der Geiseln und befahl, ihm dieselben auf das Festland nachzuschicken. Denn da die Tag- und Nachtgleiche bevorstand, so hielt er es nicht für gerathen, mit seinen gebrechlichen Schiffen die Rückfahrt bis zum Winter zu verschieben. Er selbst ließ, da günstiges Wetter eintrat, kurz nach Mitternacht die Anker lichten und kam wohlbehalten mit allen Schiffen nach dem Festlande zurück. Nur zwei Transportschiffe konnten nicht in dieselben Häfen, wie die übrigen, einlaufen und wurden etwas weiter unterhalb verschlagen.

IV. Die Züchtigung der Moriner und Menapier.
(Cap. 37 und 38.)

37. Die aus diesen beiden Schiffen gelandeten Soldaten, etwa 300 Mann, machten sich auf den Marsch in's Lager. Da wurden sie von den Morinern angehalten, welche Cäsar bei seiner Abfahrt nach Britannien im Friedensstande verlassen hatte, die aber jetzt durch die Hoffnung auf Beute verführt wurden. Anfangs waren ihrer nicht gar viel. Sie forderten aber unsere Leute auf, die Waffen zu strecken, wenn ihnen ihr Leben lieb sei. Als aber diese ein Viereck bildeten und sich zur Wehre setzten, so machten Jene Lärmen, und schnell waren nun bei 6000 Mann zusammen. Cäsar erhielt davon sofort Meldung und sendete die ganze Reiterei aus dem Lager den Seinigen zu Hülfe. Die Unsrigen hielten indessen gegen die feindlichen Angriffe Stand, wehrten sich über vier Stunden auf's Tapferste und tödteten mit geringem Verluste ihrerseits dem Feinde ziemlich viel Leute. Als aber unsere Reiterei erschien, warfen die Feinde die Waffen weg, ergriffen die Flucht, und nun ward noch eine Masse von ihnen niedergemacht.

38. Am folgenden Tage sendete Cäsar den Legaten Titus Labienus mit den aus Britannien zurückgekehrten Legionen gegen die Moriner, welche sich empört hatten. Ihre Sümpfe waren ausgetrocknet; es fehlte ihnen daher die Zuflucht, in welche sie sich das Jahr vorher zurückgezogen hatten. So fielen sie fast Alle dem Labienus in die Hände. Die Legaten Quintus Titurius und Lucius Cotta waren mit ihren Legionen in's Gebiet der Menapier eingerückt, hatten deren Felder gründlich verwüstet, ihr Getreide niedergemäht, ihre Gehöfte niedergebrannt, während die Menapier selbst sich in dichte Wälder zurückgezogen hatten. Jetzt kehrten diese Legionen zu Cäsar zurück. Cäsar legte seine sämmtlichen Legionen bei den Belgiern in die Winterquartiere. Dorthin schickten im Ganzen nur zwei britannische Völkerschaften die versprochenen Geiseln, die übrigen thaten Nichts dergleichen. Auf Cäsar's Bericht über diese Vorgänge beschloß der Senat ein zwanzigtägiges Dankfest.

Fünftes Buch.

I. Die Züchtigung der Pirusten.

(Cap. 1.)

1. Als Cäsar im Consulatjahre des Lucius Domitius und Appius Claudius [1]) wie gewöhnlich aus den Winterquartieren nach Italien abreiste, gab er den Legaten, welche er an die Spitze der Legionen gestellt hatte, den Befehl, im Laufe des Winters so viele Schiffe als möglich bauen und die alten ausbessern zu lassen. Er gab zugleich die Construction und Form für dieselben an. Er ließ sie nämlich etwas flacher machen, als die Schiffe im Mittelmeer, um sie desto schneller laden und desto leichter an's Land ziehen zu können; er konnte dieß um so eher, als er in Erfahrung gebracht hatte, daß wegen des beständigen Wechsels von Ebbe und Fluth die Wellen hier minder hoch gehen; dafür ließ er sie etwas breiter machen, als man sie sonst in allen Meeren hat, um desto mehr Lasten und Zugvieh auf ihnen unterbringen zu können. Es sollten alles Ruderschiffe werden, was bei ihrer flachen Bauart sehr gut ausführbar war. Die nöthigen Ausrüstungsgegenstände für die Schiffe ließ er aus Spanien kommen. Nachdem er im diesseitigen Gallien die Gerichtstage abgehalten, begab er sich persönlich nach Jllyrien, weil er hörte, daß die Grenze der Provinz durch räuberische Einfälle der Pirusten beunruhigt werde. Dort gab er den Völkerschaften Befehl Soldaten zu stellen und auf einen bestimmten Sammelplatz zusammenzuziehen. Als dieß die Pirusten erfuhren, schickten sie Gesandte an ihn, um ihm vorzustellen, alle diese Unordnungen fielen keineswegs dem Staate zur Last; zugleich erklärten sie sich bereit, in jeder Beziehung

---

[1]) 54 v. Chr.

deswegen Genugthuung zu geben. Cäsar hörte ihre Vorstellungen
an und gebot ihnen dann, Geiseln zu stellen und auf einen bestimmten Tag ihm zuzuführen. Zugleich erklärte er, im entgegengesetzten
Fall würde er sie angreifen. Die Geiseln kamen dem Gebot gemäß
auf den Tag an. Cäsar setzte darauf ein Schiedsgericht zwischen den
streitenden Parteien ein, um den Schaden abzuschätzen und die Ent-
schädigungssumme zu bestimmen.

II. Cäsar's Verfahren gegen die Treverer und gegen Dumnorix.

(Cap. 2 — 7.)

2. Nachdem dieß beendigt und die Gerichtstage abgehalten
waren, kehrte Cäsar in's diesseitige Gallien zurück und begab sich von
da zum Heere. Dort besuchte er sämmtliche Winterquartiere und
fand — Dank dem außerordentlichen Eifer der Soldaten — trotz
dem äußersten Mangel an allem Nothwendigen ungefähr 600 Schiffe
von der angegebenen Bauart und 28 Kriegsschiffe so weit ausgerüstet,
daß sie in wenigen Tagen vom Stapel laufen konnten. Er belobte
die Soldaten und die Leiter der Arbeiten, gab letzteren seine weiteren
Befehle und bestimmte Allen als gemeinschaftlichen Sammelplatz den
Hafen Itius [1]; von diesem Hafen aus, hatte er in Erfahrung gebracht, war die Ueberfahrt nach Britannien am bequemsten zu bewerkstelligen, welches hier nur ungefähr 30 Meilen vom Festlande
entfernt ist. Dort ließ er eine hinlängliche Anzahl von Soldaten
zurück; er selbst rückte mit 4 Legionen ohne Troß und Gepäck und
800 Reitern in's Gebiet der Treverer, weil sie weder an den angesetzten Versammlungen sich einfanden noch seinen Befehlen gehorchten
und, wie es hieß, die überrheinischen Germanen aufwiegelten.

3. Dieser Canton zeichnet sich vor allen übrigen durch seine

---

[1] Der portus Itius wird gewöhnlich, auch von Obier, für das heutige
Calais gehalten, während Andere, wie neuerdings auch Napoleon, ihn mit Wis-
sant identificiren. Noch Andere dessen

Cäsar, gallischer Krieg.

treffliche Reiterei aus und vermag auch bedeutende Maſſen Fußvolk
in's Feld zu ſtellen. Sein Gebiet erſtreckt ſich, wie oben gemeldet [1]),
bis an den Rhein. In dieſem Canton ſtritten gerade zwei Männer um
die höchſte Gewalt, Indutiomarus und Cingetorix. Letzterer fand ſich
ſofort auf die Nachricht von Cäſar's und ſeiner Legionen Anmarſch
bei Cäſar ein und verſicherte, er und ſeine ganze Partei würden in
unwandelbarer Treue und Freundſchaft gegen das römiſche Volk ver-
harren; zugleich gab er ihm über die Verhältniſſe bei den Treverern
die nöthigen Aufſchlüſſe. Indutiomarus dagegen zog Reiterei und
Fußvolk zuſammen, brachte die ihres Alters halber nicht Waffenfähigen im Ardennerwald unter, der in großer Ausdehnung vom Rhein
bis zur remiſchen Grenze mitten durch das Trevererland ſich erſtreckt,
und begann ſich zum Kriege zu rüſten. Indeſſen einzelne Fürſten
wurden theils durch ihre Verbindungen mit Cingetorix, theils durch
die Furcht vor unſerem Heere beſtimmt, ſich bei Cäſar einzufinden
und perſönlich ſich ſeiner Geneigtheit zu empfehlen, da ſie ja leider
Nichts für ihr Volk thun könnten. Dieß erweckte in Indutiomarus
die Beſorgniß, er könne von Allen im Stiche gelaſſen werden, und
er ſchickte daher Geſandte an Cäſar mit der Verſicherung: er habe
nur deshalb ſeine Leute nicht verlaſſen und zu Cäſar kommen wollen,
um das Volk deſto leichter in Ordnung zu halten. Entferne ſich der
geſammte Adel, ſo könne die Maſſe leicht einen dummen Streich
machen. So ſei das Volk in ſeiner Hand, und wenn Cäſar es er-
laube, wolle er vor ihm im Lager erſcheinen, ſich und ſein Volk Cäſar
zu Füßen legen.

4. Cäſar wußte recht gut, weshalb Indutiomarus ſo ſprach
und was ihn veranlaßte, ſeine früheren Plane aufzugeben. Da jedoch
alle Vorbereitungen zum britanniſchen Kriege getroffen waren, ſo
wollte er den Sommer nicht bei den Treverern verderben; er entbot
daher den Indutiomarus mit 200 Geiſeln zu ſich. Als dieſe ſich
eingefunden hatten, unter ihnen Indutiomar's Sohn und alle ſeine
Verwandte, welche Cäſar namentlich gefordert hatte, ſprach Cäſar
dem Indutiomarus freundlich zu und ermahnte ihn, treu zu bleiben.
Nichtsdeſtoweniger berief er die Fürſten der Treverer zu ſich und

[1]) Buch III, Cap. 11.

empfahl ihnen Jedem einzeln, sich an Eingetorix anzuschließen. Eingetorix hatte dieß nicht allein verdient, sondern es war auch für
Cäsar selbst wichtig, daß sein treuester Anhänger auch unter seinen
Landsleuten den größtmöglichen Einfluß erhielt. Darüber ward
Indutiomarus tief erbittert, sein Ansehen bei seinen Landsleuten
schwinden zu sehen. Und war er schon vorher feindselig gegen uns
gestimmt gewesen, so wurde hiedurch seine Erbitterung noch viel
größer.

5. Als Cäsar die Sache auf diese Weise geordnet hatte, marschirte er mit den Legionen nach dem Hafen Itius. Hier erfuhr er, daß
60 Schiffe, welche im Gebiet der Melder [1]) gebaut waren, durch
ungünstigen Wind verhindert worden seien, ihren Kurs zu halten
und wieder in ihren Hafen hätten umkehren müssen. Die übrigen
fand er zum Auslaufen bereit und mit allem Nöthigen versehen. Hier
versammelte sich denn auch die Reiterei aus ganz Gallien, 4000
Mann stark, sowie die Fürsten aus sämmtlichen Völkerschaften.
Cäsar hatte nämlich beschlossen, von diesen nur ganz wenige, deren
Treue über jeden Zweifel erhaben war, in Gallien zurückzulassen, die
übrigen aber als Geiseln mitzunehmen, da er sonst in seiner Abwesenheit einen Aufstand in Gallien befürchten mußte.

6. Unter diesen befand sich auch jener Häduer Dumnorix, von
dem wir schon früher [2]) gesprochen haben. Diesen hatte Cäsar ganz
besonders bei sich zu behalten beschlossen. Er kannte seinen unruhigen Geist, seine Herrschsucht, seinen Muth und seinen großen
Einfluß auf die Gallier. Dazu kam, daß Dumnorix in der Versammlung der Häduer erklärt hatte, Cäsar wolle ihn zu ihrem Könige
machen: eine Aeußerung, über welche die Häduer zwar betreten waren,
dennoch aber nicht wagten, Gesandte an Cäsar zu schicken, um das
abzulehnen oder sich zu verbitten. Cäsar hatte diese Thatsache von
seinen Gastfreunden erfahren. Dumnorix bestürmte zunächst Cäsar

---

[1]) Dieser Name ist sicherlich verdorben. Man sieht durchaus nicht ein,
warum Cäsar gerade bei dem kleinen, sonst von ihm nicht erwähnten Völklein
der Melder (zwischen Meaux und Melun, am Zusammenfluß der Marne und
Seine) soll haben Schiffe bauen lassen.

[2]) S. Buch I, Cap. 16—20.

auf alle mögliche Weise mit Vorstellungen und Bitten, ihn in Gallien zu lassen: er habe noch nie ein Schiff bestiegen und fürchte sich vor dem Meere; ferner, er werde durch religiöse Bedenken zurückgehalten. Cäsar schlug es ihm in so bestimmter Weise ab, daß Dumnorix jede Hoffnung aufgeben mußte, seine Bitte erfüllt zu sehen. Nun begann er die gallischen Fürsten aufzuwiegeln, nahm sie einzeln bei Seite und forderte sie auf, das Festland nicht zu verlassen, indem er die Besorgniß bei ihnen rege machte: nicht ohne Ursache wolle man Gallien seines ganzen Adels berauben; Cäsar habe die Absicht, sie sämmtlich drüben in Britannien zu ermorden, da er es nicht wage, sie vor den Augen Galliens zu tödten. Zugleich gab er den Andern sein Wort, wie er von ihnen das eidliche Versprechen forderte, nach gemeinsamem Beschluß für das wahre Wohl ihres Vaterlandes einstehen zu wollen. Cäsar wurde über diese Umtriebe von mehreren Seiten in Kenntniß gesetzt.

7. Cäsar beschloß hierauf, den Dumnorix um jeden Preis mit Güte oder mit Gewalt zur Vernunft zu bringen, um so mehr, da er ja selbst den Häduern eine so bedeutende Stellung vor den übrigen Cantonen eingeräumt hatte. Da er nun sah, daß dessen Tollheit immer weiter ging, so mußte er daran denken, sich und Rom gegen die möglichen Folgen derselben sicher zu stellen. Er mußte noch etwa 25 Tage im Hafen Itius warten, weil der Coruswind[1]), welcher die Abfahrt hinderte, einen guten Theil des ganzen Jahres in diesen Strichen zu wehen pflegt. Während dieser Zeit gab sich Cäsar Mühe, den Dumnorix in Gehorsam zu erhalten, versäumte jedoch unterdessen nicht, alle seine Schritte zu beobachten. Endlich trat günstiger Wind ein, und Cäsar gab Befehl zur Einschiffung des Fußvolks und der Reiterei. Alles war damit beschäftigt, als Dumnorix, gefolgt von den Häduischen Reitern, hinter Cäsar's Rücken das Lager verließ und den Weg in die Heimath einschlug. Auf die Meldung davon ließ Cäsar sofort die Abfahrt einstellen und setzte alles Andere aus; dagegen entsendete er sofort das Gros seiner Reiterei zur Verfolgung des Dumnorix mit dem Befehl, ihn festzunehmen und zurückzubringen: brauche er Gewalt und wolle er nicht folgen, so sollten sie ihn

---

[1]) Nordwestwind.

ohne Weiteres niedermachen. Denn es war ihm klar, daß Dumnorix in seiner Abwesenheit erst recht keine Vernunft annehmen werde, da er ihm ja unter seinen Augen selbst den Gehorsam versagt hatte. Und so kam es auch. Als man ihn zur Rückkehr aufforderte, so weigerte er sich, setzte sich zur Wehre und forderte seine Landsleute bei Pflicht und Ehre auf ihm beizustehen, indem er wiederholt ausrief, er sei ein freier Mann und Bürger eines freien Staates. Ihrem Befehl gemäß umringten ihn darauf die Leute und machten ihn nieder. Die häduischen Reiter aber kehrten ohne Ausnahme zu Cäsar zurück.

III. Cäsar's zweite Heerfahrt nach Britannien.
(Cap. 8—23.)

8. Hierauf ließ dieser den Labienus mit 3 Legionen und 2000 Reitern auf dem Festlande zurück, um die Häfen zu decken, für die Zufuhr zu sorgen und die Gallier zu beobachten, übrigens nach den Umständen zu handeln. Er selbst schiffte sich mit 5 Legionen und ebenso viel Reitern, als er auf dem Festlande zurückgelassen hatte, ein und lichtete mit Sonnenuntergang die Anker. Bei einem leichten Südwestwinde verließ er den Hafen, aber etwa um Mitternacht trat Windstille ein; er konnte seinen Kurs nicht einhalten und wurde von der Fluth abgetrieben, so daß er bei Tagesanbruch Britannien weit zu seiner Linken erblickte. Als dann wiederum die Rückfluth eintrat, so ließ er mit Benützung derselben die Ruder einsetzen, um jenen Küstenpunkt auf der Insel zu erreichen, welchen er im vorigen Sommer als den besten Landungsplatz kennen gelernt hatte [1]. Anerkennenswerth war dabei die Ausdauer der Soldaten, welche die schweren Lastschiffe bemannten: sie ruderten so unausgesetzt und eifrig, daß sie nicht hinter den Kriegsschiffen zurückblieben. Etwa um Mittag lief die gesammte Flotte in Britannien an, und es ließ sich dort kein Feind sehen: wie Cäsar später von den Gefangenen erfuhr, hatten sich allerdings große Massen dort vereinigt, dann aber die

---

[1] S. Buch IV, Cap. 23.

Küste aufgegeben und sich landeinwärts auf die Höhen zurückgezogen, weil sie durch den Anblick der Masse unserer Schiffe entmuthigt wurden. Es kamen ihnen nämlich, die vorjährigen und diejenigen Schiffe eingerechnet, welche sich Einzelne auf eigene Hand hatten bauen lassen, mehr als 800 gleichzeitig in Sicht.

9. Cäsar schiffte sein Heer aus und wählte einen geeigneten Platz für das Lager. Von Gefangenen erfuhr er hier, wo die feindlichen Truppen Stellung genommen hatten. Er ließ daher 10 Cohorten und 300 Reiter zur Bedeckung der Flotte am Meere zurück, indem er wegen der Schiffe um so weniger Besorgniß hegte, weil er sie an einem sanft ansteigenden offenen Strande vor Anker zurückließ; den Befehl über die Bedeckung der Flotte übergab er dem Quintus Atrius. Er selbst brach mit Beginn der dritten Nachtwache gegen den Feind auf, legte noch in der Nacht 12 Meilen zurück und erblickte bei Tagesanbruch die feindlichen Truppen vor sich. Diese rückten mit der Reiterei und den Streitwagen gegen den Fluß[1]) vor und begannen in ihrer höheren Stellung die Unsrigen abzuwehren und das Gefecht anzunehmen. Von unserer Reiterei geworfen, zogen sie sich in die Wälder, und zwar in eine durch Natur und Kunst vortrefflich befestigte Stellung zurück, welche, wie es schien, in Folge innerer Kriege schon lange vorher eingerichtet worden war. Denn es waren alle Zugänge durch dichte Baumverhaue geschlossen. Sie plänkelten in kleinen Abtheilungen vor dem Walde und suchten den Unsrigen das Eindringen in ihre Verschanzungen zu wehren. Aber die Soldaten der 7. Legion bildeten ein Schilddach, führten einen Damm gegen die Verschanzung, faßten dort festen Fuß und trieben mit geringem Verlust den Feind aus dem Walde. Cäsar ließ jedoch die Fliehenden nicht weiter verfolgen, einmal weil er die Oertlichkeit nicht kannte, und sodann weil der größte Theil des Tages schon verflossen war und für die Verschanzung des Lagers noch Zeit übrig bleiben mußte.

10. Am folgenden Tage vertheilte Cäsar Fußvolk und Reiterei in drei Colonnen und entsendete sie zur Verfolgung des fliehenden

---

[1]) Wenn Cäsar wieder, wie man annimmt, zwischen Walmercastle und Deal landete, so muß dieser Fluß der Stour gewesen sein.

Feindes. Als diese bereits eine ziemliche Strecke vorgedrungen waren und schon die Nachhut des Feindes zu Gesicht bekamen, erhielt Cäsar durch Reiter des Quintus Atrius die Meldung: in der letzten Nacht sei ein furchtbarer Sturm gewesen, und fast alle Schiffe seien beschädigt und gestrandet, da weder Anker und Taue gehalten hätten, noch Matrosen und Steuerleute der Heftigkeit des Sturmes hätten Meister werden können. Durch den dabei erfolgten Zusammenstoß der Schiffe sei großer Schaden angerichtet worden.

11. Auf diesen Bericht gab Cäsar den Legionen und der Reiterei den Befehl umzukehren und etwaige Angriffe des Feindes nur abzuweisen, ohne ihren Marsch einzustellen; er selbst kehrte sogleich zu der Flotte zurück und fand die Dinge allerdings ziemlich so, wie sie die mündlichen Meldungen und schriftlichen Berichte darstellten: ungefähr 40 Schiffe waren verloren, die übrigen konnten, wie es schien, allerdings mit großer Arbeit, wieder ausgebessert werden. Daher nahm er aus den Legionen die gelernten Handwerker heraus und ließ noch andere vom Festlande kommen. Dem Labienus schrieb er, er solle durch seine Legionen so viele Schiffe als möglich ausrüsten lassen. Er selbst mußte es für das Zweckmäßigste erachten, sämmtliche Schiffe auf den Strand ziehen und sie und das Lager mit derselben Befestigung einschließen zu lassen, so viel Arbeit und Mühe dieß auch kosten mochte. Mit alle dem vergingen ungefähr 10 Tage, obgleich die Soldaten Tag und Nacht unausgesetzt arbeiteten. Als endlich die Schiffe auf den Strand gezogen und das Lager vortrefflich befestigt war, ließ Cäsar dieselben Truppen wie voriges Mal als Bedeckung der Flotte zurück; er selbst rückte in gleicher Richtung, wie früher, wieder vor. Dort hatten sich jetzt größere Massen der Britannier von allen Seiten her vereinigt, und man hatte nach gemeinsamem Beschluß den unbeschränkten Oberbefehl dem Cassivellaunus übertragen, dessen Gebiet von den Küstenstaaten durch die Tamesis (Themse) getrennt wird, welche ungefähr 80 Meilen vom Meere entfernt ist. Cassivellaunus war zwar bisher mit den übrigen Völkerschaften in beständigem Kriege gewesen; unsere Ankunft jedoch hatte die Britannier bewogen, ihm die alleinige Oberleitung des Krieges zu übergeben.

12. Das Binnenland von Britannien wird von Völkerschaften

bewohnt, welche sich nach alter Ueberlieferung für Ureinwohner aus-
geben, die Meeresküste von Belgiern, welche einst aus Beute= und
Kriegslust herübergekommen sind. Diese letzteren führen fast alle
noch den Namen derjenigen Völkerschaften, von welchen sie abstam-
men; sie haben sich dort mit Gewalt der Waffen Niederlassungen erobert und begonnen Ackerbau zu treiben. Die Bevölkerung ist außerordentlich dicht; die Zahl der Höfe, welche etwa den gallischen ähnlich sind, sehr groß; Vieh ist in großer Menge vorhanden. Als Geld
braucht man entweder Kupfer oder Eisenstäbe von bestimmtem Ge-
wicht. Im Binnenlande findet man Zinn, an der Küste Eisen, letzteres jedoch nur spärlich; Kupfer wird eingeführt. Alle möglichen
Holzarten gibt es hier wie in Gallien, mit Ausnahme der Buche und
der Tanne. Hasen, Hühner und Gänse zu essen, gilt für Sünde;
doch hält man diese Thiere zum Vergnügen. Das Klima ist milder
als in Gallien, die Fröste sind weniger stark.

13. Die Insel hat die Gestalt eines Dreiecks, dessen eine Seite
gegen Gallien gewendet ist. Der eine Winkel dieser Seite, wo Cantium (Kent) liegt und wo alle Schiffe aus Gallien zu landen pflegen,
liegt gegen Osten, der andere, untere, gegen Süden. Diese Seite hat
eine Länge von etwa 500 Meilen. Die zweite Seite liegt gegen Spanien nach Westen hin; in dieser Richtung liegt Hibernien (Irland),
um die Hälfte kleiner als Britannien, wie man annimmt; die Entfernung von da nach Britannien ist ebenso groß, wie die von Gallien
nach Britannien. Auf dem halben Wege zwischen Britannien und
Hibernien liegt die Insel Mona [1]), soll auch noch eine ziemliche
Anzahl kleinerer Inseln liegen. Ueber diese Inseln haben Einige
berichtet, es sei dort zur Zeit der Wintersonnenwende 30 Tage lang
hinter einander Nacht. Wir haben hierüber durch unsere Erkundigungen nichts Bestimmtes in Erfahrung bringen können; nur das
haben wir aus sicheren Messungen mit der Wasseruhr ersehen, daß
die Nächte kürzer sind als auf dem Festlande. Die Länge dieser
Seite ist nach der Meinung jener Schriftsteller 700 Meilen. Die

---

[1]) Mona ist bei den Späteren, wie z. B. bei Tac. Agric. 14, die Insel
Anglesey. Cäsar aber muß nach der genauen Angabe ihrer Lage darunter die
Insel Man verstanden haben.

dritte Seite liegt gegen Norden und hat kein Land gegenüber; der Winkel dieser Seite ist besonders gegen Germanien gekehrt; ihre Länge wird auf 800 Meilen geschätzt. So beläuft sich also der Umfang der ganzen Insel auf 2000 Meilen.

14. Von allen Völkerschaften Britanniens sind die Bewohner von Cantium, welches durchaus Küstenland ist, bei weitem die civilisirtesten und nähern sich in ihrer Lebensweise sehr den Galliern. Die Bewohner des Binnenlandes haben größtentheils keinen Getreidebau, sondern leben von Milch und Fleisch und kleiden sich in Felle. Alle Britannier aber färben sich mit Waid, welcher eine blaue Farbe gibt, und sie sehen daher in der Schlacht um so gräulicher aus. Das Haupthaar lassen sie lang wachsen, scheeren sich aber sonst am ganzen Körper, mit Ausnahme des Kopfes und der Oberlippe. Ihrer zehn oder zwölf haben gemeinschaftliche Weiber, namentlich Brüder mit Brüdern und Väter mit ihren Söhnen. Die Vaterschaft der Kinder fällt auf denjenigen, welcher die Mutter zuerst als Jungfrau heimgeführt hat.

15. Die feindlichen Reiter und Streitwagen griffen unsere Reiterei auf dem Marsche an und verwickelten sie in ein hartnäckiges Gefecht, in welchem jedoch endlich die Unsrigen durchweg Meister blieben und sie mit einigem Verlust in die Wälder und auf die Höhen zurückwarfen. Da sie aber dann etwas zu hitzig verfolgten, erlitten sie auch ihrerseits einigen Verlust. Nach geraumer Zeit, als die Unsrigen sich deß nicht versahen und mit der Lagerbefestigung beschäftigt waren, brach der Feind plötzlich aus den Wäldern vor und machte auf die Abtheilungen, welche die Wache vor dem Lager hatten, einen heftigen Angriff. Da der Kampf hartnäckig war, sendete Cäsar zwei Cohorten, und zwar die ersten von zwei Legionen, zur Unterstützung, welche in geringem Abstande von einander aufmarschirten. Sie geriethen jedoch durch die ungewohnte Kampfweise des Feindes in Verwirrung, als dieser mit außerordentlicher Verwegenheit zwischen ihnen durchbrach und sich dann ohne Verlust wieder zurückzog. An diesem Tage fiel der Kriegstribun Quintus Laberius Durus. Erst nachdem noch mehrere Cohorten in's Gefecht geführt waren, wurde der Feind zurückgewiesen.

16. Indem dieses Gefecht vor aller Augen und im Angesichte

des Lagers statt fand, ward es klar, daß unsere Soldaten in dieser
ganzen Kampfweise wegen ihrer schweren Bewaffnung einem derartigen Feinde gegenüber nicht recht brauchbar waren, da sie weder
die Fliehenden in geschlossenen Gliedern verfolgen konnten, noch sich
zu diesem Zwecke aufzulösen wagten. Für die Reiter dagegen war
diese Gefechtsweise erst recht gefährlich, da der Feind geflissentlich sich
zurückzuziehen pflegte, und wenn er dadurch unsere Reiterei von den
Legionen weggelockt hatte, von den Wagen sprang und zu Fuß
kämpfte, wodurch der Kampf ungleich wurde. Da aber der Feind
auch die Unterstützung seiner Reiterei hatte, so war für die unsrige
die Gefahr immer dieselbe, mochte sie vorgehen oder zurückgehen.
Dazu kam, daß die Feinde niemals auf Einem Punkte in Masse,
sondern in einzelnen, durch weite Zwischenräume getrennten, Abtheilungen und weit von einander den Kampf führten; daß sie ferner hier
und dort Reserven aufgestellt hatten, so daß sie sich gegenseitig in
geordneter Weise aufnehmen und allemal die Ermüdeten mit frischen
Mannschaften ablösen konnten.

17. Am folgenden Tage hielt sich der Feind fern von unserem
Lager auf den Höhen, zeigte sich nur in einzelnen Abtheilungen und
setzte unsern Reitern lange nicht so heftig zu, als Tags zuvor. Als
aber nun Cäsar um Mittag drei Legionen und die ganze Reiterei
unter dem Legaten Cajus Trebonius entsendet hatte, um zu fouragiren, so stürmten sie plötzlich von allen Seiten auf die Fouragirer
ein und griffen sogar die festgeschlossenen Massen der Legionen an.
Die Unsrigen wiesen sie durch einen entschlossenen Angriff zurück und
setzten dann die Verfolgung so lange fort, bis unsere Reiter, gestützt
auf die ihnen auf dem Fuße nachrückenden Legionen, den Feind vollständig über den Haufen warfen, ihm eine große Masse Leute niedermachten und ihm keine Zeit ließen, sich zu sammeln, Halt zu machen
und von den Wagen zu springen. Gleich nach dieser Niederlage zerstreuten sich die von allen Seiten zusammengeströmten Hülfsvölker,
und der Feind wagte es seitdem nicht mehr in geordneter Hauptschlacht uns zu begegnen.

18. Cäsar, welcher diesen Entschluß bald erkannte, rückte darauf an die Themse in's Gebiet des Cassivellaunus. Dieser Fluß
kann nur an einem einzigen Punkte, und zwar mit Schwierigkeit,

überschritten werden [1]). Dort bemerkte Cäsar am jenseitigen Flußufer zahlreiche feindliche Schaaren in Schlachtordnung aufgestellt.
Das Ufer selbst war durch eine Reihe spitzer Pfähle vertheidigt,
welche vor demselben eingeschlagen waren; andere gleicher Art waren
im Wasser selbst eingeschlagen und von diesem bedeckt. Cäsar erfuhr
dieß von Gefangenen und Ueberläufern; er ließ die Reiterei voran-
gehen und die Legionen ihr auf dem Fuße nachfolgen. Trotzdem, daß
die Soldaten nur mit dem Kopfe über dem Wasser waren, gingen
sie doch mit solcher Schnelligkeit und solchem Feuer drauf, daß der
Feind dem gleichzeitigen Angriff von Legionen und Reiterei nicht
widerstehen konnte, sondern das Ufer aufgab und sein Heil in der
Flucht suchte.

19. Cassivellaunus hatte, wie oben erwähnt, alle Hoffnung
auf den Erfolg einer geordneten Schlacht aufgegeben; er entließ
daher den größten Theil seiner Truppen und behielt nur ungefähr
4000 Streitwagen zurück. Mit diesen beobachtete er unsere Märsche,
hielt sich immer in einiger Entfernung von der Heerstraße in schwer
zugänglichem und waldigem Terrain verborgen, und schaffte überall,
wohin er unsern Marsch sich richten sah, Vieh und Menschen aus
dem offenen Lande in die Wälder. Wenn dann unsere Reiterei sich
sorglos über das flache Land ausbreitete, um zu plündern und zu
verheeren, so ließ er plötzlich seine Streitwagen auf allen Wegen und
Stegen aus den Wäldern vorbrechen, griff unsere Reiter in jener für
sie so gefährlichen Weise an und machte ihnen dadurch Streifzüge
auf weitere Entfernungen unmöglich. Es blieb daher Cäsar Nichts
weiter übrig, als die Reiterei in der unmittelbaren Nähe der Legionen zu behalten und sich mit dem Schaden zu begnügen, den die
Legionssoldaten auf dem Marsche selbst mit Sengen und Brennen
soweit möglich dem feindlichen Lande zuzufügen vermochten.

20. Indessen schickten die Trinobanten [2]), ziemlich die

---

[1]) Nach v. Göler, S. 140, ist dieser Uebergangspunkt bei Kingston,
oberhalb London, zu suchen, wo die Themse nach den Mittheilungen des eng-
lischen Ingenieurs Lindley nur $3^1/_2 — 4^1/_2$ Fuß tief ist.

[2]) Die Trinobanten wohnten nördlich von der Themse, im heutigen
Essex und Suffolk. Ihre Hauptstadt ist Camalodonum, das heutige
Colchester.

mächtigste Völkerschaft in jenen Gegenden, Gesandte an Cäsar und versprachen ihm Unterwerfung und Gehorsam, baten zugleich, er möge den Mandubracius gegen Cassivellaunus schützen und zu ihnen schiffen, um die oberste Gewalt bei ihnen zu übernehmen. Der Vater dieses Mandubracius nämlich war König der Trinobanten gewesen und von Cassivellaunus erschlagen worden; der junge Mandubracius selbst war dem gleichen Schicksal durch die Flucht entgangen, hatte sich Cäsar in die Arme geworfen und war zu ihm nach Gallien auf's Festland gekommen. Cäsar gebot ihnen vierzig Geiseln zu stellen, dem Heere Getreide zuzuführen und schickte den Mandubracius zu ihnen. Die Trinobanten gehorchten pünktlich, schickten die richtige Zahl Geiseln und das verlangte Getreide.

21. Cäsar nahm nun die Trinobanten in seinen Schutz und stellte sie gegen jede Unbill von Seiten seiner Soldaten sicher. Die Folge davon war, daß die Cenimagner ¹), Segontiaker, Ancaliten, Bibroker, Casser Gesandte an Cäsar schickten und sich ihm unterwarfen. Von ihnen erfuhr er, daß die Stadt des Cassivellaunus nicht weit von da entfernt sei; durch Wälder und Sümpfe gesichert, sei sie der Zufluchtsort für eine große Menge von Menschen und Vieh geworden. Stadt nennen es überhaupt die Britannier, wenn sie unzugängliche Wälder mit Wall und Graben befestigt haben, um dort gegen feindliche Ueberfälle einen stehenden Zufluchtsort zu haben. Cäsar rückte mit den Legionen dorthin und fand den Ort wirklich durch Natur und Kunst vortrefflich befestigt; dennoch begann er auf zwei Punkten seinen Angriff. Der Feind gab nach kurzem Widerstand die Vertheidigung auf und rettete sich auf der entgegengesetzten Seite aus der Stadt. Man fand eine große Menge Vieh; auch wurden viele Leute auf der Flucht gefangen und niedergemacht.

22. Während dieser Vorfälle schickte Cassivellaunus Boten in die Landschaft Cantium, welche, wie oben bemerkt ²), an der Küste liegt und von vier Königen — Cingetorix, Carvilius, Taximagulus

____

¹) Dieser Volksname ist mit Unrecht angezweifelt worden: s. Glück. S. 60—62. Aber weder ihre Wohnsitze, noch die der andern hier genannten Stämme sind näher zu bestimmen.

²) Oben Cap. 14.

und Segovax — regiert wurde, und ließ diesen sagen, sie sollten mit
ihren gesammten Streitkräften unversehens das Schiffslager überfallen und stürmen. Jene rückten vor das Lager; die Unsrigen aber
fielen aus, tödteten dem Feinde viele Leute und nahmen auch einen
vornehmen Führer, den Lugotorix, gefangen, worauf sie ohne irgend
einen Verlust von ihrer Seite sich in's Lager zurückzogen. Auf die
Nachricht von diesem Treffen sandte Cassivellaunus Gesandte an
Cäsar, um durch die Vermittelung des Atrebaten Commius seine
Unterwerfung anzutragen: so viele Niederlagen, die Verwüstung seines Landes, ganz besonders aber der Abfall jener Völkerschaften,
hatten ihn gebeugt. Cäsar hatte sich vorgenommen, seine Winterquartiere mit Rücksicht auf die ewigen Aufstände in Gallien auf dem
Festlande zu nehmen; der Sommer war fast vorüber, den Rest über
konnte Cäsar leicht ohne Erfolg hingehalten werden. So gebot er
denn dem Cassivellaunus, Geiseln zu stellen und setzte einen Tribut
fest, den Britannien jährlich an Rom zahlen sollte; zugleich erließ
er an Cassivellaunus ein ernstes Gebot, Mandubracius und die Trinobanten in Ruhe zu lassen.

23. Als Cäsar die Geiseln erhalten hatte, führte er sein Heer
an die Küste zurück; er fand dort die Schiffe hergestellt und brachte
sie in's Wasser. Weil er aber eine große Masse von Gefangenen
hatte und einige Schiffe durch den Sturm zu Grunde gegangen waren, so ordnete er an, daß das Heer in zwei Transporten zurückgeführt wurde. Nun traf es sich wunderbar, daß von einer so großen
Masse Schiffe bei so vielen Fahrten hin und her in diesem und im
vorigen Jahre kein einziges mit Soldaten bemanntes Fahrzeug verloren ging; während dagegen von den Schiffen, welche leer vom
Festlande aus zurückkehrten, nachdem die Soldaten des ersten Trans-
ports dort gelandet waren, sowie von den 60 Schiffen, die Labienus
später hatte bauen lassen, nur sehr wenige den Ort ihrer Bestimmung
erreichten, sondern vielmehr fast alle nach dem Festlande zurückgetrieben wurden. Vergebens wartete Cäsar einige Zeit auf sie. Um
daher bei der nahe bevorstehenden Tag- und Nachtgleiche nicht durch
das Wetter ganz an der Rückfahrt gehindert zu werden, mußte er
nothwendigerweise die Soldaten enger unterbringen. So lichtete er
bei ganz ruhigem Wetter zu Anfange der zweiten Nachtwache die

Anker und erreichte bei Tagesanbruch das Land, ohne auch nur Ein Schiff verloren zu haben.

IV. Der Abfall der Eburonen und der Untergang der 15 Cohorten des Sabinus und Cotta.

(Cap. 24—37).

24. Cäsar ließ die Schiffe an's Land ziehen und hielt dann zu Samarobriva [1]) die Tagfahrt der Gallier ab. Dann verlegte er das Heer in die Winterquartiere. Da jedoch in diesem Jahre wegen der Trockenheit die Ernte in Gallien schlecht ausgefallen war, so sah er sich genöthigt eine Aenderung zu treffen und die Legionen auf mehrere Cantone als bisher zu vertheilen. Eine Legion unter dem Legaten Cajus Fabius schickte er zu den Morinern, eine zweite unter Quintus Cicero zu den Nerviern, die dritte unter Lucius Roscius zu den Esubiern, die vierte unter Titus Labienus sollte bei den Remern an der treverischen Grenze überwintern; drei verlegte er nach Belgien, zu deren Befehlshabern er den Quästor Marcus Crassus und die Legaten Lucius Munatius Plancus und Cajus Trebonius bestimmte. Eine Legion, die er kürzlich jenseits des Padus hatte ausheben lassen, und 5 Cohorten schickte er zu den Eburonen, deren Gebiet im Wesentlichen von Maas und Rhein begrenzt wird, und welche von Ambiorix und Catuvolkus beherrscht wurden. An die Spitze dieser Abtheilung stellte er die Legaten Quintus Titurius Sabinus und Lucius Aurunculejus Cotta. Durch diese Vertheilung der Legionen glaubte Cäsar am besten dem möglichen Eintreten eines Getreidemangels begegnen zu können. Dennoch betrug die größte Entfernung aller dieser Winterquartiere, abgesehen von der einen Legion, welche unter Lucius Roscius in den friedlichsten und ruhigsten Theil von Gallien abgegangen war, nur 100 Meilen [2]). Cäsar

---

[1]) S. zu Buch II, Cap. 15.

[2]) Ueber die vielbesprochene Dislocation der Legionen läßt sich mit Sicherheit nicht viel mehr feststellen, als was Cäsar selbst theils hier ausdrücklich aus-

selbst beschloß, so lange in Gallien zu verweilen, bis ihm die Meldung zuginge, daß die Legionen gehörig untergebracht und die Winterquartiere befestigt wären.

25. Im Lande der Carnuten lebte ein gewisser Tasgetius,
ein Mann aus hochadeligem Geschlecht, welches auch bereits die
Königswürde besessen hatte. Den hatte Cäsar wieder auf den Thron
seiner Väter gesetzt, da er sich als ein entschlossener und wohlgesinn-
ter Mann gezeigt und Cäsarn in allen seinen bisherigen Kriegen ausgezeichnete Dienste geleistet hatte. Jetzt regierte er schon im dritten
Jahre, als er plötzlich auf Anstiften seiner zahlreichen und offenen
Feinde ermordet wurde. Dieß wurde Cäsarn angezeigt. Da Viele

---

spricht, theils im Laufe der Erzählung errathen läßt. Fest steht nur nach
Cap. 46, 47 u. 53, daß das Hauptquartier zu Samarobriva sich befand
und dort auch die Legion des Trebonius stand, mit welcher dann Cäsar selbst
aufbrach, um in nordwestlicher Richtung durch das Land der Atrebaten (mit
der Hauptstadt Nemetocenna, dem heutigen Arras) zum Entsatze Cicero's zu
marschiren. Plancus, welcher nach Cap. 25 noch vor Einbruch des Winters
zu den Carnuten (s. zu Buch II, Cap. 35) gesendet wird, war daher ur-
sprünglich diesen zunächst im Lande der Suessionen (Buch II, Cap. 12)
stationirt, während Crassus, der das Hauptquartier in Cäsar's Abwesenheit
zu decken hatte, eigentlich südwestlich von da bei den Bellovakern (s. zu
Buch II, Cap. 13) überwintern sollte. Da nicht einmal die Identität von
Samarobriva feststeht (s. zu Buch II, Cap. 15), so kann um so weniger von
da aus die Localität der übrigen Standlager näher bestimmt werden, als sich
diese sammt und sonders nicht in gallischen Städten befunden haben. Wir
können daher auch dem neuesten scharfsinnigen Versuche v. Göler's (S. 144
bis 149), nach welchem er — Samarobriva ist ihm Bray sur Somme — Crassus bei Montdidier, Plancus bei Soissons, Fabius bei Doulens, Cicero bei Namur,
Labienus bei Chiny (dem alten Meduantum), Sabinus und Cotta endlich bei
dem heutigen Eupen oder Limburg stationiren läßt, keinen andern Werth
beilegen, als daß er eine der verschiedenen Möglichkeiten recht anschaulich gemacht hat, nach welchen wir uns die auf einer Maximalentfernung von 20
deutschen Meilen aus einander liegenden Winterquartiere denken können. Napoleon nimmt Samarobriva für Amiens und versetzt dann — übereinstimmend
mit dem Précis des Cheims — Crassus nach Breteuil, Fabius nach Therouanne,
Cicero nahe bei Gembloux, Labienus an die obere Ourthe, Sabinus und Cotta
endlich in die Gegend von Tongern. Letztere Annahme, früher die allgemein
gangbare, ist von Drumann, Geschichte Roms Bd. 3, S. 332, und von
Göler, S. 146 f., widerlegt worden. Vergl. unsere Einleitung S. 129
bis 131.

die Schuld dieses Mordes theilten, mußte Cäsar besorgen, daß diese das Land zum Abfalle bringen würden. Er ließ daher sofort den Lucius Plancus mit seiner Legion aus Belgien in's Land der Carnuten abrücken, um dort seine Winterquartiere zu nehmen; zugleich gab er ihm Befehl, eine Untersuchung über die Ermordung des Tasgetius anzustellen, die Schuldigen festzunehmen und ihm zuzuschicken. Unterdessen erhielt er von sämmtlichen Legionskommandanten, den Legaten sowohl als dem Quästor, die Meldung, daß sie in den Winterquartieren angelangt seien und dieselben befestigt haben.

26. Etwa vierzehn Tage nach der Ankunft in den Winterquartieren gaben Ambiorix und Catuvolkus das Signal zu plötzlichem Aufstand und Abfall. Sie hatten zwar den Sabinus und Cotta an der Grenze ihres Gebietes empfangen und Proviant in deren Winterquartier geliefert. Jetzt aber riefen sie auf eine Botschaft des Treverers Indutiomarus hin die Ihrigen zu den Waffen, machten bei einem plötzlichen Ueberfall die Holzschläger nieder und erschienen dann mit zahlreicher Mannschaft vor dem Lager, um es anzugreifen. Die Unsrigen griffen rasch zu den Waffen und besetzten den Wall; die spanischen Reiter machten auf der einen Seite einen glücklichen Ausfall, so daß der Feind am Erfolge verzweifelte und vom Angriffe abließ. Nun riefen sie nach ihrer Art wild durcheinander, es sollten einige von den Unsrigen zu einer Unterredung herauskommen; sie hätten in beiderseitigem Interesse Mittheilungen zu machen, durch welche hoffentlich das gute Vernehmen wieder hergestellt werden könne.

27. Man sendete zu der Unterredung den Cajus Arpinejus, einen römischen Ritter und Vertrauten des Quintus Titurius, und einen gewissen Quintus Junius aus Spanien, welcher schon früher im Auftrage Cäsar's öfter mit Ambiorix verkehrt hatte. Gegen diese äußerte sich Ambiorix in folgender Weise. Er gestehe offen, Cäsar sehr viel zu verdanken: Cäsar habe ihm große Dienste geleistet, habe ihn von dem Tribut befreit, den er seinen Nachbarn, den Abuatukern, früher habe zahlen müssen, Cäsar habe ihm seinen Sohn und seinen Neffen wieder gegeben, welche als Geiseln den Abuatukern überliefert, von diesen in Ketten und Banden gehalten worden seien. Er habe daher auch den Angriff auf's Lager nicht nach eigenem

Entschluß und Willen unternommen, sondern er sei dazu von seinem Volke gezwungen worden. Denn sein Regiment sei der Art, daß die Masse ebenso viel Recht über ihn, als er über die Masse habe. Sein Volk ferner habe deshalb den Krieg begonnen, weil es außer Stande gewesen sei, sich von der plötzlichen allgemeinen Erhebung Galliens auszuschließen. Der beste Beweis dafür sei eben seine eigene Unmacht, denn er sei nicht so unbekannt mit den Verhältnissen, um sich einzubilden, die Eburonen vermöchten auf eigene Hand mit den Römern fertig zu werden. Es sei aber ein gemeinsamer Beschluß aller Gallier, an diesem Tage sämmtliche Winterquartiere Cäsar's gleichzeitig anzugreifen, damit keine Legion der anderen zu Hülfe kommen könne. Sie hätten als Landsleute ihren Landsleuten nicht füglich verweigern können dabei zu sein, zumal die Losung dieses Beschlusses die Wiedererringung der nationalen Selbstständigkeit sei. Habe er aber nun auf diese Weise seinen Landsleuten und seiner Vaterlandsliebe genug gethan, so wolle er nun auch seinen wohlbegründeten Verpflichtungen gegen Cäsar Rechnung tragen. Er lasse daher den Titurius bei seiner Gastfreundschaft inständigst bitten, auf seine und seiner Soldaten Rettung bedacht zu sein. Eine große Masse angeworbener Germanen stehe bereits diesseits des Rheines; in zwei Tagen würden sie hier sein. Die Römer selbst hätten zu entscheiden, ob sie nicht, ehe die Nachbarn es merkten, ihr Winterlager verlassen und sich entweder auf Cicero oder auf Labienus zurückziehen wollten, von denen der erstere etwa 50 Meilen, der letztere etwas weiter entfernt stehe. Er seinerseits wolle ihnen sicheres Geleit durch sein eigenes Land hiermit versprochen und eidlich verbürgt haben. So komme er einerseits der Pflicht gegen sein Volk nach, welches dadurch das Winterlager los würde, andererseits vergelte er Cäsar die geleisteten Dienste. Nach dieser Rede entfernte sich Ambiorix.

28. Arpinejus und Junius erstatteten über das, was sie vernommen, Bericht an die Legaten. Ueberrascht und bestürzt, wie diese waren, glaubten sie, die Mittheilungen, obgleich sie vom Feinde kamen, immerhin in Betracht ziehen zu müssen. Besonders machte sie der Umstand stutzig, daß es allerdings kaum glaublich erschien, daß das kleine unbedeutende Volk der Eburonen den Muth gehabt

haben sollte, von sich aus mit den Römern Krieg anzufangen. Die Legaten beriefen daher einen Kriegsrath, und in diesem erhob sich ein heftiger Streit. Lucius Aurunculejus und die Mehrzahl der Kriegstribunen und Centurionen erster Klasse waren der Ansicht: man dürfe nicht so über Hals und Kopf handeln, dürfe nicht ohne einen Befehl von Cäsar das Winterlager verlassen; sie wiesen nach, man könne das Winterlager bei seiner Befestigung schon halten, möchte der Feind noch so stark sein, möchten auch die Germanen kommen. Beweis dafür sei, daß man den ersten feindlichen Angriff entschieden abgewiesen und dem Feinde noch dazu einen großen Verlust beigebracht habe; an Mundvorrath fehle es auch nicht; unterdessen würde schon aus den nächsten Winterquartieren und von Cäsar Entsatz herankommen; endlich sei es die größte Schwäche und Schmach, zu einem Entschluß von solcher Bedeutung sich durch den Feind bestimmen zu lassen.

29. Dagegen eiferte Titurius: wenn erst größere feindliche Massen sich vereinigt und durch die Germanen verstärkt hätten, oder wenn in dem nächsten Winterlager ein Unglück geschehen wäre, dann würde es freilich zu spät sein. Man habe keine Zeit, sich lange zu besinnen. Cäsar sei jedenfalls schon nach Italien abgereist; sonst hätten auch die Carnuten nicht daran gedacht, den Tasgetius zu ermorden, und wenn er noch in Gallien wäre, würden ebenso wenig die Eburonen so frech gewesen sein, das Lager anzugreifen. Nicht vom Feinde, aber wohl von den Thatsachen müsse man sich bestimmen lassen. Der Rhein sei nahe genug; die Germanen seien über Ariovist's Tod und unsere bisherigen Siege im höchsten Grade erbittert; Gallien, das so oft gedemüthigte, das von den Römern unterworfene ganze Gallien stehe in Flammen, eingedenk seines alten kriegerischen Ruhmes. Endlich, wer könne sich einbilden, daß Ambiorix einen solchen Entschluß zu fassen gewagt hätte, wenn er seiner Sache nicht gewiß wäre? Seine Meinung sei in jedem Fall die sicherste. Sei die Sache nicht so schlimm, so werde man ungefährdet die nächste Legion erreichen; stände ganz Gallien mit den Germanen wirklich vereint unter Waffen, so gäbe es nur Einen Weg der Rettung, schnellen Abzug. Welche Folgen würde dagegen der entgegenstehende Vorschlag Cotta's und der Anderen haben? Abgesehen von

der augenblicklichen Gefahr, stelle er jedenfalls eine langwierige Belagerung und Hungersnoth in Aussicht.

30. Es ward hinüber und herüber gestritten, indem Cotta und die Centurionen erster Klasse hartnäckig ihre Meinung vertheidigten: Da rief endlich Sabinus, und zwar mit lauter Stimme, so daß es eine große Menge Soldaten hören konnten: „Gut, euer Wille geschehe; ich fürchte mich wahrlich nicht mehr vor dem drohenden Tode als ihr. Die da werden schon so gescheut sein und werden von dir Rechenschaft fordern, wenn es schlecht geht. Denn du bist Schuld daran, daß sie nicht übermorgen im nächsten Winterlager angelangt, mit ihren Kameraden vereinigt, gleiche Gefahr mit ihnen theilen, daß sie vielmehr von allen andern getrennt und abgeschnitten durch Schwert oder Hunger untergehen sollen."

31. Der Kriegsrath löst sich auf; man bittet und beschwört die beiden Legaten, sie sollten doch nicht durch Zwiespalt und Eigensinn die Sache erst recht gefährlich machen. Man möge bleiben oder abmarschiren, das Eine wie das Andere sei unbedenklich, wenn nur Alle einmüthig und einverstanden seien; in der Zwietracht dagegen sei kein Heil abzusehen. Bis Mitternacht stritt man sich herum. Endlich ließ sich Cotta bestimmen nachzugeben; Sabinus' Meinung ging durch. Es wurde Befehl gegeben, mit Tagesanbruch auszurücken. Kein Mensch that die ganze Nacht ein Auge zu; jeder Soldat durchwühlte seine Sachen, um zu sehen, was er mitnehmen könne, was er von seiner Wintereinrichtung zurücklassen müsse. Man sucht alles Mögliche hervor, um das Bleiben recht gefährlich zu machen und zu zeigen, wie diese Gefahr durch die Ermattung und das Wachtleben der Soldaten sich noch steigern würde. Bei Tagesanbruch rückt man in langgedehnter Marschcolonne mit einem ungeheuern Troß aus, weil man in dem festen Glauben steht, daß Ambiorix nicht als Feind, sondern als der beste Freund seinen Rath ertheilt habe.

32. Sobald indessen die Feinde aus dem Lärmen und Treiben während der Nacht merkten, daß man sich zum Abmarsch entschlossen hatte, theilten sie sich in zwei Heerhaufen, nahmen so in den Wäldern an einer geeigneten Oertlichkeit eine verdeckte Aufstellung und erwarteten dort, etwa 2 Meilen vom Lager, die Ankunft der Römer. Als nun bereits der größte Theil ihrer Marschcolonne sich in eine

8 *

weite Thalmulde herabgesenkt hatte, so erschienen die Feinde plötzlich auf beiden Rändern des Thales und begannen gleichzeitig den
Schweif zu bedrängen und der Spitze den Paß zu verlegen. So
griffen sie die Unsrigen auf einem für dieselben höchst ungünstigen
Terrain an.

33. Jetzt erst gerieth Titurius, der Nichts voraus bedacht
hatte, in Unruhe, eilte da und dorthin und suchte die Cohorten zum
Aufmarsch zu bringen, freilich ohne Sicherheit und so, daß man sah,
er hatte den Kopf völlig verloren; wie das den Leuten gewöhnlich
zu gehen pflegt, welche sich entschließen sollen, wo es darauf an-
kommt zu handeln. Cotta dagegen, welcher an die Möglichkeit eines
solchen Ueberfalles gedacht hatte und eben darum gegen den Abmarsch gewesen war, dachte und handelte für Alle; er erfüllte gleichzeitig die Pflichten des Feldherrn und des Soldaten, indem er durch
Wort und Beispiel die Soldaten zum Widerstande aufmunterte. Bei
der Länge der Kolonne war es nicht gut möglich, persönlich auf allen
Punkten zu sein und überall die nothwendigen Anordnungen zu treffen; man gab daher Befehl, das große Gepäck im Stich zu lassen
und ein Viereck zu bilden. Diese Anordnung ist allerdings bei einer
derartigen Sachlage nicht geradehin zu tadeln; bei dieser Gelegenheit
aber erwies sie sich sehr unzweckmäßig: denn unsere Soldaten verloren dadurch den Muth, der Feind dagegen wurde desto kecker, weil
dieser Entschluß eben nur von der äußersten Furcht und Verzweiflung eingegeben zu sein schien. Außerdem trat nothwendiger Weise
ein anderer Uebelstand ein: die Soldaten verließen massenhaft Reih'
und Glied und rannten zum Gepäck, um sich das zu holen und her-
auszureißen, was einem Jeden von ihnen lieb und theuer war. Aller
Orten war Heulen und Zähneklappern.

34. Die Barbaren dagegen trafen sofort ihre Maßregeln. Ihre
Feldherren ließen im ganzen Heere ausrufen: Niemand solle seinen
Posten verlassen; Alles, was die Römer im Stiche ließen, sei und
bleibe ihre Beute; sie sollten daher nur daran denken, den Sieg zu
erringen. Die Unsrigen waren durch Zahl und Muth dem Kampfe
gewachsen. Sahen sie sich auch von ihrem Feldherrn und vom Glücke
verlassen, so blieb ihnen doch der Glaube an ihre eigene Tapferkeit;
wo immer eine römische Cohorte aus dem Viereck vorbrach, richtete

ße unter den Feinden ein großes Blutbad an. Sobald dieß Ambiorix bemerkte, ließ er ausrufen: man solle die Römer nur aus der Ferne beschießen, aber ihnen nicht zu nahe auf den Leib rücken, und selbst zurückweichen, wo die Römer zum Angriffe vorgingen; bei ihrer leichten Bewaffnung und täglichen Uebung könnten ihnen dann die Römer Nichts anhaben; zögen sich diese dagegen wieder auf ihre Linie zurück, so solle man sie verfolgen.

35. Die Eburonen befolgten diese Anordnung auf das Pünktlichste: sobald eine Cohorte aus dem Viereck zum Angriffe vorbrach, wichen die Feinde eiligst zurück. Unterdessen mußte jene nothwendigerweise ihre rechte Flanke entblößen und den feindlichen Geschossen Preis geben. Begann dann die Cohorte sich wieder auf ihren Platz in der Linie zurückzuziehen, so wurde sie von den zurückgewichenen, wie von den daneben stehengebliebenen Feinden von allen Seiten verfolgt. Wollte man aber im Viereck stehen bleiben, so verlor man den Vortheil des Angriffs und war in der geschlossenen Stellung desto mehr dem Hagel der feindlichen Geschosse ausgesetzt. Trotz dieser höchst ungünstigen Verhältnisse, trotz zahlreicher Verwundungen hielten die Soldaten fast den ganzen Tag Stand, und der Kampf währte von Tagesanbruch bis zur achten Stunde [1]), ohne daß ein Soldat Pflicht und Ehre im Geringsten verletzt hätte. Jetzt wurde der tapfere und hochangesehene Titus Balventius, welcher im vorigen Jahre oberster Centurio gewesen war, von einem Wurfspieß durch beide Schenkel getroffen. Quintus Lucanius, desselben Ranges, wurde im tapferen Kampfe getödtet, als er seinen Sohn aus den Feinden heraushauen wollte. Der Legat Lucius Cotta wurde gerade in's Gesicht durch einen Schleuderstein verwundet, während er von Cohorte zu Cohorte, von Rotte zu Rotte ging, um sie aufzumuntern.

36. Alles das brachte den Quintus Titurius völlig außer Fassung. Als er daher den Ambiorix von Weitem erblickte, wie er die Seinigen anfeuerte, so schickte er seinen Dolmetscher Cnejus Pompejus zu ihm und ließ für sich und seine Truppen um Gnade bitten. Ambiorix erwiederte auf diese Bitte: er wolle dem Titurius

---

[1]) Etwa bis zwei Uhr Nachmittags.

allenfalls eine Unterredung gestatten; Schonung für die Soldaten
hoffe er bei seinen Leuten erwirken zu können; dem Titurius selbst
aber solle kein Leid geschehen, darauf gebe er ihm sein Wort. Titurius theilte das dem verwundeten Cotta mit und fragte, ob er nicht
mit ihm den Kampf verlassen und mit Ambiorix sprechen wolle; er
hoffe bei diesem Schonung für sie selbst und die Soldaten erwirken zu
können. Cotta erklärte wiederholt auf das Entschiedenste, er werde
nie vor einem bewaffneten Feinde erscheinen.

37. Sabinus befahl den Kriegstribunen und Centurionen
erster Klasse, die gerade in seiner Nähe waren, ihm zu folgen. Als
er sich dem Ambiorix näherte, rief man ihm zu, er solle die Waffen
ablegen; er folgte dem Zuruf und gebot den Seinigen, ein Gleiches
zu thun. Nun begannen sie mit einander über die Bedingungen zu
verhandeln; Ambiorix zog die Unterredung mit Absicht in die Länge.
So ward Titurius allmählich von den Feinden umringt und endlich
niedergestoßen. Nun aber schrieen sie nach ihrer Weise von allen
Seiten: Sieg! Sieg! erhoben ein wildes Geheul, griffen die Unsrigen an und durchbrachen die Glieder. Da fielen denn Lucius Cotta
und der größte Theil der Soldaten mit den Waffen in der Hand.
Die übrigen schlugen sich rückwärts nach dem verlassenen Lager durch.
Dort wurde der Adlerträger Lucius Petrosidius von feindlicher
Uebermacht umringt; er warf den Adler über den Wall in's Lager
hinein und fiel als Braver im tapferen Kampfe. Der Ueberrest hielt
sich im Lager mit Mühe bis zum Einbruch der Nacht. In der Nacht
nahmen sie sich, bei der Unmöglichkeit zu entkommen, Alle ohne Ausnahme das Leben. Nur einige Wenige, die sich aus der Schlacht
selbst gerettet hatten, kamen nach manchem Umherirren durch die
Wälder in das Winterlager des Legaten Titus Labienus und brachten ihm die Nachricht von dem Vorgefallenen.

V. Belagerung und Entsatz des Quintus Cicero.
(Cap. 38—52.)

38. Stolz auf diesen Sieg eilte Ambiorix sofort an der Spitze
seiner Reiterei in einem ununterbrochenen Nacht- und Tagmarsche

zu den benachbarten Aduatukern, während das Fußvolk ihm auf dem Fuße folgte. Als er durch seine Darstellung der Sache die Aduatuker fortgerissen hatte, begab er sich am folgenden Tage zu den Nerviern und forderte sie auf, die Gelegenheit zu benutzen, sich für alle Zeiten frei zu machen und an den Römern für die erlittenen Unbilden zu rächen; er wies darauf hin, daß zwei Legaten todt und ein großer Theil des römischen Heeres vernichtet seien; es sei eine Kleinigkeit, die Legion des Cicero in ihrem Winterlager zu überfallen und aufzureiben. Er verspricht ihnen dabei seine thätige Hülfe. Es wurde ihm nicht schwer, durch diese Vorstellungen die Nervier zu gewinnen.

39. Sie entsendeten daher sofort Boten an ihre Unterthanen, die Ceutronen, Grudier, Levaker, Pleumoxier und Geidumner, brachten so viele Mannschaften als möglich zusammen und erschienen plötzlich und unversehens vor Cicero's Winterlager, ehe noch ein Gerücht von Titurius' Untergange zu diesem gelangt war. Es war sehr natürlich, daß unter solchen Umständen auch dem Cicero einige Soldaten, die, um Holz zu den Befestigungen zu holen, in den Wald gegangen waren, von den feindlichen Reitern überrascht und abgeschnitten wurden. Hierauf begannen die Eburonen, Nervier, Aduatuker und deren sämmtliche Bundesgenossen und Unterthanen den Angriff auf das Lager. Die Unsrigen eilen rasch zu den Waffen und besetzen den Wall. Nur mit Mühe wehrten sie die Feinde an diesem Tage ab, weil diese ihre ganze Hoffnung auf einen sofortigen Erfolg setzten und für immer des Sieges gewiß zu sein glaubten, wenn er nur hier ihnen nicht entginge.

40. Cicero schickte sofort mehrere Schreiben an Cäsar, indem er für deren richtige Bestellung große Belohnungen aussetzte; aber Wege und Stege waren besetzt, die Boten wurden aufgefangen. In der Nacht wurden aus dem zur Befestigung herbeigeschafften Holz etwa 120 Thürme [1]) mit unglaublicher Schnelligkeit aufgerichtet

---

[1]) Mit Unrecht hat man an der Zahl dieser Thürme Anstoß genommen. Sie bestanden nur in Aufsätzen auf den Wall von geringen Dimensionen, und das Holz dazu war nicht nur bereits geschlagen, sondern wohl auch zum großen Theil schon zurecht gehauen.

und den noch etwa vorhandenen Mängeln der Befestigung abgeholfen. Am folgenden Tage erneuerten die Feinde mit noch viel größeren Streitkräften ihren Angriff und suchten den Graben auszufüllen. Die Unsrigen leisteten in gleicher Weise wie Tags zuvor Widerstand, und so ging es Tag für Tag fort. In der Nacht ward jede Stunde zur Arbeit benützt; weder Kranken noch Verwundeten ließ man einen Augenblick Ruhe; man traf allemal in der Nacht die nöthigen Anstalten gegen den Angriff des folgenden Tages: eine Menge Pfähle wurden zugehauen und an der Spitze gebrannt, Mauerpilen in großer Masse angefertigt, die Thürme mit Stockwerken versehen, Zinnen und Brustwehren aus Flechtwerk aufgesetzt. Cicero selbst gönnte sich trotz seiner zarten Gesundheit nicht einmal in der Nacht einen Augenblick Ruhe, so daß endlich sogar die Soldaten sich um ihn drängten und ihn durch ihre lauten Bitten zwangen, sich zu schonen.

41. Einige Anführer und Fürsten der Nervier standen zu Cicero in gewissen freundschaftlichen Beziehungen und nahmen daraus jetzt Veranlassung, ihn zu einer Unterredung aufzufordern. Cicero ging darauf ein, und nun brachten sie ganz dasselbe vor, was Ambiorix dem Titurius vorgestellt hatte: ganz Gallien stehe unter den Waffen, die Germanen seien über den Rhein gegangen, die Winterquartiere Cäsar's und seiner Legaten seien sämmtlich blokirt. Sie schlossen dann mit der Erzählung von Sabinus' Untergang und beriefen sich auf Ambiorix als Augenzeugen. Es sei also ein Irrthum, wenn man von der Seite noch Hülfe erwarte, wo bereits alle Hoffnung aufgegeben sei. Trotz alle dem seien sie keineswegs dem Cicero und den Römern feindselig gesinnt; nur die Winterquartiere wollten sie nicht dulden, wollten nicht zugeben, daß diese zur Gewohnheit würden. Cicero mit den Seinen könne ihretwegen ungestört sein Winterlager verlassen und unbesorgt abmarschiren, wohin er wolle. Auf Alles das hatte Cicero nur Eine Antwort: die Römer seien nicht gewohnt, von einem Feinde in Waffen sich Bedingungen vorschreiben zu lassen. Wollten die Gallier die Waffen niederlegen, so böte er ihnen seine Vermittelung an, um sich durch Gesandte an Cäsar zu wenden. Er hoffe von Cäsar's Gerechtigkeit, daß er ihnen ihre Forderungen bewilligen werde.

42. Da dieser Versuch den Nerviern nicht gelang, so schlossen

fr. das Winterlager mit einem Walle von 9 Fuß (Höhe) und einem Graben von 15 Fuß (Breite) ein. Das hatten sie in den letzten Jahren den Unsrigen abgelernt; auch hatten sie einige Gefangene von unserem Heere, die es ihnen zeigen mußten. Da es ihnen aber an den dazu nöthigen eisernen Werkzeugen fehlte, so mußten sie den Rasen mit ihren Schwertern ausstechen und den Boden mit bloßen Händen und in ihren Mänteln fördern. Aus dieser Arbeit konnte man auf die große Masse der Feinde schließen: in weniger als drei Stunden hatten sie die Circumvallationslinie von 15 Meilen Länge vollendet; in den folgenden Tagen begannen sie Thürme im Verhältniß zur Höhe unseres Walls, Mauersicheln und Sturmdächer, Alles unter der Leitung jener Gefangenen, zuzurüsten und zusammenzusetzen.

43. Am siebenten Tage der Einschließung entstand plötzlich ein großer Sturm. Da begannen sie glühende Kugeln aus schmelzbarem Thon mittelst Schleudern und glühende Wurfspieße auf die Baracken zu werfen, welche nach Gallischer Seite Strohdächer hatten. Diese fingen rasch Feuer und verbreiteten es bei dem heftigen Winde über das ganze Lager. Nun erhoben die Feinde ein lautes Geschrei, als wenn der Sieg schon errungen und entschieden wäre, und begannen Thürme und Sturmdächer heranzuführen und den Wall mit Leitern zu ersteigen. Aber nun zeigte sich die Tapferkeit und Geistesgegenwart unserer Soldaten in vollem Glanze. Auf allen Seiten von den Flammen versengt, von einem Hagel von Geschossen überschüttet, sahen sie ihr ganzes Gepäck, Alles, was sie besaßen, eine Beute der Flammen werden. Aber auch nicht ein Einziger entfernte sich vom Wall und verließ seinen Posten; kaum daß sich Einer einmal umdrehte; sondern Alle setzten den Widerstand auf's Hartnäckigste und Tapferste fort. Das war bei weitem der härteste Tag für die Unsrigen, doch endete er schließlich damit, daß eine große Masse Feinde verwundet oder getödtet wurde, da sie sich dicht unter dem Walle zusammengedrängt hatten und die hinteren Glieder den vorderen jedes Weichen unmöglich machten. Als das Feuer ein wenig nachgelassen hatte, brachte der Feind einen Thurm bis unmittelbar an den Wall vor. An dieser Stelle stand die dritte Cohorte. Die Centurionen derselben nahmen ihre Leute ein wenig zurück und for-

derten dann mit Wink und Zuruf die Feinde auf, doch hereinzukommen. Aber Keiner wagte einen Schritt vorwärts zu thun. Da wurden sie von allen Seiten mit einem Steinhagel überschüttet, der Thurm auf diese Weise von Vertheidigern entblößt und dann in Brand gesteckt.

44. Es standen bei Cicero's Legion unter Anderen zwei tapfere Centurionen, welche die Beförderung in die erste Rangclasse bereits in naher Aussicht hatten, Titus Pulio und Lucius Vorenus. Sie lagen mit einander in beständigem Streite, wem der Preis zukomme, und Jahr aus Jahr ein suchten sie mit wüthender Eifersucht sich gegenseitig den Rang abzulaufen. Als nun gerade der Wall am heftigsten bestürmt wurde, da rief Pulio: „Was zauderst du, Vorenus? Auf welche Gelegenheit wartest du noch, deine Tapferkeit zu zeigen? Dieser Tag soll unsern Streit entscheiden!" Dieß gesagt, springt er vom Wall herab und stürzt sich auf den Feind, wo er am dichtesten steht. Vorenus kann natürlich nicht zurückbleiben; Aller Augen sind auf ihn gerichtet; er folgt. Unterdessen ist Pulio dem Feinde gehörig nahe gekommen: er wirft sein Pilum und durchbohrt einen Gallier, der ihm aus dem Haufen entgegenrennt. Die Anderen decken den Getroffenen und Entseelten mit ihren Schilden, überschütten den Pulio mit Geschossen und schneiden ihm dadurch den Rückweg ab. Pulio's Schild wird von Wurfspießen durchlöchert, einer fährt ihm durch das Wehrgehäng. Dadurch wird die Scheide verschoben und die rechte Hand des Centurionen behindert, welche das Schwert ziehen will; er ist außer Stande, sich zu vertheidigen; von allen Seiten dringt der Feind auf ihn ein. Da in der äußersten Noth eilt sein Nebenbuhler herbei und bringt ihm Hülfe. Gegen ihn wendet sich sofort der ganze Haufe und läßt von Pulio ab: der, denken sie, habe an dem Wurfspieße genug. Vorenus wirft sich rasch mit dem Schwert in der Faust auf den Feind, stößt einen nieder und treibt die andern eine kleine Strecke vor sich her; indem er aber zu hitzig nachdringt, geräth er auf eine abschüssige Stelle und stürzt. Gleich ist jetzt der Feind über ihn her. Aber nun kommt ihm Pulio zu Hülfe, und endlich ziehen sich beide, nachdem sie noch mehrere Feinde getödtet, mit Ruhm bedeckt glücklich in's Lager zurück. So wollte das Schicksal, daß in diesem heißen Wettstreite jeder der

beiden Nebenbuhler dem Andern das Leben rettete, und es unmöglich war zu entscheiden, wem von Beiden der Preis der Tapferkeit zukomme.

45. Die Belagerung wurde von Tage zu Tage immer schwerer und bedrohlicher, zumal da ein großer Theil der Soldaten durch Wunden kampfunfähig und so die Zahl der Vertheidiger immer kleiner wurde. Brief über Brief, Meldung auf Meldung wurden an Cäsar abgesendet; ein Theil der Boten aber ward aufgefangen und Angesichts unserer Soldaten unter Martern hingerichtet. In Cicero's Lager befand sich auch ein einziger Nervier, Namens Vertico, von vornehmem Geschlecht, der seit dem Beginne der Einschließung zu Cicero übergegangen war und ihm Beweise seiner Zuverlässigkeit gegeben hatte. Dieser bringt einen seiner Sklaven durch das Versprechen der Freilassung und großer Belohnungen dahin, einen Brief an Cäsar zu besorgen. Der Sklave nimmt den Brief in einen Wurfspieß versteckt mit und gelangt als Gallier, ohne irgend Verdacht zu erregen, durch das gallische Land glücklich zu Cäsar, welcher auf diese Weise von der bedrängten Lage Cicero's und seiner Legion Nachricht erhielt.

46. Cäsar empfing den Brief ungefähr um die eilfte Tagesstunde [1]). Sofort schickte er den Quästor Crassus, welcher sein Winterlager 25 Meilen von ihm im Bellovakenland hatte, Befehl, um Mitternacht mit seiner Legion aufzubrechen und sich ohne Verzug zu ihm zu begeben. Mit der Ankunft des Boten bricht Crassus auf. Ein anderer Bote wird an den Legaten Cajus Fabius gesendet, er solle seine Legion in's Land der Atrebaten führen, durch welches Cäsar marschiren mußte. An Labienus schreibt Cäsar, er möge mit seiner Legion an die nervische Grenze rücken, wenn er es ohne Bedenken thun könne. Den weiter entfernten Rest des Heeres glaubte Cäsar nicht erst abwarten zu dürfen; ungefähr 400 Reiter zog er aus den nächsten Winterlagern zusammen.

47. Ungefähr um die dritte Stunde [2]) erfährt er von den Vortruppen des Crassus dessen Annäherung. Er bricht darauf so-

---

[1]) Etwa um 5 Uhr Abends.
[2]) Etwa um 9 Uhr Morgens.

fort auf [1]) und macht an diesem Tage noch einen Marsch von 20 Meilen. Crassus ließ er mit seiner Legion in Samarobriva zurück. Dort waren nämlich das große Gepäck, die Geiseln der verschiedenen Cantone, das Archiv und die gesammten Wintervorräthe aufgehäuft. Auch Fabius hatte nicht gezögert und stieß nach erhaltenem Befehl mit seiner Legion auf dem Marsche zu ihm. Labienus dagegen war bereits von dem Untergange des Sabinus und der Niederlage der Cohorten unterrichtet, da schon das gesammte Aufgebot der Treverer vor seinem Lager erschienen war. Er mußte daher befürchten, im Fall eines fluchtähnlichen Aufbruchs aus dem Winterlager von dem siegestrunkenen Feinde mit Erfolg angegriffen zu werden. Er schrieb also dem Cäsar zurück, wie gefährlich es sei, wenn er mit seiner Legion das Winterlager verlassen wollte, theilte ihm den Unfall im Eburonenlande vollständig mit und meldete zugleich, daß das gesammte Aufgebot der Treverer zu Fuß und Roß nur 3 Meilen von seinem Lager Stellung genommen habe.

48. Cäsar konnte mit diesem Entschluß nur einverstanden sein, obgleich er statt der gehofften drei Legionen sich auf zwei beschränkt sah. Nichtsdestoweniger sah er nur Ein Mittel der Rettung: schnelles Handeln. In Eilmärschen kam er in's Land der Nervier. Dort erfuhr er von Gefangenen den gefährlichen Stand der Dinge bei Cicero. Es gelang ihm, einen gallischen Reiter durch große Belohnungen zu bestimmen, einen Brief an Cicero zu besorgen. Diesen hatte er griechisch geschrieben, damit der Feind, wenn er ihn auch auffinge, sich nicht über unsere Pläne unterrichten könne. Cäsar hatte dem Gallier noch die Weisung gegeben, falls er sich nicht heranschleichen könne, solle er den Brief an den Wurfriemen eines Speeres binden und diesen dann in's Lager hineinwerfen. In dem Briefe stand: er sei mit den Legionen auf dem Wege und werde bald da sein; Cicero solle nur ausharren, wie bisher. Der Gallier, welcher sich nicht aussetzen wollte, folgte dem erhaltenen Befehle und warf den Speer nach dem Lager. Dieser blieb aber zufällig in einem Thurm stecken, wurde zwei Tage lang von den Unsrigen nicht be-

---

[1]) Nämlich mit der bereits marschfertig gemachten Legion des Trebonius, an deren Stelle Crassus mit seiner Legion Samarobriva besetzte.

werkt und erst am dritten Tage von einem Soldaten entdeckt, der
ihn abnahm und dem Cicero brachte. Cicero las den Brief nach
vorläufiger Durchsicht den versammelten Soldaten vor und erfüllte
alle mit der größten Freude. Bald erblickte man auch in der Ferne
den Rauch der eingeäscherten Höfe, so daß über das Heranrücken der
Legionen kein Zweifel blieb.

49. Als die Gallier Cäsar's Anmarsch durch ihre Streifer erfuhren, hoben sie die Belagerung auf und gingen ihm mit ihrer gesammten Heeresmacht entgegen. Sie belief sich auf etwa 60,000
Bewaffnete. Cicero benützte die Gelegenheit und ließ sich von dem
schon erwähnten Vertico wieder einen Gallier geben, um einen Brief
an Cäsar zu besorgen; er schärfte dem Boten dringend ein, auf seinem gefährlichen Wege ja recht vorsichtig zu sein. In dem Briefe
theilte er Cäsar ausführlich mit, der Feind sei abgezogen und habe
sich mit gesammter Macht gegen Cäsar gewendet. Dieser erhielt den
Brief etwa um Mitternacht, setzte sofort die Seinigen von seinem
Inhalt in Kenntniß und bereitete sie zum Kampfe vor. Am andern
Tage brach er bei'm Morgengrauen auf und rückte noch etwa vier
Meilen bis an ein Thal, durch welches ein Bach floß[1]). Da erblickte
er auf dem jenseitigen Thalrande die feindliche Hauptmacht. Es
wäre nun äußerst gewagt gewesen, eine solche Uebermacht in so günstiger Stellung anzugreifen; überdieß wußte Cäsar, daß Cicero Luft
bekommen hatte, und glaubte daher jetzt ohne alles Bedenken abwarten zu können. Er machte Halt und ließ das Lager auf möglichst
günstigem Terrain aufschlagen. Und hatte dieses Lager schon an
und für sich einen sehr mäßigen Umfang — war es doch für kaum
7000 Mann bestimmt, die noch dazu kein großes Gepäck mit sich
führten —, so ließ er nichts desto weniger die Lagergassen noch
möglichst beschneiden, so daß das Lager ganz klein wurde und den
Feinden von der Stärke des römischen Heeres eine sehr geringe Meinung beibringen mußte. Unterdessen entsendete er längs des ganzen

---

[1]) „Jenen Bach halte ich für den Orneau, der bei Onoz drei Stunden
westlich von Namur und eine Stunde östlich von Ligny ein verhältnißmäßig
breites Thal durchfließt, und bei Monstier in die Sambre mündet." Von
Göler, S. 170[1]). S. oben zu Cap. 24.

Thalrandes Späher, um die passendste Stelle zum Uebergange aufzusuchen.

50. Es kam an diesem Tage noch zu einigen kleinen Reitergefechten am Bache; sonst hielten sich beide Theile in ihrem Lager: die Gallier warteten auf noch größere Streitkräfte, welche sich noch nicht gesammelt hatten; Cäsar dagegen hoffte durch scheinbare Aengstlichkeit den Feind auf seine Seite herüberzulocken und auf diese Weise das Schlachtfeld unmittelbar vor sein Lager zu versetzen, oder im schlimmsten Falle das Terrain wenigstens so weit zu erkunden, um mit möglichst geringer Gefahr den Thal- und Flußübergang zu bewerkstelligen. Bei Tagesanbruch ging die feindliche Reiterei bis zu Cäsar's Lager vor und begann dessen Reiter zu necken. Cäsar nahm dieselben absichtlich in's Lager zurück; gleichzeitig gab er Befehl, auf der ganzen Linie den Wall zu erhöhen, die Thore zu verbauen und bei diesen Arbeiten eine wilde Geschäftigkeit und scheinbar große Angst zu zeigen.

51. Durch alles Dieses ließen sich die Feinde wirklich verlocken, mit ihrem Heere das Thal zu überschreiten und auf ungünstigem Terrain Stellung zu nehmen. Ja, als Cäsar die Seinigen vom Wall zurückzog, rückten sie noch näher heran, schossen auf der ganzen Linie in's Lager hinein und ließen rings herum durch Herolde ausrufen: wer bis zur dritten Stunde zu ihnen übergehen wolle, Gallier oder Römer, dem solle kein Leid geschehen; später gelte es nicht mehr. Sie gingen zuletzt in ihrem Uebermuth so weit, daß sie anfingen den Wall mit den Händen einzureißen und die Gräben auszufüllen. Da nämlich die Thore mit einer einfachen Schicht Rasenstücke zum Schein verbaut waren, so glaubten sie hier am wenigsten einbrechen zu können. Jetzt fiel Cäsar plötzlich aus allen Thoren aus, ließ die Reiterei einhauen und warf den Feind ohne den geringsten Widerstand über den Haufen; eine große Masse wurde bei der Verfolgung niedergemacht; die Andern warfen die Waffen weg und liefen auseinander.

52. Cäsar verzichtete auf eine weitere Verfolgung, weil Wald und Sumpf in der Nähe war und dem Feinde daher voraussichtlich auch nicht der geringste Verlust zugefügt werden konnte. Er erreichte dagegen noch an demselben Tage Cicero's Lager, ohne einen einzigen

Mann verloren zu haben. Die Thürme, Sturmdächer und Erdarbeiten der Feinde erregten seine Bewunderung. Er musterte sodann die Legion und überzeugte sich, daß nicht der zehnte Mann unverwundet geblieben sei. Aus alle Dem ergab sich klar, daß die Gefahr ebenso groß, als die Ausdauer der Leute gewesen war. Er belobte daher zuerst den Cicero nach Verdienst und die Legion im Allgemeinen, dann erwähnte er noch im Einzelnen ehrenvoll der Centurionen und Kriegstribunen, welche nach Cicero's Zeugniß sich besonders ausgezeichnet hatten. Er erfuhr dann auch von den Gefangenen das Genauere über den Untergang des Sabinus und Cotta. Dann berief er am folgenden Tage eine Heerversammlung, setzte den Soldaten die Sache auseinander und sprach ihnen Trost und Muth ein: an jenem Unfall sei einzig die Unbesonnenheit des Legaten Schuld gewesen, und es sei daher um so weniger darauf zu geben, weil durch die Gnade der unsterblichen Götter und ihre eigene Tapferkeit die Scharte bereits wieder ausgewetzt sei. Der Feind habe also eben so wenig Ursache, länger über jenen Sieg zu jubeln, als sie über denselben niedergeschlagen seien.

VI. Die Unruhen des Winters 5⁴⁄₃ v. Chr. = 7⁰⁄₁ n. C. R. und Indutiomarus' Tod.

(Cap. 53—58.)

53. Unterdessen gelangte die Kunde von Cäsar's Siege mit unglaublicher Schnelligkeit durch die Remer zu Labienus, dessen Winterlager von demjenigen Cicero's etwa 60 Meilen entfernt war. In letzterem war Cäsar erst nach der neunten Tagesstunde [1]) eingetroffen, und schon um Mitternacht erhob sich an den Thoren von Labienus' Lager der laute Zuruf der Remer, um ihm den Sieg zu verkündigen und ihn wegen desselben zu beglückwünschen. Schnell kam diese Kunde auch zu den Treverern, und Indutiomarus, der schon am folgenden Tage Labienus' Lager angreifen wollte, fand sich

---

[1]) Etwa um 3 Uhr Nachmittags.

dadurch bewogen, in der Nacht eiligst abzuziehen und seine gesammte Macht in's Land der Treverer zurückzuführen. Cäsar schickte den Fabius mit seiner Legion in ihr Winterquartier zurück; er selbst beschloß, mit drei Legionen drei Winterlager in der Umgegend Samarobriva's [1]) zu beziehen und mit Rücksicht auf die allgemeine Bewegung in ganz Gallien den Winter über persönlich bei'm Heere zu bleiben. Auf die Nachricht von dem Mißgeschick des Sabinus nämlich dachten fast alle gallischen Cantone ernstlich an eine neue Erhebung, schickten Boten und Gesandtschaften nach allen Seiten, zogen Erkundigungen darüber ein, was die Anderen beschlossen hätten, wer etwa zuerst losschlagen möchte, und hielten nächtliche Berathungen an abgelegenen Orten. Beinahe den ganzen Winter über verging kein Tag, an dem Cäsar nicht neue Veranlassung zur Besorgniß erhielt, an dem er nicht irgend eine Nachricht über rebellische Plane der Gallier empfing. So traf unter Anderm vom Quästor Lucius Roscius, welcher die dreizehnte Legion befehligte, die Meldung ein, die sogenannten aremorischen Cantone hätten beträchtliche Streitkräfte zusammengezogen gehabt, um ihn anzugreifen, und diese seien bereits nur acht Meilen von seinem Winterlager gestanden. Auf die Nachricht von Cäsar's Siege wären sie indessen so eiligst abgezogen, daß ihr Abzug einer Flucht ähnlich gewesen sei.

54. Dennoch mußte Cäsar den größten Theil Galliens im Gehorsam zu erhalten, indem er aus allen Cantonen die Fürsten zu sich entbot und sie bald durch die Versicherung, er wisse um alle jene Umtriebe, einschüchterte, bald durch freundlichen Zuspruch besänftigte. Die Senonen [2]) jedoch machten eine Ausnahme, eine ganz besonders mächtige und sehr einflußreiche Völkerschaft. Cäsar hatte bei ihnen den Cavarinus als König eingesetzt, dessen Bruder Moritasgus bei der Ankunft Cäsar's in Gallien, wie seine Vorfahren früher, über sie geherrscht hatte. Dieser sollte jetzt nach einem förmlichen Beschluß hingerichtet werden. Cavarinus erhielt aber Wind davon

---

[1]) Das sind nämlich die ·Legionen des Trebonius, Cicero und Crassus.

[2]) Die Hauptstadt der Senonen ist Agedincum (vgl. Buch VI, Cap. 44), das heutige Sens an der Yonne.

und entfloh. Sie verfolgten ihn bis zur Grenze ihres Landes, setzten
ihn ab und verbannten ihn; dann schickten sie Gesandte an Cäsar,
um sich zu rechtfertigen. Als aber dieser verlangte, daß der ganze
Rath vor ihm erscheine, gaben sie dieser Forderung keine Folge.
Die einfache Thatsache, daß wirklich Einige es gewagt hatten die
Waffen gegen die Römer zu erheben, hatte einen solchen Eindruck
auf die Barbaren gemacht und einen solchen Umschlag in der öffentlichen Meinung bewirkt, daß fast kein einziger Canton mehr für zuverlässig gelten konnte. Nur den Häduern und den Remern durfte
man noch trauen, welche Cäsar immer besonders ausgezeichnet hatte,
die ersteren wegen ihrer uralten und beständigen Treue gegen das
römische Volk, die anderen wegen der neuerdings im gallischen Kriege
geleisteten Dienste. Und zu sehr darf man sich allerdings über diesen
Stand der Dinge wohl nicht wundern. Denn anderer Gründe ganz
zu geschweigen, fügten sich natürlich die Gallier nur mit Schmerz
und Unwillen darein, daß sie, deren überlegene Tapferkeit einst von
allen Nationen anerkannt war, nun zu Unterthanen der Römer erniedrigt sein sollten.

55. Die Treverer und Indutiomarus schickten den ganzen
Winter über Gesandte über Gesandte an's rechte Rheinufer, wiegel-
ten die dortigen Völkerschaften auf, versprachen ihnen Subsidien, erzählten ihnen beständig vor, daß der größte Theil des römischen Heeres vernichtet und nur der bei weitem kleinste noch übrig sei. Doch
konnten sie keine germanische Völkerschaft über den Rhein bringen.
Diese erwiderten immer: sie hätten zwei große Lehren bekommen,
einmal im Kriege des Ariovist, dann bei dem Rheinübergange der
Tenkteren; sie hätten keine Lust, das Glück noch weiter zu versuchen.
Durfte nun auch Indutiomarus von dieser Seite Nichts mehr hoffen,
so zog er nichts desto weniger Truppen zusammen, übte sie, kaufte
Pferde bei den Nachbarn auf, lockte mit hohem Handgeld Flüchtlinge und Verurtheilte aus ganz Gallien herbei. Und in der That
hatte er sich dadurch in Gallien bereits einen solchen Namen erworben, daß von allen Seiten Gesandtschaften zu ihm kamen und sowohl
Staaten als einzelne Personen freundschaftliche Verbindungen mit
ihm anzuknüpfen suchten.

56. Als er sich auf diese Weise aufsuchen sah, als er sah, daß einerseits die Senonen und Carnuten durch ihr böses Gewissen vorwärts getrieben würden, andrerseits die Nervier und Aduatuker zum Kriege gegen die Römer rüsteten, und daß es ihm nicht an Zulauf von Freiwilligen fehlen werde, sobald er nur einmal die Grenze überschritten, sagte er eine bewaffnete Landsgemeinde an. Das ist bei den Galliern gleichbedeutend mit der Eröffnung des Kriegs; alle Erwachsenen, ohne Ausnahme, sind gehalten, dabei bewaffnet zu erscheinen, und wer zuletzt eintrifft, wird vor dem versammelten Volke unter allen möglichen Martern hingerichtet. In dieser Landsgemeinde nun erklärt Indutiomarus den Cingetorix, das Haupt der andern Partei und seinen Schwiegersohn — der, wie oben erwähnt [1]), sich für Cäsar erklärt hatte und demselben treu geblieben war — für einen Landesfeind und seine Güter für verfallen. Nachdem dieß durchgegangen, kündigt er der Landsgemeinde an, er sei von den Senonen, Carnuten und mehreren andern Völkern Galliens zu Hülfe gerufen worden; er werde dem Rufe folgen, durch das Land der Remer zu ihnen ziehen und dieses dabei verwüsten, zuvor aber das Lager des Labienus angreifen. Hierauf gab er die nöthigen Befehle.

57. Labienus stand in einem durch Natur und Kunst ausgezeichnet befestigten Lager. Er hatte daher auch Nichts für sich und seine Legion zu fürchten, dachte vielmehr nur daran, irgend eine Gelegenheit zu einem glücklichen Handstreiche zu benutzen. Sobald er daher von Cingetorix und dessen Anhang über die Rede des Indutiomarus in jener Landsgemeinde Kunde erhalten hatte, sendete er an die benachbarten Cantone und entbot überall deren Reiterei auf einen bestimmten Tag zu sich. Unterdessen umschwärmte Indutiomarus fast Tag für Tag mit seiner gesammten Reiterei das Lager des Labienus, bald um es da oder dort zu recognosciren, bald um auf die Römer durch Redensarten oder Drohungen zu wirken. Seine Reiter warfen dabei gewöhnlich sämmtlich ihre Wurfspieße in das Lager hinein. Labienus ließ Niemand vor den Wall heraus und suchte den Feind auf alle mögliche Weise in dem Wahne zu bestärken, daß er sehr eingeschüchtert sei.

[1]) Siehe oben Cap. 3 und 4.

58. So wagte sich denn Indutiomarus mit immer größerem Uebermuthe täglich näher an das Lager heran. Labienus dagegen ließ die bei den benachbarten Cantonen aufgebotenen Reiter sämmtlich in einer und derselben Nacht in's Lager einrücken und dann den Wachtdienst dergestalt verschärfen, daß kein Mann zum Lager heraus konnte und es unmöglich war, den Treverern irgendwie Nachricht oder Kunde davon zukommen zu lassen. Indutiomarus näherte sich daher am folgenden Tage wie gewöhnlich dem Lager und trieb sich fast den ganzen Tag Angesichts desselben herum. Seine Reiter schossen und schimpften nach Herzenslust auf die Unsrigen und forderten sie zum Kampfe heraus. Als sie keine Antwort von diesen erhielten, begannen sie gegen Abend nach Belieben und ohne alle Ordnung sich zu zerstreuen. Jetzt ließ plötzlich Labienus seine ganze Reiterei aus zwei Thoren ausfallen. In der sicheren und, wie sich später zeigte, richtigen Voraussetzung, der Feind werde sofort über den Haufen geworfen werden, hatte er den gemessenen Befehl ertheilt, Alles solle sich nur auf Indutiomarus stürzen, Niemand solle, ehe dieser gefallen, gegen einen Andern sich wenden, damit nicht Indutiomarus dadurch Gelegenheit zur Flucht gewänne; endlich hatte er einen großen Preis auf dessen Kopf gesetzt. Nachfolgende Cohorten unterstützten die Reiterei. Der Erfolg rechtfertigte diese Anstalten. Indem sich Alles nur auf Indutiomarus stürzte, wurde dieser wirklich in der Furth des Flusses selbst [1]) eingeholt, niedergemacht und sein Kopf in's Lager gebracht. Auf ihrer Rückkehr verfolgten und tödteten dann noch die Reiter, so viel sie konnten. Auf die Nachricht von diesem Ereignisse gingen die Schaaren der Eburonen und Nervier auseinander, und überhaupt bekam Cäsar seit diesem Vorfall in Gallien etwas mehr Ruhe.

---

[1]) Nach Göler, S. 177, der Semoy, nach Napoleon die Ourthe, nach unserer Annahme die Maas. Vgl. zu Cap. 24.

Sechstes Buch.

(53 v. Chr. = 701 n. E. R.)

I. Die Unterwerfung der abgefallenen Gallier.

(Cap. 1—8.)

1. Da Cäsar mancherlei Gründe hatte eine größere Erhebung Galliens zu erwarten, so ließ er durch die Legaten Marcus Silanus, Cajus Antistius Reginus und Titus Sextius eine neue Aushebung veranstalten. Gleichzeitig ersuchte er den Proconsul Cnejus Pompejus, da er selbst aus amtlichen Rücksichten als Militärbefehlshaber vor Rom zurückgeblieben sei, so möge er die von ihm als Consul im cisalpinischen Gallien ausgehobenen Mannschaften einberufen und zu Cäsar stoßen lassen [1]. Es war nach Cäsar's Ansicht auch für die Zukunft von großer Wichtigkeit, den Galliern eine recht hohe Meinung von Italiens Hülfsquellen beizubringen und ihnen zu zeigen,

---

[1] Pompejus hatte im vorigen Jahre (55 v. Chr.) mit Licinius Crassus das Consulat bekleidet, und Beide hatten sich unter dem heftigsten Widerspruche der Senatspartei durch den Tribunen Trebonius vom Volke die Provinzen Spanien und Syrien decretiren, sowie ausgedehnte Vollmachten ertheilen lassen, daselbst nach eigenem Ermessen Krieg zu führen, und zu diesem Behufe noch als Consuln auch außerhalb jener Provinzen, namentlich in Italien, Aushebungen zu veranstalten. In Folge davon hatte Pompejus auch im cisalpinischen Gallien (Ober-Italien), was zu Cäsar's Provinz gehörte, Mannschaften ausheben, aber wieder aus einander gehen lassen, da er die von ihm erwählte Provinz Spanien durch seine Legaten Afranius und Petrejus verwalten ließ — welche wir noch nach dem Ausbruche des Bürgerkrieges dort finden (Cäsar's Bürgerkr. Buch I, Cap. 38 ff.) —, während er selbst zwar die Stadt Rom verließ, welche kein „Militärbefehlshaber" (cum imperio) betreten durfte, aber, gegen Gesetz und Brauch, nach wie vor in ihrer unmittelbaren Nähe (ad urbem) verweilte, angeblich, weil das im Jahre 57 v. Chr. auf 5 Jahre ihm übertragene außerordentliche Amt der Fürsorge für die Lebensmittelzufuhr nach Rom (procuratio annonae) seine Anwesenheit daselbst forderte.

daß jeder etwaige Abgang im Kriege in kürzester Frist nicht blos einfach, sondern sogar doppelt und dreifach ersetzt werden könne. Pompejus willfahrte diesem Gesuch ebenso sehr aus staatlichen, als aus persönlichen Rücksichten [1]), und so brachten denn Cäsar's Legaten rasch die Aushebung zu Stande und führten ihm noch vor Ausgang des Winters drei vollständig organisirte Legionen zu, das Doppelte der Zahl von Cohorten, welche er unter Quintus Titurius eingebüßt hatte [2]). Die Schnelligkeit und Stärke dieser Ergänzung war der beste Beweis für die ebenso wohlgeordneten als reichen Hülfsquellen des römischen Volkes.

2. Unterdessen hatten die Treverer nach Indutiomar's oben erzähltem Tode das Regiment auf seine Verwandten übertragen. Diese hörten nicht auf, die benachbarten Germanen aufzuwiegeln und ihnen Subsidien zu versprechen. Als sie damit bei den nächsten Nachbarn kein Gehör fanden, wendeten sie sich an entferntere. Da fanden sich denn endlich einige Völkerschaften. Mit diesen verband man sich durch einen feierlichen Vertrag und gab ihnen durch Stellung von Geiseln bezüglich der Subsidien Sicherheit. Mit Ambiorix schloß man ein Schutz- und Trutzbündniß. So sah sich Cäsar von allen Seiten mit Krieg bedroht: die Nervier, Aduatuker und Menapier, mit ihnen alle Germanen diesseits des Rheins, standen in Waffen; die Senonen [3]) hatten ihm offen den Gehorsam aufgesagt und waren mit den Carnuten und ihren übrigen Nachbarn in Unterhandlung begriffen; die Treverer schickten Gesandte über Gesandte zu den Germanen hinüber. Unter diesen Umständen hielt es Cäsar für rathsam, je eher je lieber loszuschlagen.

3. Er zog demgemäß noch vor dem Ablaufe des Winters die vier nächsten Legionen zusammen, überschritt unversehens die Grenze

---

[1]) Diese Aeußerung, zusammengehalten mit der ähnlichen Buch VII, Cap. 6 beweist unwidersprechlich, daß die sieben ersten Bücher dieser Commentarien publicirt worden sind, ehe es zwischen Cäsar und Pompejus zu einem offenen Bruche kam, also wahrscheinlich im Frühlinge 51 v. Chr. S. unsere Einleitung S. 51.

[2]) Aus den von Pompejus gesendeten Mannschaften ward eine Legion gebildet, welche später unmittelbar vor dem Ausbruche des Bürgerkriegs Pompejus als ihm gehörig zurückforderte: s. unten Buch VIII, Cap. 54.

[3]) S. Buch V, Cap. 54.

der Nervier, bemächtigte sich, bevor diese sich sammeln oder flüchten konnten, einer Menge von Vieh und Menschen, welche er den Soldaten als Beute Preis gab, und zwang hiedurch und durch die Verwüstung ihres Landes die Nervier, sich zu unterwerfen und Geiseln zu stellen. Nach diesem raschen Erfolge führte er die Legionen wieder in die Winterquartiere zurück. Auf den Anfang des Frühlings schrieb er nach seiner früheren Uebung die Tagsatzung für Gallien aus. Auf derselben erschienen Alle, mit Ausnahme der Senonen, Carnuten und Treverer. Das Nichterscheinen der letzteren konnte Cäsar für nichts Anderes als für eine Kriegserklärung und Aufkündigung des Gehorsams ansehen; um nun zu zeigen, wie äußerst ernst er die Sache nehme, verlegte er die Tagsatzung nach Lutetia, der Hauptstadt der Parisier (Paris). Diese waren Nachbarn der Senonen und hatten mit ihnen früher einen Bundesstaat gebildet, aber mit deren gegenwärtigem Verhalten, wie es schien, Nichts zu schaffen. Cäsar sprach sich über diesen Stand der Dinge öffentlich in einer Rede aus, dann brach er noch am gleichen Tage mit den Legionen in's Land der Senonen auf und erreichte es in Eilmärschen.

4. Auf die Nachricht von Cäsar's Anrücken gab der Anstifter der Empörung, Acco, Befehl, die Landbevölkerung solle sich in die Städte flüchten. Aber ehe diese bei'm besten Willen es bewerkstelligen kann, sind die Römer schon da. Nun geben die Senonen nothgedrungen ihren Plan auf, schicken Gesandte an Cäsar und bitten ihn um Gnade, indem sie dabei die Vermittelung der Häduer ansprechen, in deren Schutze sie von Alters her standen. Cäsar gab den Bitten der Häduer gern Gehör und nahm jene Entschuldigungen an, weil er den Sommer für den bevorstehenden Krieg zu nützen, nicht mit Erörterungen hinzubringen gedachte. Er fordert hundert Geiseln von den Senonen und vertraut deren Bewachung den Häduern an. Auch die Carnuten schicken Gesandte und Geiseln nach Lutetia, unterstützt von der Fürbitte der Remer, unter deren Schirmherrschaft sie standen. Sie erhielten den gleichen Bescheid. Cäsar führte darauf die Geschäfte der Tagsatzung zu Ende und ließ sich von den Cantonen ihre Contingente an Reiterei stellen.

5. Nachdem so in diesem Theile von Gallien die Ruhe hergestellt war, wendete Cäsar alle seine Gedanken und seine ganze Auf-

merksamkeit dem Kriege gegen die Treverer und den Ambiorix zu. Cavarinus muß an der Spitze der senonischen Reiterei mitmarschiren, damit nicht etwa dessen eigene Leidenschaftlichkeit oder der Haß seiner Landsleute, den er sich zugezogen hatte, Veranlassung zu Unruhen gäbe. So waren diese Angelegenheiten im Reinen. In Bezug auf Ambiorix durfte Cäsar als sicher annehmen, daß derselbe keine Entscheidungsschlacht wagen werde. Er suchte sich daher über dessen sonstige Plane Klarheit zu verschaffen. Nachbarn der Eburonen waren die Menapier, welche durch Sümpfe und Wälder auf allen Seiten geschützt waren: sie waren die einzigen Gallier, welche noch keine Friedensgesandtschaft an Cäsar geschickt hatten. Mit ihnen stand nun Ambiorix, wie Cäsar wußte, in persönlicher Verbindung, ebenso wie er auch mit den Germanen durch Vermittelung der Treverer freundschaftliche Beziehungen angeknüpft hatte. Cäsar hielt es daher für gerathen, vor Allem dem Ambiorix erst die Hülfe von diesen Seiten her abzuschneiden, ehe er sich gegen ihn selbst wendete: sonst würde dieser im Falle der Noth entweder bei den Menapiern ein Versteck finden, oder gar den überrheinischen Völkern sich in die Arme werfen. Demgemäß sendet Cäsar das große Gepäck des ganzen Heeres in's Trevererland zu Labienus [1]) und läßt außerdem noch zwei Legionen zu demselben stoßen. Er selbst überzieht mit fünf Legionen ohne großes Gepäck das Gebiet der Menapier. Diese hatten im Vertrauen auf die Beschaffenheit ihres Landes keine Mannschaften aufgeboten, sondern suchten für sich und ihre Habe Schutz in ihren Wäldern und Sümpfen.

---

[1]) Da nach Buch V, Cap. 24 Labienus „bei den Remern an der treverischen Grenze" überwinterte, so nimmt v. Göler S. 182 an, daß Labienus in diesem Jahre „sein Lager in das Gebiet der Treverer selbst, wahrscheinlich nach Arlon, verlegt hatte". Dem widerspricht aber nicht nur das Stillschweigen Cäsar's, welches nach der ausführlichen Schilderung von Labienus' glücklichem Handstreiche, Buch V, Cap. 55—58, um so auffälliger wäre, sondern auch der Ausdruck unten Cap. 7, wo es heißt, daß Labienus „im Gebiete der Treverer überwintert hatte". Es ist also klar, daß er an der Grenze beider Cantone sein Winterquartier nach wie vor gehabt hat, vielleicht auf einem Gebiete, welches sowohl von den Remern, als von den Treverern in Anspruch genommen wurde. Giebt es doch noch heut zu Tage solche streitige Grenzgebiete, wie z. B. — das Dappenthal!

6. Cäsar theilte seine Streitkräfte mit dem Legaten Cajus Fabius und dem Quästor Marcus Crassus, ließ rasch Brücken schlagen und schritt in drei Colonnen zum Angriff, brannte Höfe und Weiler nieder und erbeutete eine Masse Vieh und Menschen. Dieß zwang denn die Menapier, eine Gesandtschaft an ihn zu schicken und um Frieden zu bitten. Cäsar ließ sich Geiseln stellen und erklärte ihnen, daß er es als eine Kriegserklärung ansehen würde, wenn sie Ambiorix selbst oder Abgeordnete von ihm in ihrem Gebiete aufnähmen. Nach diesen Anordnungen läßt er den Atrebaten Commius mit der Reiterei als Landvogt im Menapischen Gebiete zurück und marschirt selbst gegen die Treverer.

7. Die Treverer hatten in der Zwischenzeit große Massen von Fußvolk und Reiterei zusammengebracht und Anstalt getroffen, den Labienus anzugreifen, welcher mit seiner einen Legion in ihrem Gebiete überwintert hatte. Und schon hatten sie sich ihm bis auf 2 Tagemärsche genähert, als sie erfuhren, daß zwei Legionen von Cäsar zur Verstärkung angekommen seien. Nun schlugen sie ihr Lager in einer Entfernung von 15 Meilen auf und beschlossen, die germanischen Hülfsvölker zu erwarten. Labienus, von ihrer Absicht unterrichtet, hoffte dennoch, ihre Unbesonnenheit werde ihm wohl Gelegenheit zu einem glücklichen Handstreiche geben. Er ließ daher nur fünf Cohorten zur Bedeckung des Gepäcks im Lager zurück, marschirte mit fünfundzwanzig Cohorten und seiner starken Reiterei auf den Feind los und nahm eine Meile von demselben sein Lager. Zwischen Labienus und dem Feinde befand sich ein Fluß[1]) mit steilen Ufern, der schwer zu überschreiten war. Weder gedachte ihn Labienus selbst zu überschreiten, noch glaubte er, daß der Feind es thun werde. Von Tag zu Tag stieg dessen Hoffnung auf die Ankunft seiner Hülfstruppen. So sprach sich denn Labienus öffentlich im Kriegsrathe dahin aus, bei der drohenden Annäherung der Germanen wolle er sich und seine Truppen nicht den Wechselfällen des Glückes aussetzen, und

---

[1]) Bei der Unsicherheit über die Lage von Labienus' Standquartier kann auch dieser Fluß nicht näher bestimmt werden. v. Göler nimmt, der eben widerlegten Hypothese gemäß, S. 184 die Aisette an. Vgl. unsere Einleitung S. 132.

werde daher morgen mit Tagesanbruch den Rückzug antreten. Von dieser Erklärung erhielt der Feind sofort Kunde, da von den vielen gallischen Reitern natürlich so manche gut gallisch gesinnt sein mußten. In der Nacht berief dann Labienus die Kriegstribunen und die Centurionen der ersten Klasse, machte sie mit seiner wahren Absicht bekannt und ließ dann mit mehr Lärmen und Verwirrung, als es sonst Römersitte ist, das Lager abbrechen, um desto sicherer den Feind glauben zu machen, daß er Angst habe. Dadurch bekam sein Abzug den Schein einer Flucht. Bei der großen Nähe der beiden Lager erhielt der Feind noch vor Tagesanbruch durch seine Streifer Kunde davon.

8. Auf diese Nachricht entstand unter den Galliern eine allgemeine Bewegung: man dürfe sich die gehoffte Beute nicht entgehen lassen; es wäre zu langweilig, bei der Demoralisation der Römer erst noch auf die Hülfe der Germanen zu warten; es sei wider ihre Ehre, wolle man mit solcher Uebermacht gegen eine so geringe Mannschaft, noch dazu auf der Flucht und mit Gepäck beladen, keinen Angriff wagen. Labienus' Nachhut hatte daher kaum das Lager hinter sich, als die Gallier auch schon keck über den Fluß gingen und auf ungünstigem Terrain das Gefecht begannen. Das eben hatte Labienus vorausgesehen; um aber die Gesammtmacht des Feindes über den Fluß zu locken, setzte er auf dieselbe Weise ganz gelassen seinen Marsch fort, ließ aber das Gepäck etwas vorausgehen und auf eine Anhöhe bringen; dann hielt er eine Ansprache an die Seinigen: „Soldaten, da habt ihr die ersehnte Gelegenheit, da habt ihr den Feind auf einem ihm ungünstigen Terrain in Händen. Seid denn unter unserer Führung eben so brav, wie ihr so oft unter dem Oberfeldherrn es waret; denkt euch, er sei persönlich zugegen und sehe selbst auf euch." Gleichzeitig ließ er Kehrt machen und Stellung gegen den Feind nehmen. Nur ein Paar Geschwader entsendete er zur Deckung des Trosses, die übrige Reiterei vertheilte er auf die Flügel. Die Unsrigen erhoben sofort den Kriegsruf und begrüßten die Feinde mit einer Salve ihrer Pilen. Als nun diese wider ihr Erwarten sich von den vermeintlichen Ausreißern angegriffen sahen, so waren sie nicht einmal im Stande, diesen Angriff stehenden Fußes zu erwarten, sondern zerstreuten sich bei'm ersten Zusammenstoß in

wilder Flucht in die nächsten Wälder. Labienus verfolgte die Flüchtigen mit der Reiterei, tödtete ihnen eine Masse Leute und machte ziemlich viele Gefangene. Wenige Tage darauf unterwarfen sich die Treverer. Denn die Germanen, welche schon zu Hülfe herangezogen, waren auf die Nachricht von deren Niederlage wieder umgekehrt, und mit ihnen zugleich hatten auch die Verwandten Indutiomar's das Land verlassen, welche die Empörung angestiftet hatten. Cingetorix, der, wie gesagt [1]), von Anfang bis zu Ende treu geblieben war, erhielt nun die höchste Civil- und Militärgewalt.

II. Cäsar's zweiter Uebergang über den Rhein.
(Cap. 9. 10. 29.)

Vergleichende Darstellung gallischer und germanischer Sitten.
(Cap. 11—28.)

9. Unterdessen war auch Cäsar aus dem Menapierlande in dem Trevererlande eingetroffen und beschloß aus zwei Gründen, den Rhein zu überschreiten: einmal, weil man von drüben den Treverern Hülfstruppen gegen ihn geschickt hatte, sodann, um dem Ambiorix den Rückzug dahin zu verlegen. Demgemäß ließ er etwas oberhalb des früheren Uebergangspunktes eine Brücke schlagen [2]); sie kam bei dem großen Eifer der Soldaten, denen zumal die ganze Arbeit schon bekannt und geläufig war, in wenigen Tagen zu Stande. Auf dem Trevereruser, zunächst der Brücke, ließ er eine starke Abtheilung zurück, um

---

1) S. Buch V, Cap. 3. 4. 56.

2) Wenn v. Göler S. 186 annimmt, diese Brücke könne, namentlich auch nach der unten Cap. 29 angegebenen Befestigung, „nur mit Benützung einer großen Insel geschlagen worden sein", und diese könne „in keiner andern, als in dem sogenannten Niederwerth (bei Vallendar), erkannt werden, die früher möglicherweise mit dem Graswerth verbunden war", — so muß auch hier ganz entschieden bezweifelt werden, daß Cäsar einen so wichtigen Umstand, wie die Benützung einer oder gar zweier Rheininseln, mit Stillschweigen übergangen haben sollte. Vgl. zu Buch IV, Cap. 17.

sich gegen eine etwaige plötzliche Erhebung sicher zu stellen; mit dem Hauptheer und der Reiterei ging er über den Fluß. Die Ubier, welche schon früher Geiseln gestellt und sich unterworfen hatten, schickten sofort zu ihrer Rechtfertigung Gesandte und wiesen nach, von ihnen seien den Treverern keine Hülfstruppen geschickt worden, sie seien unverbrüchlich treu geblieben. Sie baten daher dringend um Schonung; man solle doch nicht aus allgemeinem Germanenhasse die Unschuldigen statt der Schuldigen strafen. Wolle Cäsar noch mehr Geiseln, so seien sie auch dazu bereit. Bei näherer Untersuchung fand Cäsar, daß die Sueben die Hülfstruppen geschickt hatten; er ließ daher die Rechtfertigung der Ubier gelten und zog über die Zugänge und Straßen in's Suebenland Erkundigungen ein.

10. Einige Tage darauf erhielt er von den Ubiern Meldung, die Sueben vereinigten alle ihre Streitkräfte auf Einem Punkte und hätten von den ihnen unterworfenen Stämmen Hülfstruppen zu Fuß und zu Roß aufgeboten. Auf diese Nachrichten hin traf Cäsar Anstalten für die Verpflegung und bezog an geeigneter Stelle ein Lager. Den Ubiern gab er Befehl, ihr Vieh und all' ihre bewegliche Habe vom flachen Lande in die Städte zu schaffen, in der Hoffnung, jene rohen Wilden durch Mangel an Lebensmitteln zu einer Schlacht unter ungünstigen Umständen bringen zu können; zugleich trug er den Ubiern auf, recht oft Kundschafter in's Suebenland zu schicken, um sich über die dortigen Vorgänge zu unterrichten. Die Ubier leisteten pünktlichen Gehorsam und meldeten schon nach wenigen Tagen: die Sueben, nachdem ihnen über das römische Heer sichere Kunde zugekommen, hätten sich mit ihrer Gesammtmacht und den Hülfstruppen ihrer Verbündeten tief in's Innere ihres Landes zurückgezogen. Dort sei ein Wald von ungeheurer Ausdehnung, Namens Bacenis [1]). Dieser erstrecke sich weit hinein in's Innere und diene den Cheruskern wie den Sueben als eine natürliche Mauer gegen

---

[1]) Da der nur von Cäsar genannte Bacenis-Wald als natürliche Grenze zwischen Sueben und Cheruskern bezeichnet wird, die Letztern aber bekanntlich auf beiden Ufern der Weser (im heutigen Halberstädtischen, Hildesheimischen, Paderbornischen bis in die Gegend von Minden) gesessen haben, so ist in demselben der mit dem Harz zusammenhängend gedachte westliche Theil des Thüringerwaldes zu erkennen.

wechselseitige Ueberfälle und Raubzüge. Am Eingange dieses Waldes hätten die Sueben die Römer zu erwarten beschlossen.

11. Es scheint nicht ungeeignet, gerade an dieser Stelle über die Sitten Galliens und Germaniens, sowie über den Grundunterschied beider Nationen Einiges beizubringen.

In Gallien finden sich nicht allein in allen einzelnen Cantonen, in allen Gauen und Gemeinden, sondern fast auch in jedem einzelnen Hause Parteien. An der Spitze dieser Parteien stehen allemal diejenigen, welche sich in der öffentlichen Meinung die meiste Geltung zu verschaffen wußten: ihr Gutdünken und ihr Wille ist in allen Stücken unbedingt maßgebend. Diese Einrichtung ist, wie es scheint, in uralter Zeit deshalb getroffen worden, um den gemeinen Mann vor den Bedrückungen des Mächtigen sicher zu stellen. Denn jedes Parteihaupt schützt seinen Anhang vor Unterdrückung und Mißhandlung; im entgegengesetzten Falle ist es mit seinem Einfluß bei den Seinigen vorbei. Dasselbe Parteiwesen erstreckt sich bis auf die Verhältnisse Gesammtgalliens; denn die sämmtlichen Cantone bilden zwei Parteien, welche sich schroff gegenüber stehen.

12. Als Cäsar nach Gallien kam, standen an der Spitze der einen Partei die Häduer, an der Spitze der andern die Sequaner [1]). Die letzteren waren an und für sich die schwächeren, denn die Häduer waren schon seit langer Zeit das mächtigste Volk und hatten zahlreiche Schutzverwandte. Die Sequaner waren daher mit den Germanen und Ariovist in Verbindung getreten und hatten diese mit großen Opfern und Versprechungen bewogen, in ihr Land zu kommen. Mit ihnen vereint hatten sie den Häduern mehrere glückliche Schlachten geliefert, welche den Letzteren fast ihren ganzen Adel kosteten, und waren dadurch so übermächtig geworden, daß ein großer Theil der Schutzstaaten von den Häduern zu ihnen übertreten, die Söhne ihrer Fürsten als Geiseln stellen und sich eidlich verpflichten mußten, Nichts gegen die Sequaner unternehmen zu wollen. So nahmen die Sequaner auch einen Theil des Grenzlandes (der Häduer) gewaltsam in Besitz und gewannen die Hegemonie von ganz Gallien. Diese verzweifelten Verhältnisse hatten den Divitiacus veranlaßt, nach

---

[1]) Vgl. Buch I, Cap. 31—33.

Rom zu gehen und den Senat um Hülfe anzurufen. Er war unverrichteter Dinge heimgekehrt. Cäsar's Ankunft in Gallien aber
führte einen gänzlichen Umschwung herbei: den Häduern wurden ihre
Geiseln zurückgestellt, die früheren Schutzstaaten zurückgegeben und
neue durch Cäsar zugewiesen, weil diejenigen, welche sich an die
Häduer angeschlossen hatten, eine bessere Behandlung und ein mil-
deres Regiment fanden. Da nun auch sonst in jeder anderen Beziehung der Einfluß und das Ansehen der Häduer stieg, so hatten die
Sequaner die Hegemonie gänzlich aufgegeben. An ihre Stelle waren
dann die Remer getreten: weil man nämlich bald einsah, daß diese
in gleicher Gunst bei Cäsar standen wie die Häduer, so stellten sich
alle diejenigen, welche mit den letztern wegen alter Feindschaft auf
keine Weise in Verbindung treten konnten, nun unter den Schutz der
Remer. Diese kamen ihren Schutzpflichten getreulich nach und be-
wahrten sich dadurch ihren ebenso neuen als plötzlich erlangten Einfluß. Zu der Zeit, von welcher die Rede ist, standen die Dinge so,
daß die Häduer unbedingt als das erste Volk galten, die Remer dagegen die zweite Stelle einnahmen.

13. In ganz Gallien gibt es überhaupt nur zwei Klassen von
Menschen, welche wirklich zählen und geachtet werden. Das gemeine
Volk lebt fast wie in der Sklaverei; es wagt Nichts auf eigne Faust
und hat bei Nichts eine Stimme. Die Meisten sind von Schulden,
hohen Steuern und der Unbill der Mächtigen so gedrückt, daß sie
sich in die Hörigkeit der Adeligen begeben. Diese haben dann über
solche Leute alle Rechte eines Herrn über seine Sklaven. Die erst-
erwähnten beiden Klassen aber sind die Druiden und die Ritter.

Die Druiden stehen an der Spitze des gesammten Gottesdienstes, sie besorgen die öffentlichen und Privatopfer, sie sind die
Lehrer und Vertreter der Religion; bei ihnen sucht die Jugend
massenhaft ihre Ausbildung, und sie stehen überhaupt bei den Galliern in hohen Ehren. Denn sie entscheiden auch fast über alle
öffentlichen und Privatstreitigkeiten. Ist irgend ein Verbrechen begangen, ist ein Mord vorgefallen, handelt es sich um einen Erb-
schafts- oder Grenzstreit, überall entscheiden sie und bestimmen über
Belohnung und Strafe. Will sich ein Einzelner oder ein Volksstamm
ihrem Spruche nicht fügen, so thun die Druiden den Schuldigen in

den Kirchenbann. Das ist die härteste Strafe, welche es bei den Galliern giebt. Wer immer so in den Bann gethan ist, der gilt für einen gottlosen und ruchlosen Menschen: Jedermann geht ihm aus dem Wege, weicht seiner Begegnung, dem Gespräche mit ihm aus, um nicht von ihm, wie von einem Pestkranken, angesteckt zu werden; er kann weder Recht erlangen, noch irgend einer Ehre theilhaftig werden.

An der Spitze aller Druiden aber steht Einer, der unter ihnen des höchsten Ansehens genießt. Stirbt derselbe und es ist Einer da, der sich unbestritten vor allen Anderen auszeichnet, so folgt ihm dieser nach; sind mehrere mit gleichen Ansprüchen, so wird entweder von den Druiden über sie abgestimmt, oder sie machen den Streit über die Nachfolge mit den Waffen aus. Zu einer bestimmten Zeit des Jahres halten die Druiden im Carnutenlande, welches als der Mittelpunkt von ganz Gallien gilt, an einem geweihten Orte einen Gerichtstag. Hierher kommen aus allen Theilen des Landes diejenigen, welche Streit mit einander haben, zusammen und unterwerfen sich den Sprüchen und Urtheilen der Druiden. Die Lehre der Letztern stammt, wie man glaubt, aus Britannien und ist erst von da nach Gallien verpflanzt worden, und auch jetzt noch begeben sich diejenigen, welche die Sache ganz genau kennen lernen wollen, um sich zu unterrichten, nach Britannien.

14. Die Druiden nehmen gewöhnlich keinen Theil am Kriege und zahlen auch keine Steuern, wie die Uebrigen; sie sind vom Kriegsdienst wie überhaupt von allen Lasten befreit. Diese großen Vortheile sind die Ursache, daß Viele theils aus eigenem Entschlusse in den Druidenstand eintreten, theils von Eltern und Verwandten für denselben bestimmt werden. Sie sollen hier eine große Menge von Versen auswendig lernen. Einige bleiben daher zwanzig Jahre in der Lehre. Es ist nämlich streng verboten, jene Sachen niederzuschreiben, während sonst die Gallier in allen übrigen Dingen, namentlich in den Geschäftssachen des öffentlichen und Privatlebens sich des griechischen Alphabets bedienen. Wie es mir scheint, hat jene Satzung zwei Gründe: einmal wollen die Druiden nicht, daß ihre Lehre unter das Volk komme; dann sollen die Zöglinge nicht im Vertrauen auf die Schrift die Ausbildung des Gedächtnisses ver-

nachläſſigen: denn das kommt ja ſehr häufig vor, daß man ſich auf
die Schrift verläßt und darüber auf das Auswendiglernen und Behalten des Gelernten nicht den gehörigen Fleiß verwendet. Vor
allen Dingen ſuchen die Druiden den Unſterblichkeitsglauben zu be-
fördern: die Seele, lehren ſie, gehe nach dem Tode aus einem Körper
in den andern über; und ſie meinen, daß dieſe Lehre ganz beſonders
geeignet ſei, durch Bannung der Todesfurcht zur Tapferkeit zu be-
geiſtern. Außerdem handeln ſie ausführlich von den Geſtirnen und
ihrer Bewegung, von der Größe der Welt und der Erde, von der
Natur der Dinge, von der Macht und Gewalt der unſterblichen Götter und unterrichten die Jugend in dieſem Allen.

15. Die andere Klaſſe bilden die **Ritter**. Dieſe ziehen Alle
in den Krieg, ſo oft es die Noth erfordert und ein Krieg ausbricht,
was freilich vor Cäſar's Ankunft faſt regelmäßig Jahr aus Jahr ein
geſchah, indem man bald angriffs-, bald vertheidigungsweiſe ſich
befehdete. Jeder Ritter hat je nach dem Range, welchen ihm ſeine
Geburt und ſein Geld gibt, eine verhältnißmäßig große Zahl Am-
bacten oder Dienſtmannen in ſeinem Gefolge. Das iſt der einzige
Maßſtab für Macht und Einfluß, den ſie kennen.

16. Die geſammte galliſche Nation iſt außerordentlich bigott.
Wenn daher Jemand in eine ſchwere Krankheit verfällt oder Kämpfen und Gefahren entgegengeht, ſo pflegt er Menſchenopfer darzubringen oder zu geloben, wobei dann natürlich die Druiden die
gottesdienſtliche Handlung zu leiten haben. Sie gehen nämlich von
dem Satze aus: die unſterblichen Götter könnten nur dadurch be-
ſänftigt werden, daß für ein Menſchenleben ein anderes dargebracht
werde. Auch von Staatswegen finden dergleichen Opfer regelmäßig
ſtatt. Andere haben dafür Modelle von ungeheurer Größe, deren
Glieder aus Reiſig gebildet und mit lebendigen Menſchen angefüllt
werden; dann zündet man ſie von unten an und die Menſchen kommen in den Flammen um. Sie glauben allerdings, daß den unſterblichen Göttern die Opferung derjenigen angenehmer iſt, welche bei
Diebſtahl, Raub oder ſonſt einem ſchweren Verbrechen ergriffen worden ſind. Fehlt es aber an ſolchen Leuten, ſo verſteht man ſich auch
zum Opfer von Unſchuldigen.

17. Ihr Hauptgott iſt Mercurius. Er hat die meiſten Bild-

säulen; er wird als der Erfinder aller möglichen Künste gefeiert; er gilt als Wegweiser und Führer auf Reisen, als derjenige, von welchem vorzugsweise Gelderwerb und Glück im Handel abhängt. Nach ihm verehren sie den Apollo, Mars, Jupiter und die Minerva. Sie haben von diesen Gottheiten ungefähr dieselben Vorstellungen, wie alle übrigen Völker: Apollo vertreibt die Krankheiten, Minerva lehrt Künste und Handwerke, Jupiter ist der König des Himmels, Mars regiert den Krieg. Vor einer entscheidenden Schlacht pflegen sie daher dem Mars die ganze etwaige Kriegsbeute zu geloben. Im Fall des Sieges opfern sie dann alles Lebendige, was in ihre Hände fällt, den Rest der Beute bringen sie an einem bestimmten Orte zusammen unter. In vielen Cantonen kann man große Haufen solcher Beutestücke an geweihten Orten erblicken, und es kommt selten vor, daß Einer so gottlos ist, ein Beutestück zu verheimlichen oder von dem Haufen zu entwenden. Auch steht martervolle Todesstrafe auf diesem Verbrechen.

18. Die Gallier halten sich alle für Nachkommen des Vater Dis [1]) und berufen sich dafür auf die Lehre der Druiden. Daher machen sie denn alle Zeitbestimmungen nicht nach Tagen, sondern nach Nächten: Geburtstage, Monats = und Jahresanfänge rechnen sie in der Weise, daß die Nacht beginnt, dann erst der Tag folgt. In Bezug auf ihre anderweitigen gesellschaftlichen Einrichtungen ist besonders die Eigenthümlichkeit hervorzuheben, daß sie ihre Kinder nicht eher öffentlich vor sich lassen, als bis sie das Alter der Wehrhaftigkeit erreicht haben, und daß es geradezu für unehrenhaft gilt, wenn ein noch nicht erwachsener Sohn sich neben seinem Vater öffentlich sehen läßt.

19. Bei der Verheirathung wirft der Mann mit der Mitgift der Frau einen gleichen Antheil seines Vermögens nach bestimmter Abschätzung zusammen. Dieses vereinigte Kapital wird dann gemeinschaftlich verwaltet und die Zinsen davon werden zurückgelegt. Der überlebende Theil der beiden Ehegatten erhält dann das Ganze zugleich mit den bisherigen Interessen. Die Männer haben gegen

---

[1]) Dis oder Ditis pater ist in der römischen Staatsreligion der höchste Gott der Unterwelt.

ihre Frauen und Kinder das Recht über Leben und Tod. Stirbt ein vornehmer Mann, der Familie hat, so treten seine Verwandten zusammen, und wenn die Art seines Todes irgendwie verdächtig ist, so werden die Frauen des Verstorbenen der peinlichen Frage wie Sklaven unterworfen: kommt dann dabei Etwas heraus, so werden sie verbrannt oder sonst auf das Martervollste hingerichtet. Die Leichenbegängnisse sind im Verhältnisse zur Lebensweise der Gallier prachtvoll und kostspielig. Alles, was dem Todten bei Lebzeiten theuer gewesen ist, wird mit in's Feuer geworfen, auch Hausthiere; ja noch kurz vor unserer Zeit wurden bei einem richtigen Leichenbegängniß die Sklaven und Hörigen mit verbrannt, welche für die besonderen Lieblinge des Verstorbenen galten.

20. In einigen Cantonen, welche sich vorzugsweise einer zweckmäßigen Polizeiordnung rühmen, besteht die gesetzliche Bestimmung, daß Jeder es nur den Behörden anzeigen und Niemandem sonst mittheilen darf, wenn ihm aus dem Auslande durch Gerücht oder Hörensagen Etwas zu Ohren kommt, was auf Politik Bezug hat. Denn die Erfahrung hat gelehrt, daß das unbesonnene einfältige Volk sich häufig durch falsche Gerüchte aufregen, zu einer Tollheit hinreißen und zu Beschlüssen von der größten Tragweite bestimmen läßt. Die Behörden behalten dann für sich, was ihnen beliebt, und theilen der Masse mit, was nach ihrer Meinung für diese zuträglich ist. Uebrigens darf über Staatsangelegenheiten nur in den Volksversammlungen verhandelt werden.

21. Ganz anders sind die Sitten der Germanen: denn sie haben weder Druiden für die Leitung des Gottesdienstes, noch halten sie viel auf Opfer. Sie glauben nur an solche Götter, welche sie mit Augen sehen und deren segensreiche Wirksamkeit sie handgreiflich erfahren, wie an die Sonne, den Mond und den Feuergott; von den übrigen haben sie keine Ahnung. Ihr ganzes Leben dreht sich um Jagd und Krieg. Von Klein auf suchen sie sich durch Strapazen abzuhärten. Der möglichst späte Eintritt der Mannbarkeit gilt für einen besonderen Vorzug; dadurch, meinen sie, werde der Wuchs befördert und die Muskelkraft gestählt. Geradezu für die größte Schande gilt es, wenn Einer vor dem zwanzigsten Jahre Etwas von einem Weibe weiß. Und doch wird das Ding gar nicht

geheim gehalten; denn die Geschlechter baden gemeinschaftlich in
den Flüssen, und ihre Bekleidung besteht in Thierfellen oder kurzen
Leibpelzen, welche den Körper nur sehr mangelhaft bedecken.

22. Der Ackerbau hat bei ihnen eine untergeordnete Stellung;
ihre Nahrung besteht größtentheils in Milch, Käse und Fleisch. Auch
hat Niemand ein feststehendes oder bestimmt abgegrenztes Grundeigenthum; vielmehr vertheilen die Behörden und Fürsten das Land
an die Geschlechter und geschlossenen Sippschaften nach Gutbefinden
auf je ein Jahr und lassen dann das Jahr darauf einen Wechsel des
Besitzes eintreten. Sie begründen diese Einrichtung auf mancherlei
Weise: die Bewirthschaftung von Grundeigenthum könnte zu Gunsten des Ackerbaues dem kriegerischen Geiste Eintrag thun; man
würde auf Erweiterung des Grundeigenthums sinnen und die Reichen
würden dann den Armen ihre Besitzungen abnehmen; man würde bei
der Einrichtung der Häuser zu viel Rücksicht auf Hitze und Kälte
nehmen; man würde sich ein Vermögen machen wollen, und das sei
eine unversiegbare Quelle von Parteiungen und Streitigkeiten; endlich sei es das beste Mittel den gemeinen Mann bei guter Laune zu
erhalten, wenn er sähe, daß Jedermann eben so viel habe als der
Mächtigste.

23. Der größte Stolz der einzelnen Völkerschaften ist es, rings
um ihr Gebiet möglichst ausgedehnte Wüsten und Einöden zu haben.
Das gilt ihnen als der richtige Beweis von Tapferkeit, wenn Nachbarn ihr Grenzland nicht behaupten, sondern aufgeben, und Keiner
es wagt, in ihrer Nähe sich niederzulassen [1]); zugleich fühlen sie sich
dadurch sicherer, da sie dann nicht so leicht einen plötzlichen Ueberfall
zu befürchten haben. Hat ein ganzes Volk einen Angriffs- oder Ver-
theidigungskrieg zu führen, so wählt es für die Dauer dieses Krieges
eine Oberbehörde mit Gewalt über Leben und Tod. Im Frieden
giebt es solche Landesbehörden nicht, sondern die Fürsten der Land-
schaften und Gaue verwalten die Gerechtigkeit und Polizei für ihre
Untergebenen. Raubzüge außerhalb des eigenen Landes zu machen gilt
bei ihnen nicht für Schande und wird von ihnen sogar als das beste
Mittel gerühmt, die junge Mannschaft zu üben und zu beschäftigen.

---

[1]) Vgl. Buch IV, Cap. 3.

Wenn daher (zu einem solchen Zuge) einer der Fürsten in der Volks-
versammlung sich als Anführer anbietet und diejenigen aufruft, welche
ihm folgen wollen, so erheben sich Alle, denen die Sache und der
Mann gefällt, und sagen unter dem Beifallsrufe der Masse ihre
Theilnahme zu. Wer von diesen dann nicht wirklich mitzieht, wird
für einen Ausreißer und Verräther angesehen und findet fortan in
Nichts mehr Glauben. Einen Gastfreund zu schädigen halten sie für
Sünde; Jeder, der zu ihnen kommt, mag die Ursache sein, welche sie
will, findet Schutz gegen jede Unbill, wird für unverletzlich geachtet
und findet alle Thüren, sowie Küche und Keller offen.

24. Es gab einst eine Zeit, da die Gallier den Germanen an
Tapferkeit überlegen waren, ja dieselben mit Krieg überzogen und
wegen Uebervölkerung und Mangel an Ackerland Kolonien über den
Rhein schickten. So nahmen die Tektosagischen Völker [1]
die fruchtbarsten Striche Germaniens um den hercynischen Wald ein
und ließen sich daselbst nieder. Von diesem Walde hatten, wie ich
finde, auch Eratosthenes [2] und einige andere Griechen, welche
ihn den Oreynischen nennen, reden hören. Jene Tektosagen wohnen
bis auf den heutigen Tag dort und ihre Gerechtigkeit und Tapferkeit
wird hoch gepriesen. Die Germanen sind nun bei der alten Mittel-
losigkeit, Dürftigkeit und Entbehrung, bei der alten Lebensart und
Abhärtung geblieben; die Gallier dagegen haben durch die Nähe der
römischen Provinzen und durch die Bekanntschaft mit den über-
seeischen Producten alle möglichen Bedürfnisse und Genüsse sich an-
geeignet, haben sich dadurch allmählich daran gewöhnt, sich schlagen
zu lassen, und nach der Erfahrung vieler unglücklichen Kämpfe stellen
sie jetzt nicht einmal selbst mehr die Ueberlegenheit der Germanen
in Abrede.

---

[1] Die Volker, einstmals meine der ächtigsten gallischen Völkerschaften,
zu Cäsar's Zeiten schon längst den Römern unterworfen, wohnten im südwest-
lichen Frankreich zwischen Garonne und Rhone. Sie zerfielen in zwei Stämme,
die hier genannten Tektosagen im Westen, mit der Hauptstadt Tolosa
(Toulouse), und die Arecomiker im Osten, mit der Hauptstadt Nemausus
(Nismes).

[2] Eratosthenes von Kyrene, 276—194 v. Chr., lange Jahre Biblio-
thekar zu Alexandria, einer der größten Gelehrten des Alterthums, ist namentlich als der Schöpfer der wissenschaftlichen Geographie zu bezeichnen.

25. Durch den erwähnten hercynischen Wald [1] hat seiner Breite nach ein guter Fußgänger 9 Tage zu marschiren; eine andere Angabe war nicht zu erlangen, weil die Germanen Nichts von Längenmaßen wissen. Der Wald beginnt an den Grenzen der Helvetier, Nemeter und Rauraker, und zieht sich parallel der Donau bis zum Lande der Daker und Anartier; hier biegt er links vom Flusse in mehreren Zweigen ab und berührt bei seiner ungeheuren Ausdehnung die Gebiete vieler Völkerschaften. In dem uns bekannten Germanien ist kein Mensch, der sagen könnte, bis an das Ende jenes Waldes gekommen zu sein, selbst wenn er 60 Tagereisen weit vorgedrungen ist, oder vernommen hätte, wo jenes Ende sich findet. Sicher giebt es in diesem Walde viele Thierarten, welche anderwärts nicht vorkommen. Die auffallendsten und merkwürdigsten von ihnen dürften folgende sein.

26. Zuerst gibt es eine Art Stier [2], der wie ein Hirsch aussieht, und auf der Stirn mitten zwischen den Ohren ein einziges Horn hat, welches länger und weniger gebogen ist, als bei andern gehörnten Thieren, die wir kennen. An der Spitze verzweigt sich das Horn in schaufelförmigen Auswüchsen in die Breite. Das Weibchen ist wie das Männchen beschaffen; auch sein Horn hat dieselbe Gestalt und Größe.

27. Dann finden sich die sogenannten Alke (Elenthiere). Sie sehen aus wie die Ziegen, kommen auch mit ebenso verschiedenen Farben vor, sind indessen etwas größer als diese, und haben abgestumpfte Hörner und Beine ohne Gelenke und Knöchel. Eben darum legen sie sich auch nicht nieder, wenn sie schlafen wollen, und können auch nicht wieder aufstehen und sich erheben, wenn sie einmal hingefallen sind. Die Bäume sind ihre Lager; an diese lehnen sie sich an und schlafen auf diese Weise, ein wenig zurückgeneigt. Haben nun die Jäger aus ihren Spuren ihre gewöhnlichen Schlupfwinkel herausge-

---

[1] Nach dieser Schilderung ist der „hercynische Wald" bei Cäsar als der Gesammtname aller deutschen Gebirgszüge, vom Schwarzwald bis zu den Karpathen, anzusehen.

[2] Man hat in dieser ziemlich fabelhaften Beschreibung mit Recht das Rennthier erkannt, welches in alter Zeit wahrscheinlich auch im nördlichen Deutschland vorkam.

funden, so untergraben sie dort entweder alle Bäume an den Wurzeln, oder sägen sie so weit an, daß sie ganz fest zu stehen scheinen. Lehnen sich nun die Alke wie gewöhnlich an diese wackligen Bäume an, so werfen sie dieselben um und fallen selbst mit ihnen zu Boden.

28. Die dritte Art sind die sogenannten Ure (Auerochsen), wenig kleiner als Elephanten, an Aussehen, Farbe und Gestalt den Stieren ähnlich. Sie sind von großer Kraft und Behendigkeit und schonen weder Menschen noch Thiere, welche ihnen zu Gesichte kommen. Die Germanen verlegen sich eifrig darauf, diese Thiere in Gruben zu fangen und zu tödten, eine mühsame Art von Jagd, welche die jungen Leute abhärtet und übt. Wer die meisten Ure getödtet hat und zum Beweise dessen ihre Hörner öffentlich vorzeigt, erntet das größte Lob. Aber selbst wenn die Ure ganz klein eingefangen worden, gewöhnen sie sich doch nie an die Menschen und werden nie zahm. Ihre Hörner sind in Umfang, Gestalt und Aussehen ganz verschieden von denen unserer Stiere. Sie sind bei den Germanen sehr gesucht; man beschlägt sie am Rande mit Silber und gebraucht sie dann bei Gastmählern, wo es hoch hergehen soll, als Trinkgeschirre.

29. Als Cäsar durch die Ubischen Kundschafter erfuhr, daß die Sueben sich in ihre Wälder zurückgezogen hätten, beschloß er nicht weiter vorzurücken: er fürchtete Proviantmangel, da, wie oben erwähnt, alle Germanen wenig Ackerbau treiben. Er wollte wenigstens die Barbaren in der Furcht vor seiner Rückkehr lassen und zugleich ihre etwaigen Hülfssendungen (an Ambiorix) aufhalten. Er ließ daher, als er das Heer über den Rhein zurückgeführt, das äußerste Ende der Brücke nächst dem Ubischen Ufer auf 200 Fuß Länge abbrechen und hier auf dem Brückenende einen Thurm von vier Stockwerken errichten; auf dem andern Ufer legte er einen starken Brückenkopf an und ließ in demselben eine Besatzung von 12 Cohorten unter dem Commando des jungen Cajus Volcatius Tullus zurück. Er selbst brach jetzt — es war um den Beginn der Erntezeit — zum Kriege gegen Ambiorix auf und schickte gleichzeitig den Lucius Minucius Basilus durch den Arduennen-Wald mit der gesammten Reiterei voraus. Dieser Wald ist der umfangreichste in ganz Gallien und erstreckt sich vom Rheinufer und der Treverischen Grenze bis zum Nervierlande über 500 Meilen weit. Cäsar hoffte nämlich, Basilus werde

vielleicht durch Schnelligkeit und Benutzung des günstigen Augenblicks einen glücklichen Handstreich führen können. Er wies ihn daher an, keine Lagerfeuer anzünden zu lassen, um seine Annäherung nicht zu verrathen; er selbst wollte dem Basilus auf dem Fuße folgen.

III. Der Raub- und Rachekrieg gegen die Eburonen.
(Cap. 29 — 43).

30. Basilus kam pünktlich dem Befehle nach. Schnell und ganz unvermuthet machte er seinen Marsch und überraschte die Eburonen massenhaft auf dem platten Lande. Auf Grund der Angaben der Gefangenen eilte er den Punkt zu erreichen, wo Ambiorix mit nur wenigen Reitern sich aufhalten sollte. Wie überall, so kommt auch im Kriege gar vieles auf Glück an. War es nämlich einerseits ein großer Zufall, daß Basilus den Ambiorix so unversehens und unvorbereitet erreichte, so daß man ihn in nächster Nähe erblickte, ehe noch über seinen Anmarsch die geringste Nachricht verlautete; so war es andererseits ein ebenso großer Glücksfall für den Ambiorix, daß er zwar seine ganze kriegerische Ausrüstung verlor, seine Karren und Pferde einbüßte, dennoch aber selbst dem Tode entging. Es kam das freilich auch daher, daß sein Haus mitten im Walde lag, wie denn gewöhnlich die Gallier zum Schutz gegen die Hitze ihre Wohnungen in der Nähe von Wäldern und Flüssen erbauen. Da konnten denn die Begleiter und Freunde des Ambiorix auf dem engen Waldpfade Stellung nehmen und durch ihren Widerstand unsere Reiter einige Zeit aufhalten. Während des Gefechts hob ihn einer der Seinigen auf's Pferd, und der Wald deckte seine Flucht. So war denn ebenso die Gefahr wie die Rettung des Ambiorix ein Werk des Glücks.

31. Ob Ambiorix absichtlich seine Streitkräfte nicht zusammengezogen hat, weil er überhaupt keine offene Schlacht für gerathen hielt, oder ob ihm nur die Zeit dazu fehlte, als er durch das plötzliche Erscheinen unserer Reiter überrascht wurde, denen, wie er glaubte, das Hauptheer auf dem Fuße folgte, — mag dahingestellt

bleiben. Sicher ist es, daß er nach allen Seiten Boten schickte und seinen Leuten sagen ließ: Jeder solle für sich selbst sorgen, so gut er könne. Sie flüchteten daher theils in den Arduennenwald, theils in die ausgedehnten Moore; die Bewohner der Meeresküsten suchten Schutz auf den Inseln, welche die Fluth dort beständig bildet; Viele verließen ihr Vaterland und suchten mit Hab und Gut bei wildfremden Menschen Sicherheit. Catuvolkus, der König der andern Hälfte der Eburonen, welcher gemeinschaftlich mit Ambiorix die Bewegung hervorgerufen hatte, ein alter Mann, vermochte die Strapazen des Krieges und der Flucht nicht zu überstehen. Er verwünschte und verfluchte daher den Ambiorix als den eigentlichen Urheber der Bewegung und vergiftete sich dann mit Taxus[1]), welcher in Gallien und Germanien sehr häufig vorkommt.

32. Die Segner und Condrusen[2]), welche zu den germanischen Stämmen zwischen den Eburonen und Treverern gehören, schickten Gesandte an Cäsar und ließen ihn bitten, er möge sie nicht als Feinde ansehen und überhaupt nicht meinen, daß alle Germanen diesseits des Rheines mit den Eburonen gemeinschaftliche Sache gemacht hätten. Sie hätten nicht an Krieg gedacht, sie hätten dem Ambiorix keine Hülfstruppen geschickt. Cäsar vernahm hierüber die Gefangenen und erließ dann an die Segner und Condrusen den Befehl, etwaige eburonische Flüchtlinge an ihn auszuliefern: in diesem Falle werde er die Integrität ihres Gebietes achten. Hierauf theilte er seine Streitkräfte in drei Colonnen und vereinigte das große Gepäck sämmtlicher Legionen zu Aduatuka[3]). Das ist der Name

---

[1]) Die Beeren des Taxus (Eibenbaums), namentlich einer in Spanien wachsenden Species, enthielten nach der Meinung der Alten ein tödtliches Gift: s. Plin. Nat. Hist. XVI, Cap. 10, sect. 20.

[2]) Den Namen der Segner glaubt man in Souguez, einem Dorfe zwei Stunden von Spaa, sowie in Dessegne, einem andern Dorfe der nämlichen Gegend, wiederzufinden: s. v. Göler S. 192,[1]). Ueber die Condrusen vgl. zu Buch IV, Cap. 6.

[3]) „Das auf hohem Felsen erbaute Castell von Limburg mag vielleicht gerade auf der Stelle des alten Aduatuca liegen." Von Göler S. 148, der freilich ebenda nicht verkennt, daß mit dieser Annahme „die nähere Bezeichnung der Lage" an unserer Stelle keineswegs stimmt! S. zu Buch V, Cap. 24.

eines festen Plaßes, etwa im Centrum des Eburonenlandes, wo Titurius und Aurunculejus ihr Winterlager gehabt hatten. Der Punkt
schien in jeder Beziehung geeignet, namentlich aber auch deßhalb,
weil die vorjährigen Verschanzungen noch in gutem Stande waren,
so daß Cäsar den Soldaten die Arbeit erleichtern konnte. Zur
Deckung des Gepäcks ließ er die vierzehnte Legion zurück, eine von
den dreien, welche im vorigen Winter in Italien ausgehoben worden waren. Den Befehl über diese Legion und das Lager erhielt Quintus Tullius Cicero, dem zugleich 200 Reiter beigegeben
wurden.

33. Von den drei Colonnen schickte er die eine, drei Legionen
unter Titus Labienus, gegen die Meeresküste in die Nachbarschaft
des Menapierlandes; die zweite, Cajus Trebonius mit ebensoviel
Legionen, sollte die an das Aduatukerland stoßenden Gegenden verwüsten; Cäsar selbst mit der dritten Colonne von gleichfalls drei
Legionen wollte an die Scaldis (Schelde), einen Nebenfluß der
Mosa, bis an den äußersten Rand des Arduennenwaldes vorgehen.
Denn dahin, hieß es, habe sich Ambioriz mit einer Handvoll Reiter
gewendet. In acht Tagen versprach Cäsar zurück zu sein, weil an
diesem Tage die in Aduatuca zurückgelassene Legion ihre Rationen
zu fassen hatte. Dem Labienus und Trebonius giebt er die Weisung, wenn es sich mit dem Interesse des Ganzen vertrüge, zu derselben Zeit zurück zu sein; sie könnten dann von Neuem berathen
und mit Rücksicht auf die bekannt gewordenen Verhältnisse der Feinde
den Krieg nach einem neuen Plane anfangen.

34. Cäsar hatte, wie gesagt [1]), es mit keinem regelmäßigen
Heere zu thun, mit keinem festen Plaße, keinem vertheidigungsfähigen
Posten, sondern nur mit einer nach allen Seiten hin zerstreuten Menschenmasse. Der eine war hier-, der andere dorthin geflüchtet, wo
ihm gerade ein verstecktes Thal, eine Waldgegend oder ein schwer
zugängliches Moor Schuß und Rettung zu bieten schien. Diese Zu-
fluchtsorte waren in der Nachbarschaft wohlbekannt und Cäsar mußte
sich daher außerordentlich in Acht nehmen. Denn wenn er auch für

---

[1]) S. oben Cap. 31.

das Heer als Ganzes einem so eingeschüchterten und versprengten
Feinde gegenüber Nichts zu fürchten hatte, so waren doch einzelne
Soldaten nichts weniger als sicher, und dergleichen Einzelnverluste
mußten denn doch am Ende dem ganzen Heere fühlbar werden.
Einerseits verlockte Beutelust die Soldaten massenhaft weiter und
weiter, andererseits machten die Waldungen mit ihren ungewissen
und versteckten Pfaden es unmöglich, in geschlossener Ordnung
einzudringen. Wollte Cäsar die Sache abmachen und die ruch-
lose Bande mit Stumpf und Stiel ausrotten, so hätte er das Heer
in kleine Abtheilungen auflösen und seine Mannschaften zersplittern
müssen; wollte er die Manipeln zusammenhalten, wie es Sitte und
Brauch bei einem römischen Heere ist, so fanden die Barbaren durch
die Oertlichkeit selbst Schutz, und Manche von ihnen hatten sogar
die Frechheit Hinterhalte zu legen und zerstreute römische Soldaten
zu überfallen. Diesen Schwierigkeiten gegenüber traf Cäsar alle
möglichen Vorsichtsmaßregeln: er ging dabei trotz der allgemeinen
Wuth und Erbitterung von dem Grundsatz aus, lieber dem Feind
etwas weniger Abbruch zu thun, als das Leben seiner Soldaten auf's
Spiel zu setzen. Dagegen schickte er bei den Nachbarstaaten herum
und entbot Alles, was Beute machen wollte, zur Plünderung der
Eburonen; er wollte einerseits in den Wäldern lieber diese Gallier
als seine Legionssoldaten aussetzen, andererseits sollte durch die ungeheure Uebermacht das ganze Volk bis auf den letzten Mann zur
Strafe für jene Unthat ausgerottet werden. Es fand sich auch wirklich bald eine große Masse von Galliern ein.

35. In dieser Weise ging es in allen Theilen des Eburonenlandes her, und schon waren die acht Tage verflossen, nach welchen
Cäsar wieder zum Gepäck und zu Cicero's Lager zurückkehren wollte.
Hier sollte sich nun zeigen, wie viel im Kriege vom Glücke abhängt
und wie sonderbare Wechselfälle dasselbe herbeiführt. Der Feind
war, wie gesagt, zerstreut und eingeschüchtert, keine Handvoll Truppen zusammen, die auch nur den geringsten Grund zu Befürchtungen
geben konnte. Zu den Germanen jenseits des Rheines aber war
unterdessen die Nachricht gelangt, das Eburonenland sei der Plünderung Preis gegeben; Jeder, der Beute machen wolle, sei den Römern willkommen. Darauf hin bringen die Sugambern, welche

zunächst dem Rhein wohnen und, wie oben erwähnt [1]), die flüchtigen Tenkterer und Usipeten aufgenommen hatten, 2000 Reiter zusammen, und überschritten auf Nachen und Flößen den Strom 30 Meilen unterhalb der Stelle, wo Cäsar seine (zweite) Brücke gebaut und jene Besatzung zurückgelassen hatte [2]). Sie betreten das Grenzland der Eburonen, fangen viele Flüchtlinge und Versprengte auf und erbeuten eine große Menge Vieh, was für diese Barbaren besondere Anziehungskraft hat. Die reiche Beute lockt sie immer weiter. Nicht Moore, nicht Wälder halten diese gebornen Krieger und Räuber auf. Sie fragen die Gefangenen nach Cäsar's Aufenthalt und erfahren, daß er weit weg sei und sein Heer sich getheilt habe. Und da sagt Einer von den Gefangenen: „Warum quält ihr euch doch um diese elende, erbärmliche Beute, während ihr mit Leichtigkeit den glücklichsten Streich führen könnt? In drei Stunden könnt ihr in Aduatuca sein: dort liegen alle Schätze des römischen Heeres; die Besatzung reicht kaum aus, nur in einfacher Linie den Wall zu besetzen, und Keiner darf sich draußen vor dem Lager sehen lassen." Auf diese Aussicht hin lassen die Germanen ihre bereits gemachte Beute wohlverstecht zurück und eilen nach Aduatuca, geführt von dem Gefangenen, welcher ihnen diese Eröffnung gemacht hatte.

36. Cicero hatte in den ersten sechs Tagen streng nach Cäsar's Befehl die Soldaten im Lager gehalten und nicht einmal einen Troßknecht vor das Thor gelassen. Am siebenten Tage aber ward es ihm zweifelhaft, ob Cäsar die bestimmte Zeit einhalten werde, da er hörte, daß dieser ziemlich weit weg sei, und gar Nichts über seine Rückkehr verlautete. Auch blieb das Gerede derjenigen nicht ohne Wirkung auf ihn, welche sein geduldiges Abwarten eine Art von Belagerung nannten, wenn man nicht einmal aus dem Lager dürfe. Endlich dachte er nicht daran, daß ihm auf drei Meilen in die Runde ein Unglück begegnen könne, während neun Legionen und eine starke Reiterei einem versprengten und fast vernichteten Feinde gegenüber standen. Er entschloß sich daher, fünf Cohorten zum Fouragiren auf die nächsten Getreidefelder zu schicken, welche von dem Lager nur durch eine Höhe

---

[1]) S. Buch IV, Cap. 16.
[2]) S. oben Cap. 29.

getrennt waren. Eine Anzahl Kranker aus den verschiedenen Legionen waren im Lager zurückgelassen worden; von diesen waren in den letzten Tagen etwa 300 genesen, welche unter einem Fähnlein für sich gleichfalls ausrückten. Außerdem zog eine große Menge von Troßknechten sammt einer großen Masse von Packthieren, die im Lager geblieben waren, bei dieser Gelegenheit mit.

37. Gerade in diesem Augenblicke und unter diesen Umständen kommen die germanischen Reiter an und sprengen in Einem Ritte, ohne erst zu verschnaufen, auf das Hinterthor los, um in das Lager einzubrechen. Und durch die hier befindliche Waldung gedeckt erreichen sie auch ungesehen das Lager, so daß nicht einmal die Krämer, welche vor dem Walle ihre Buden aufgeschlagen hatten, Zeit behielten sich in Sicherheit zu bringen. Der unvermuthete Ueberfall bringt die Unsrigen in Verwirrung; kaum daß die Cohorte der Thorwache dem ersten Anprall widersteht. Der Feind vertheilt sich nun um das ganze Lager, um wo möglich irgend einen Eingang aufzufinden. Mit Mühe und Noth behaupten die Unsrigen die Thore; anderwärts wehrt glücklicher Weise die Oertlichkeit selbst und die Lagerbefestigung dem Feinde den Zugang. Im ganzen Lager ist Zittern und Zagen, und Einer fragt den Andern nach dem Grunde des Lärmens; Keiner weiß, wo sich aufstellen, wo sich sammeln. Der Eine schreit, das Lager sei verloren; der Andere behauptet, Feldherr und Heer seien vernichtet, die siegreichen Barbaren seien da. Die Meisten machen sich seltsame Gedanken über den Unglücksort und erinnern an Cotta's und Titurius' Mißgeschick, welche eben auch in dieser Feste ihren Untergang gefunden hätten[1]). Diese Angst, dieser allgemeine Schrecken bestärkt die Barbaren in ihrer Meinung, es sei wirklich keine Besatzung drinnen, wie ihnen der Gefangene gesagt hatte. Sie versuchen (durch die Thore) einzubrechen und ermuntern sich gegenseitig, eine günstige Gelegenheit sich nicht entschlüpfen zu lassen.

38. Als krank war unter Andern auch jener Primipilus Cäsar's, Publius Sextius Baculus, zurückgelassen worden, der schon bei Gelegenheit früherer Treffen erwähnt worden ist[2]). Er hatte jetzt schon fünf

---

[1]) Vgl. oben Cap. 32, und f. Buch V, Cap. 26—37.
[2]) S. Buch II, Cap. 25; Buch III, Cap. 5.

Tage lang Nichts genoffen. In der Meinung, daß Alles verloren sei, tritt er ohne Waffen zum Zelte heraus und überfieht mit Einem Blicke die drohenden Anstalten des Feindes und die ganze Gefahr der Lage. Rasch läßt er sich von den Nächsten Besten Waffen geben und stellt sich im Thore auf; die Centurionen der Wachtcohorte schließen sich ihm an, und gemeinschaftlich widerstehen sie ein Weilchen dem feindlichen Angriffe. Aber bald sinkt Sertius unter mehreren schweren Wunden ohnmächtig nieder; mit Mühe und Noth bringt man ihn von Hand zu Hand in Sicherheit. Indessen hatten dadurch die Übrigen Zeit gehabt, einigermaßen zur Besinnung zu kommen: sie besetzen wenigstens die Wälle und zeigen, daß dieselben nicht ohne Vertheidiger sind.

39. In der Zwischenzeit hatten unsere Soldaten die Fouragirung beendet und hören den Lärmen. Die Reiter sprengen voraus und sehen, wie gefährlich die Sache dort steht. Hier draußen aber gibt es keine Befestigung, welche die Bestürzten aufnehmen könnte. Vor Kurzem ausgehoben, noch ohne Kriegserfahrung, starren die Soldaten die Kriegstribunen und Centurionen an und erwarten deren Befehle. Aber auch der Tapferste ist durch den unerwarteten Zwischenfall außer Fassung. Wie die Barbaren die römischen Feldzeichen in der Ferne erblicken, lassen sie vom Sturme ab: erst glauben sie, die Legionen seien zurück, welche doch nach den Aussagen der Gefangenen weit weg sein sollten; bald aber sehen sie, was für ein kleines Häuflein sie vor sich haben, und fallen von allen Seiten über dasselbe her.

40. Die Troßknechte sind auf den nächsten Hügel vorangelaufen. Von dort rasch heruntergejagt, werfen sie sich gerad' auf die Front der Cohorten zwischen die Manipeln und bringen die schon erschreckten Soldaten noch mehr in Verwirrung. Die Einen wollen sich rasch in Colonne formiren und so durchbrechen: das Lager sei ja ganz in der Nähe; und wenn dabei auch ein Theil abgeschnitten und niedergemacht würde, so könnte sich doch der Rest sicherlich retten. Andere meinen, man solle auf der Höhe Stellung nehmen und Glück oder Unglück mit einander theilen. Ganz anders machen es die alten Soldaten, welche, wie erwähnt, unter einem Fähnlein mit ausgerückt waren. Sie sprechen sich gegenseitig Muth ein, brechen dann, ihren Anführer, den römischen Ritter Cajus Trebonius an der Spitze,

mitten durch den Feind, und erreichen glücklich das Lager, ohne einen Mann verloren zu haben. Die Troßknechte und Reiter folgten ihnen auf dem Fuße und kamen durch den herzhaften Angriff dieser braven Soldaten ebenfalls glücklich in's Lager. Schlimmer ging es den Cohorten, welche auf der Höhe Stellung genommen hatten. Bei ihrem gänzlichen Mangel an Kriegserfahrung gaben sie bald ihren ersten Entschluß auf, sich vertheidigungsweise in ihrer vortheilhaften Stellung zu halten, konnten aber freilich ebensowenig dem Beispiele der Kraft und Schnelligkeit folgen, welches ihnen die Andern mit so glücklichem Erfolge gegeben. Bei ihrem Versuche, das Lager zu erreichen, gerathen sie auf ungünstiges Terrain; ihre Centurionen, von denen einige aus den unteren Graden anderer Legionen in diese mit Rangerhöhung versetzt waren, kämpften mit der größten Tapferkeit, um ihren früher erworbenen militärischen Ruf nicht zu verlieren; sie fielen zwar, aber ihre Aufopferung hatte doch den Soldaten etwas Luft gemacht, und so kam ein Theil derselben wider alles Erwarten glücklich in's Lager; die übrigen wurden von den Barbaren abgeschnitten und niedergemacht.

41. Die Germanen gaben es nun auf das Lager zu erstürmen, weil sie sahen, daß die Unsrigen die Verschanzungen regelmäßig besetzt hatten, nahmen ihre Beute, welche sie in den Wäldern aufbewahrt hatten, und zogen sich damit über den Rhein zurück. Aber selbst nach dem Abzuge des Feindes dauerte der Schrecken noch fort, und als in der folgenden Nacht Cajus Volusenus mit der Reiterei vor dem Lager erschien, wollte ihm kein Mensch glauben, daß Cäsar wirklich wohlbehalten mit seinem Heere da sei. Alles war so von Furcht eingenommen, daß man wie verrückt behauptete: das sei eben nur die versprengte und flüchtige Reiterei, alle übrigen Truppen seien vernichtet; denn, hieß es, wenn das Heer wirklich noch vorhanden wäre, so würden die Germanen das Lager nicht angegriffen haben. Erst Cäsar's Ankunft machte dieser Angst ein Ende.

42. Cäsar war mit den Wechselfällen des Krieges zu vertraut, um etwas Anderes zu rügen, als einzig das Ausrücken der Cohorten aus dem festen Lager; man hätte eben die Möglichkeit selbst eines noch so geringen Unfalles vermeiden müssen. Im Uebrigen ging

allerdings sein Urtheil dahin, daß sowohl bei dem feindlichen Ueberfall, noch mehr aber bei der glücklichen Abwehr des Feindes, der
schon dicht vor dem Wall, ja selbst in den Thoren stand, der Zufall
sein ganz besonderes Spiel gehabt habe. Das Allermerkwürdigste
bei der ganzen Geschichte war aber, daß die Germanen über den
Rhein gegangen waren, um das Land des Ambiorix zu plündern,
dann aber durch ihre zufällige Ableitung auf das römische Lager dem
Ambiorix einen äußerst erwünschten Dienst geleistet hatten.

43. Cäsar brach von Neuem auf, um die Feinde zu züchtigen.
Er hatte aus den Nachbarcantonen eine große Menge Volks zusammengebracht; dieses wurde nach allen Seiten hin entsendet. Alle
Flecken, alle Gehöfte, die man nur entdecken konnte, wurden niedergebrannt; Alles ausgeplündert. Was an Korn nicht von der Masse
Menschen und Vieh aufgezehrt wurde, ging durch die einbrechende
schlechte Jahreszeit und die Herbstregen zu Grunde. Es war daher
zu erwarten, daß auch nach dem Abzuge des römischen Heeres der
Mangel die Wenigen aufreiben würde, welche für den Augenblick
einen sicheren Zufluchtsort gefunden hatten. Unsere zahlreiche Reiterei besonders durchstreifte das Land in allen Richtungen; und es
kam häufig vor, daß Feinde im Augenblick ihrer Gefangennehmung
sich nach dem Ambiorix umschauten, den sie so eben auf der Flucht
gesehen, ja noch nicht ganz aus den Augen verloren haben wollten.
So hoffte man stündlich ihn zu erreichen, und diejenigen, denen besonders an Cäsar's Gunst gelegen war, unterzogen sich in dieser Hoffnung den unglaublichsten Strapazen, welche fast über alle menschliche
Kräfte gingen. Aber immer fehlte eine Kleinigkeit zum letzten Erfolge. Ambiorix rettete sich in Schlupfwinkel und Waldschluchten,
um dann bei Nacht und Nebel in einer andern Richtung und in eine
andere Gegend zu flüchten, wobei er nur von vier Reitern begleitet
war, den einzigen, welchen er sein Leben anzuvertrauen wagte.

IV. Das Strafgericht.

(Cap. 44.)

44. Nachdem dergestalt das Land verwüstet war, führte endlich Cäsar das Heer mit einem Verlust von zwei Cohorten [1]) nach Durocortorum (Rheims) im Remerlande zurück. Dahin berief er denn auch die Tagsatzung der Gallier und ließ nunmehr über die Verschwörung der Senonen und Carnuten eine Untersuchung anstellen. Acco, das Haupt der Verschwörung, wurde zum Tode verurtheilt und nach althergebrachter Weise hingerichtet [2]). Einige Andere waren aus Furcht vor dem Richterspruch geflüchtet; diese wurden für vogelfrei erklärt. Hierauf legte Cäsar zwei Legionen an die Grenze der Treverer, zwei in's Lingonenland, die sechs übrigen in's Gebiet der Senonen nach Agedincum (Sens) [3]) in die Winterquartiere, sorgte für die Verproviantirung und begab sich dann nach Italien, um dort die Gerichtstage abzuhalten.

---

[1]) Ohne Zweifel diejenigen, welche nach Cap. 40 von den Sugambern niedergemacht worden waren.

[2]) D. h. nach alt-römischer Weise „zu Tode geprügelt und dann enthauptet", wie es Buch VIII, Cap. 38 von Gutruatus heißt.

[3]). Dieß und nicht Agendicum oder Agedicum ist die richtige Form des Namens: f. Glück S. 15—18.

Siebentes Buch.

(Das Jahr 52 v. Chr. = 702 n. E. R.)

I. Der Ausbruch des Aufstandes: Vercingetorix.
(Cap. 1—5.)

1. Cäsar ging also, nachdem es in Gallien ruhig geworden, seiner Gewohnheit gemäß nach Italien, um die Gerichtstage abzuhalten. Dort erfuhr er Clodius' Ermordung [1]) und wurde gleichzeitig

---

[1]) **Publius Clodius** und **Annius Milo**, schon seit Jahren tödtlich verfeindet, hatten an der Spitze ihrer bewaffneten Banden, namentlich seit der Entfernung des Pompejus aus der Stadt Rom (s. zu Buch VI, Cap. 1), sich fast ununterbrochen befehdet, und es herrschte seitdem daselbst bei der Ohnmacht des Senats und der Behörden eine wüste Anarchie, welche Pompejus selbst insgeheim förderte, um dadurch endlich die Aristokratie zu bewegen, ihn zum Dictator zu ernennen. Gegen das Ende des Jahres 53 erreichten diese scandalösen Auftritte ihren Gipfel, indem Milo um das Consulat, Clodius um die Prätur für das folgende Jahr sich bewarben, und Jeder mit Waffengewalt seine Ansprüche durchzusetzen, die des Feindes zu vereiteln strebte. Die Folge davon war, daß bei Anbruch des Jahres 52 mit Ausnahme der Volkstribunen noch keine Magistrate gewählt waren, und der anarchischen Bewegungen kein Ende abzusehen war. Da wurde am 20. Januar bei einer zufälligen Begegnung Milo von seinem Gegner erschlagen. Das war der Anfang vom Ende: da Milonianer und Clodianer jetzt erst recht Tag für Tag in förmlichen Straßengefechten sich begegneten, so mußte endlich der Senat nachgeben. Zuerst übertrug er dem Proconsul Pompejus in Gemeinschaft mit den Volkstribunen — als den einzig vorhandenen Behörden — in üblicher Weise die außerordentliche Vollmacht, für die öffentliche Sicherheit zu sorgen, und als Pompejus sofort ganz Italien zu den Waffen gerufen, rasch ein bedeutendes Heer organisirt, und mit demselben die Ruhe hergestellt hatte, so wurde er auf den Antrag des Senats am 25. Februar zum alleinigen Consul gewählt — allerdings ein ganz ungeheuerliches Verfahren. Aber wenigstens schaffte Pompejus Ordnung: nach neuen strengen Gesetzen, freilich unter dem Schutze der bewaffneten Macht, wurden die Rädelsführer beider Parteien, Milo zuerst, vor Gericht gestellt und verbannt, damit zugleich der Gassendemokratie ein Ende gemacht.

von dem Senatsbeschluß benachrichtigt, nach welchem die ganze junge
Mannschaft Italiens sich zum Fahneneide stellen sollte. Er ließ daher in seiner ganzen Provinz eine Aushebung veranstalten. Im trans-
alpinischen Gallien erhielt man bald von diesen Vorfällen Kunde;
die Gallier übertrieben und vergrößerten noch die Gerüchte in zweck-
mäßiger Weise: Cäsar werde durch eine Bewegung in Rom selbst
zurückgehalten und könne wegen der bedeutenden Unruhen sich nicht
zum Heere begeben. Die Mißvergnügten gedachten diese Gelegenheit
zu benutzen und begannen jetzt ziemlich frei und rücksichtslos den
Plan zu einer Erhebung gegen die römische Herrschaft anzuregen.
Die gallischen Fürsten hielten in Wäldern und an entlegenen Orten
Zusammenkünfte, klagten über Acco's Hinrichtung, hoben hervor, es
könne ihnen Allen ebenso gehen, jammerten über das gemeinsame
Schicksal von ganz Gallien und forderten schließlich durch alle möglichen Versprechungen und Belohnungen einen Stamm auf, loszuschlagen und auf seine Gefahr hin den gallischen Freiheitskampf zu
beginnen. Vor Allem müsse Cäsar von seinem Heere abgeschnitten
werden, ehe ihre geheimen Umtriebe bekannt würden. Das sei übrigens nicht schwer, da einerseits die Legionen in Abwesenheit des
Oberfeldherrn die Winterquartiere nicht zu verlassen wagten, andererseits der Oberfeldherr ohne Bedeckung seine Legionen nicht erreichen
könne. Endlich sei es besser, mit den Waffen in der Hand zu fallen,
als den alten Kriegsruhm und die ererbte Freiheit nicht wieder zu
erobern.

2. Da erklärten denn nach längeren Verhandlungen die Carnuten, sie seien bereit um des gemeinen Besten willen jede Gefahr zu
übernehmen, und versprachen zugleich, den ersten Schlag zu führen.
Weil aber im Drange des Augenblicks es unmöglich war, gegenseitig
Geiseln zu stellen, wenn die Sache nicht auskommen sollte, so ver-
langten sie Sicherheit dafür, daß man sie nicht im Stiche lassen
werde, und zwar jene feierliche Eidesleistung bei den vereinigten Fahnen der Stämme, die heiligste Form des Schwures, die bei ihnen

Das ist das „entschiedene Auftreten des Pompejus" unten Cap. 6. Vgl. unsere
Einleitung S. 48 u. 49.

Cäsar, gallischer Krieg.　11

üblich ist. Alle belobten die Carnuten; die sämmtlichen Anwesenden leisteten den Eid, und man trennte sich, nachdem man den Tag der Erhebung festgesetzt hatte.

3. Als jener Tag herankam, strömten die Carnuten unter der Leitung zweier Tollköpfe, des Gutruatus und Conconnetodumnus, auf ein gegebenes Signal nach Cenabum (Orleans) [1], machten die römischen Bürger nieder, welche sich dort niedergelassen hatten, unter Andern den Cajus Fusius Cita, einen ehrenwerthen römischen Ritter, der dort die Verproviantirung leitete, und plünderten deren Habe. Schnell gelangt das Gerücht zu allen gallischen Völkerschaften: denn wo immer ein Ereigniß von großer Bedeutung eintritt, da wird es durch Zuruf über die Felder und Bezirke verkündet; Andere nehmen den Zuruf auf und geben ihn an die Nächsten weiter. So auch hier. Denn was zu Cenabum bei Tagesanbruch geschehen war, ward in dem etwa 160 Meilen entfernten Gebiete der Arverner [2] noch vor dem Ende der nächsten Nachtwache bekannt.

4. In ähnlicher Weise erhob sich hier der Arverner Vercingetorix, Celtillus' Sohn, ein junger Mann von höchstem Ansehen, dessen Vater einst an der Spitze von ganz Gallien gestanden hatte und, weil er nach der Königswürde strebte, öffentlich angeklagt und hingerichtet worden war. Er ruft sofort seine Vasallen zusammen und setzt sie in Feuer und Flamme. Sobald aber sein Vorhaben ruchbar wird, greift man zu den Waffen. Sein eigener Oheim, Gobannitio, und die übrigen Fürsten, welche keine Lust haben Alles auf's Spiel zu setzen, treten ihm entschieden entgegen, und er wird aus der Stadt Gergovia vertrieben. Er ließ sich jedoch von seinem Vorhaben nicht abbringen und hob auf dem Lande armes Volk und anderes Gesindel aus. An der Spitze dieser Truppe zieht er durch den Canton, und wohin er kommt, bringt er Alles auf seine Seite; er erläßt

---

[1] Dieß und nicht das gewöhnliche Genabum ist die richtige Form des Namens; f. Glück S. 56 — 59. Die Stadt ward später civitas Aurellanorum genannt, woher der heutige Name Orleans.

[2] Die Arverner, in der von ihnen benannten Auvergne (Departements Cantal und Puy de Dôme), mit der Hauptstadt Gergovia auf einem Bergplateau, 1 Stunde südlich von Clermont: f. unten zu Cap. 36.

Aufrufe, für die gemeinsame Freiheit die Waffen zu ergreifen, und steht bald an der Spitze so bedeutender Streitkräfte, daß er seine Gegner aus dem Canton vertreibt, Gegner, welche ihn kurz vorher aus der Stadt gejagt hatten. Von den Seinigen zum König ausgerufen, schickt er Gesandtschaften in alle Welt und läßt die Gallier beschwören, ihrem Eide treu zu bleiben; schnell schließt er Verbindungen mit den Senonen, Parisiern, Pictonen, Cadurkern, Turonen, Aulerkern, Lemovikern, Anden und allen übrigen Stämmen an der Küste des Oceans. Nach einstimmigem Beschluß wird ihm der Heerbefehl übertragen. Mit dieser Gewalt bekleidet, läßt er sich von allen diesen Cantonen Geiseln geben, von einem jeden derselben in kürzester Frist eine bestimmte Anzahl Soldaten stellen, setzt fest, wie viel Waffen und zu welcher Zeit jeder Canton und bis wann er diese daheim fertig haben soll; mit besonderem Eifer betreibt er die Organisation der Reiterei. Mit der äußersten Thätigkeit vereinigt er die äußerste Strenge; durch hohe Strafen bringt er die Schwankenden zum Entschluß. Bei größeren Vergehen läßt er die Leute verbrennen und mit allen möglichen Martern hinrichten, bei leichteren Uebertretungen mit abgeschnittenen Ohren oder auf einem Auge geblendet heimschicken, damit sie den Uebrigen zum warnenden und schreckenden Exempel dienen.

5. Durch dieses Schreckenssystem brachte Vercingetorix bald ein Heer zusammen und schickte dann den Cadurker [1]) Lucterius, einen tollkühnen Gesellen, mit einem Theil seiner Streitkräfte in's Gebiet der Rutenen [2]), während er selbst in das Land der Bituriger [3]) marschirte. Bei seinem Anrücken schicken die Bituriger an die Häduer, ihre Schutzherren, Gesandte und bitten um Unterstützung, um desto leichter dem feindlichen Heere Widerstand leisten zu können. Die Häduer schicken auf den Rath der Legaten, welche

---

[1]) Die Cadurker wohnten südwestlich von den Arvernern in dem heutigen Quercy; ihre Hauptstadt Divona ist wahrscheinlich das heutige Cahors.

[2]) Die Rutenen mit der Hauptstadt Legodunum, dem heutigen Rhodez, im Departement Aveyron, zum Theil bereits zur Provinz gehörig; s. Cap. 7 u. vgl. Buch I, Cap. 45.

[3]) Die Bituriger im heutigen Berry (Departements Cher u. Indre) mit der Hauptstadt Avaricum, dem heutigen Bourges.

Cäsar bei'm Heere zurückgelassen hatte, den Biturigern Reiterei und Fußvolk zu Hülfe. Diese Truppen gehen bis an den Liger (Loire), welcher die Grenze zwischen den Biturigern und Häduern bildet, bleiben hier einige Tage unthätig stehen, ohne sich über den Fluß zu wagen, und kehren endlich heim. Unsern Legaten berichten sie, sie hätten sich vor der Treulosigkeit der Bituriger gefürchtet; diese hätten, wie man in Erfahrung gebracht, den Plan gehabt, sie im Falle des Ueberganges über den Fluß gleichzeitig von der einen Seite selbst anzugreifen, von der andern durch die Arverner angreifen zu lassen. Ob dieß die wahre Ursache ihrer Umkehr war, oder ob eine Treulosigkeit zu Grunde lag, darüber ist uns nichts Sicheres bekannt geworden; es läßt sich daher auch nicht wohl etwas Gewisses darüber behaupten. So viel steht fest, daß die Bituriger nach dem Abzug der Häduer sich sogleich mit den Arvernern vereinigten.

II. Cäsar's Rückkehr in die Provinz und die Eröffnung des Feldzugs: Eroberung von Vellaunodunum, Cenabum, Noviodunum.

(Cap. 6 — 13).

6. Als Cäsar in Italien von diesen Vorfällen Meldung erhielt, wußte er bereits, daß die Zustände in Rom durch das entschiedene Auftreten des Cnejus Pompejus wieder so ziemlich geordnet seien. Er ging daher sofort in's transalpinische Gallien ab. Hier angekommen, sah er sich in der größten Verlegenheit, wie er zu seinem Heere kommen sollte. Ließ er die Legionen zu sich nach der Provinz kommen, so wurden sie voraussichtlich auf dem Marsch und ohne seine Führung zum Schlagen gezwungen; wollte er selbst sich zum Heere begeben, so setzte er sich persönlicher Gefahr aus, denn er konnte in dieser Zeit füglich nicht einmal denjenigen trauen, welche anscheinend sich ruhig verhielten.

7. Unterdessen hatte der Cadurker Lucterius die Rutenen, zu denen er gesendet war, für den Bund der Arverner gewonnen. Er

marschirte weiter in die Gebiete der **Nitiobriger** [1]) und **Gabaler** [2]), ließ sich von beiden Geiseln stellen, sammelte eine bedeutende
Streitmacht und schickte sich an, in die Provinz in der Richtung auf
Narbo (Narbonne) einzufallen. Auf diese Meldung hin hielt es
Cäsar vor Allem für das Dringlichste, sich nach Narbo zu begeben.
Dort angekommen, ermuthigte er die Furchtsamen und besetzte die
festen Punkte zunächst dem Feinde, nämlich im Gebiete der zur Provinz gehörigen Rutenen, der Arekomischen Völker, der Tolosaten und
in der Umgegend von Narbo. Unterdessen ließ er einen Theil der
Truppen aus der Provinz und die Verstärkungen, welche er aus Italien herbeigeführt hatte, im Gebiete der **Helvier** [3]) an der Arver-
nischen Grenze sich zusammenziehen.

8. Lucterius war durch diese Anordnungen so gut wie zurück-
gedrängt und unschädlich gemacht, da es zu gefährlich für ihn war,
mitten zwischen den römischen Besatzungen in die Provinz einzudringen. Cäsar begab sich daher in's Helvierland und trat von da aus
den Marsch in's Arvernerland an. Er war freilich beschwerlich, da
das Cevennengebirge, welches die Grenze zwischen Helviern und Arvernern bildet, in dieser noch sehr rauhen Jahreszeit mit hohem
Schnee bedeckt war; doch wurde am Ende der sechs Fuß hohe Schnee
durch die angestrengte Arbeit der Soldaten so weit fortgeräumt, daß
man einen Weg erhielt, und Cäsar wirklich in's Land der Arverner
gelangte. Wider alles Erwarten wurden diese überrascht, weil sie
sich hinter den Cevennen so sicher wie hinter einer Mauer geglaubt
hatten und dort in der That sonst in jener Jahreszeit nicht einmal
Fußsteige für einzelne Leute frei waren. Cäsar befiehlt der Reiterei so
weit als möglich zu streifen und die Feinde nach Möglichkeit in
Schrecken zu setzen. Gerücht und Boten bringen die Schreckenskunde
bald zu Vercingetorix: alle Arverner bestürmen und beschwören ihn
nun, er solle für ihr Hab' und Gut sorgen, es vor Plünderung

---

[1]) Die **Nitiobriger** mit dem Hauptorte Aginnum, heutzutage Agen,
an beiden Ufern des Oltis (Lot), im heutigen Departement Lot et Garonne.

[2]) Die **Gabaler** im heutigen Departement Lozère.

[3]) Die **Helvier**, im heutigen Departement Ardèche; ihre spätere Hauptstadt Alba Augusta ist das heutige Alps bei Viviers.

schützen, zumal da augenscheinlich der ganze Krieg sich auf ihr Land wälze. Vercingetorig läßt sich durch ihre Bitten bestimmen und rückt wirklich aus dem Gebiete der Bituriger in der Richtung nach dem Arvernerland ab.

9. In der Voraussetzung, daß Vercingetorig es so machen werde, hatte sich indessen Cäsar im Ganzen nur zwei Tage in jenen Gegenden aufgehalten und dann das Heer unter dem Vorgeben verlassen, Verstärkungen und Reiterei sammeln zu wollen. An der Spitze jener Truppen ließ er den jungen Brutus zurück und gab diesem die Weisung, die Reiterei nach allen Richtungen so weit als möglich streifen zu lassen; er selbst werde wo möglich in drei Tagen wieder im Lager sein. Nach diesen Anordnungen eilte er mit möglichst großer Beschleunigung nach Vienna (Vienne), wo er bei den Seinigen ganz unerwartet eintraf. Hier fand er die Reiterei vor, welche völlig frisch war, weil er sie viele Tage vorher schon dahin vorausgeschickt hatte; mit dieser marschirte er nun Tag und Nacht durch das Häduerland in's Gebiet der Lingonen [1]), wo zwei Legionen in den Winterquartieren lagen, um, falls auch die Häduer einen Anschlag gegen seine Person im Sinne hätten, dessen Ausführung durch seine Schnelligkeit unmöglich zu machen. Dort angekommen, sendet er den übrigen Legionen seine Befehle und hat sie richtig alle auf Einem Punkte beisammen [2]), ehe die Arverner nur erfahren konnten, daß er bei denselben eingetroffen sei. Auf diese Kunde führt Vercingetorig sein Heer wieder in's Gebiet der Bituriger zurück, marschirt von da nach Gorgobina [3]), der Stadt der Bojer, welche

---

[1]) In der Gegend von Langres: f. zu Buch 1, Cap. 26.

[2]) Nämlich, wie aus Cap. 10 hervorgeht, zu Agedincum, dem heutigen Sens, wo nach Buch VI, Cap. 44 nicht weniger als 6 Legionen in den Winterquartieren standen.

[3]) Die Lage von Gorgobina (so hat man jetzt statt Gergovia nach den Handschriften geschrieben: f. Glück S. 109.) kann nur im Allgemeinen dahin bestimmt werden, daß es südöstlich von Avaricum (Bourges) und auf dem linken Ufer der Loire gelegen haben muß. Gewöhnlich setzt man es nach Moulins am Allier; v. Göler (Cäsar's Gallischer Krieg in dem Jahre 52 v. Chr. Karlsruhe 1859.) S. 6 f. hält es für das heutige Guerebe-sur-l'Aubois; auf der Napoleonischen Karte wird es als St. Pierre-le-Moutier am Allier bezeichnet.

Cäsar dort nach ihrer Niederlage in der Helvetierschlacht angesiedelt und unter den Schutz der Häduer gestellt hatte, und trifft Anstalten es zu belagern.

10. Diese Maßregel setzte Cäsar in große Verlegenheit, und es ward ihm schwer einen Entschluß zu fassen. Behielt er für den Rest des Winters seine Legionen auf Einem Punkte beisammen, so wurde möglicher Weise die den Häduern unterthänige Stadt erobert, und es fiel dann ganz Gallien ab, weil Jedermann glauben mußte, Cäsar sei nicht mehr im Stande seine Freunde zu schützen; brach er vor der Zeit aus den Winterquartieren auf, so hatte er voraussicht= lich bei dem Nachschub von Proviant mit den größten Hindernissen zu kämpfen. Indessen schien es doch immer besser, allen diesen Schwierigkeiten zu trotzen, als sich jener Schmach auszusetzen und sich dadurch den guten Willen aller seiner Anhänger zu entfremden. Cäsar wies daher die Häduer an für die Zufuhr zu sorgen, und sen= dete zu den Bojern, um diesen im Voraus seine Ankunft anzukün= digen, sie zum Ausharren in der Treue und zu muthigem Widerstand gegen den feindlichen Angriff zu ermuntern. Zwei Legionen und das große Gepäck des ganzen Heeres ließ er in Agedincum (Sens) zurück und brach dann auf, den Bojern zu Hülfe.

11. Am zweiten Marschtag erreichte er die Senonenstadt Vel= launodunum[1]). Um keinen Feind in seinem Rücken zu lassen und sich die Verproviantirung frei zu halten, traf er Anstalt die Stadt anzugreifen, und schloß sie binnen zwei Tagen mit einer Contravallationslinie ein. Am dritten Tage erschienen Abgeordnete aus der Stadt, um zu capituliren. Cäsar befahl die Auslieferung der Waffen und Lastthiere sowie die Stellung von 600 Geiseln und ließ zur Ausführung seiner Befehle den Legaten Cajus Trebonius zurück, um selbst so rasch als möglich seinen Marsch fortsetzen zu können. Er rückte gegen die Carnutenstadt Cenabum vor, wäh= rend die Carnuten eben erst von seinem Angriff auf Bellaunodunum

---

[1]) Bellaunodunum wird gewöhnlich, auch von Napoleon, für Château-Landon gehalten; v. Göler S. 8. Anmerk. [1]) hat wahrscheinlich gemacht, daß es vielmehr das heutige Städtchen Ladon, fast in der Mitte zwischen Sens und Orleans, ist.

Botschaft erhalten hatten und in der Meinung, die Belagerung werde sich länger hinziehen, noch damit beschäftigt waren, die Besatzung zu bilden, welche Cenabum besetzen und vertheidigen sollte. Nach zweitägigem Marsche stand Cäsar vor der Stadt und verschob zwar, weil es schon zu spät war, den Angriff selbst auf den folgenden Tag, ließ aber sofort die nöthigen Vorbereitungen dazu treffen. Zwei Legionen mußten unter den Waffen bivouakiren, weil er besorgte, der Feind möchte in der Nacht aus der Stadt flüchten, da eine Brücke aus derselben über den Liger führte. Und wirklich verließen die Cenabenser kurz vor Mitternacht in aller Stille die Stadt und begannen über den Fluß zu gehen. Cäsar erhielt von seinen Patrullen Meldung; er ließ sofort die Legionen, welche er in Bereitschaft gehalten, die Thore in Brand stecken und einrücken. Die Stadt war erobert und ihre sämmtlichen Bewohner bis auf ganz wenige gefangen, da die schmale Brücke und die engen Wege der großen Menge die Flucht unmöglich machten. Cäsar ließ die Stadt plündern und in Brand stecken; die Beute gab er den Soldaten Preis. Dann führte er das Heer über den Liger und rückte in's Gebiet der Bituriger.

12. Als Vercingetorix den Anmarsch Cäsar's erfuhr, hob er die Belagerung auf und ging ihm entgegen. Cäsar hatte unterdeß Anstalt getroffen Noviodunum [1] anzugreifen, eine auf seiner Marschlinie gelegene Stadt der Bituriger. Da kamen Abgeordnete aus der Stadt und baten um Gnade und Schonung; und Cäsar befahl die Uebergabe der Waffen und Pferde sowie die Stellung von Geiseln, um das, was ihm noch zu thun blieb, mit der Schnelligkeit abzumachen, welcher er seine bisherigen Erfolge verdankte. Ein Theil der Geiseln war bereits ausgeliefert und die übrigen Geschäfte im Gange, Centurionen mit einigen Soldaten in die Stadt commandirt, um die Waffen und Pferde beizutreiben; da ward in der Ferne die feindliche Reiterei sichtbar, welche Vercingetorix' Vortrab bildete. So-

---

[1] Mit großer Wahrscheinlichkeit hält man gewöhnlich das heutige Nouan le Fuzélier, auf halbem Wege zwischen Orleans und Bourges, für dieses Noviodunum. Auf der Napoleonischen Karte ist es nach Lossau als Neuvysur-Barangeon bezeichnet, eine Annahme, welche v. Göler S. 9, Anmerk. 4) mit Recht zurückweist.

bald die Novioduner sie erblickten und Hoffnung auf Entsatz faßten, erhoben sie Kriegsgeschrei und begannen die Waffen zu ergreifen, die Thore zu schließen und die Mauer zu besetzen. Die Centurionen in der Stadt hatten nicht so bald aus dem Gebahren der Gallier erkannt, daß diese feindselige Absichten hätten, als sie die Schwerter zogen und die Thore besetzten. Es gelang ihnen, alle ihre Soldaten glücklich aus der Stadt zu bringen.

13. Cäsar ließ die Reiterei aus dem Lager rücken und zum Angriff gegen die feindliche vorgehen. Die Unsrigen kamen in's Gedränge; da schickte ihnen Cäsar ungefähr 400 germanische Reiter zu Hülfe, welche er unmittelbar um seine Person zu haben pflegte. Deren Anpralle konnten die Gallier nicht widerstehen, sie wurden geworfen und zogen sich mit bedeutendem Verlust auf das Hauptheer zurück. Durch ihre Niederlage gewann bei den Noviodunern die Furcht wieder die Oberhand; sie ergriffen diejenigen, welche das Volk aufgewiegelt haben sollten, führten sie vor Cäsar und ergaben sich ihm. Hierauf marschirte Cäsar auf die Stadt Avaricum (Bourges), die überaus feste und in einer gesegneten Gegend gelegene Hauptstadt der Bituriger, denn er war überzeugt, daß er durch die Einnahme dieser Stadt die Unterwerfung der Bituriger vollenden werde.

III. Belagerung und Eroberung von Avaricum.
(Cap. 14—31.)

14. Nach diesen Schlag auf Schlag folgenden Unfällen bei Vellaunodunum, Cenabum, Noviodunum beruft Vercingetorix einen Kriegsrath. Er setzt auseinander: der Krieg müsse auf ganz andere Art geführt werden als bisher. In jeder Weise müsse man sich darauf verlegen, die Römer an Fouragirungen zu hindern und ihnen die Zufuhr abzuschneiden. Dieß sei bei der Uebermacht der gallischen Reiterei eine Kleinigkeit, zumal da sie dabei von der Jahreszeit begünstigt würden. Grün fouragiren könne der Feind nicht; er müsse sich zersplittern, um das Futter von den Höfen zusammenzuholen;

alle diese Fouragierabtheilungen könnten von der gallischen Reiterei Tag für Tag aufgerieben werden. Außerdem müßten dem allgemeinen Besten alle Sonderinteressen geopfert, müßten Höfe und Weiler in der ganzen Gegend nach allen Richtungen hin niedergebrannt werden, so weit die Römer ihre Fouragirungen füglich ausdehnen könnten. Die Gallier hätten an allen diesen Dingen Ueberfluß, da ihnen ja allenthalben die Hülfsquellen und Vorräthe des jedesmaligen Kriegsschauplatzes zur Verfügung ständen. Die Römer dagegen würden dem Mangel erliegen oder zu ihrem großen Schaden immer weiter vom Lager sich entfernen müssen. Dabei komme es auf Eins heraus, ob man sie selbst niedermache oder ihnen ihr Gepäck abnehme und sie dadurch der nothwendigen Mittel zur Führung des Krieges beraube. Ferner müßten alle Städte niedergebrannt werden, welche nicht durch Natur und Kunst völlig sicher wären, damit sie weder den fahnenflüchtigen Galliern zu Schlupfwinkeln dienten, noch für die Römer einladende Stapelplätze von Proviant und Beute würden, welche diese nur einzunehmen brauchten. Wenn dieß hart und bitter scheine, so halte er es doch für viel härter, wenn ihre Kinder und Weiber in die Sklaverei geschleppt, sie selbst niedergemacht würden, was im Fall der Niederlage ihr unausbleibliches Schicksal sein werde.

15. Vercingetorix' Meinung fand allgemeine Zustimmung, und in Einem Tage wurden über 20 Städte der Bituriger niedergebrannt. Ebenso in den andern Cantonen; allenthalben sah man Feuersbrünste auflodern. So schmerzlich dieß auch den Galliern war, trösteten sie sich doch mit dem Glauben, daß sie den Sieg nun fest in Händen hätten und dann das Verlorene bald wieder gewinnen würden. In offenem Kriegsrath wird dann auch darüber verhandelt, ob man Avaricum (Bourges) niederbrennen oder vertheidigen solle. Die Bituriger beschwören die übrigen Gallier fußfällig, man solle sie doch nicht zwingen, die schönste Stadt fast von ganz Gallien, den Hort und die Zierde ihres Landes, selbst in Asche zu legen; es würde ihnen bei der Lage der Stadt leicht sein, sie zu vertheidigen, weil sie fast auf allen Seiten von Fluß und Sumpf umgeben, nur einen einzigen und dazu sehr engen Zugang biete [1]). Vercingetorix war An-

---

[1]) Bourges liegt an dem Zusammenfluß des von Süden her kommenden

fangs dagegen; gab aber dann den Bitten der Bituriger und dem allgemeinen Mitleide nach: man willfahrte ihrem Gesuche und bestimmte eine erlesene Besatzung zur Vertheidigung der Stadt.

16. Vercingetorix folgte Cäsar in kleineren Tagemärschen auf dem Fuße nach und wählte sich als Lagerplatz einen durch Moor und Wälder gesicherten Ort, 16 Meilen von Avaricum [1]). Hier ließ er sich zu jeder Tageszeit über Alles, was vor Avaricum vorfiel, durch einen geregelten Patrullendienst Meldung erstatten und gab auf demselben Wege seine Befehle. Alle unsere Entsendungen nach Futter und Proviant beobachtete er und griff die einzelnen Abtheilungen an, wenn sie sich nothgedrungen etwas weit vom Lager entfernten, und that ihnen vielen Schaden, obgleich man von unserer Seite auf alle erdenkliche Weise sich dagegen vorzusehen suchte, insofern man zu unbestimmten Zeiten und bald auf dem, bald auf jenem Wege ausrückte.

17. Cäsar hatte sein Lager auf der Seite der Stadt aufgeschlagen, welche nicht vom Flusse und den Sümpfen gedeckt, wie gesagt, einen Zugang von geringer Breite darbietet; er begann hier einen Belagerungsdamm auszuführen, Schutzdächer vorzubringen und zwei Thürme zu errichten. Denn eine Einschließung mittelst Verschanzungen war bei der Oertlichkeit unausführbar. Bezüglich der Verpflegung ließ er nicht ab, die Bojer und die Häduer zu mahnen; aber die letzteren leisteten keine besonderen Dienste, weil sie nicht eben den besten Willen hatten, und die ersteren, ein kleiner unbedeutender Stamm, hatten bald das Wenige an Vorräthen, was sie besaßen, selbst aufgezehrt. Da nun die Bojer Nichts hatten, die Häduer Nichts thaten, die Höfe in der Umgegend in Asche lagen, so hatte unser Heer unter den Verpflegungsschwierigkeiten bis zu dem Grade zu leiden, daß die Soldaten mehrere Tage hinter einander kein Brod erhal-

---

Auron und der von Osten her kommenden Yèvre, in welche noch ein paar kleine Flüßchen, der Langis von Nordosten und der Moulon von Norden her münden. Jener „enge Zugang", an welchem nach Cap. 17 Cäsar sein Lager aufschlug, ist südöstlich von der Stadt, zwischen Auron und Yèvre.

[1]) „Er schlug sein Lager — wahrscheinlich auf den Höhen von Vierzon-ville, einem Terrainpunkte, der im Süden, also gegen den Feind hin, von dem sumpfigen Thalgrund der Yèvre, auf seinen andern Seiten aber vom Walde von Vierzon und dem Walde St. Laurent umschlossen ist." B. Göler S. 13.

ten und mit dem Fleisch des Viehes, welches aus entfernteren Weilern herbeigeschafft wurde, nur nothdürftig ihren Hunger stillen konnten. Trotzdem hörte man keinen Laut von ihnen, der des römischen Namens und ihrer bisherigen siegreichen Laufbahn unwürdig gewesen wäre. Ja, als Cäsar einzelne Legionen bei der Arbeit anredete und ihnen sagte, er würde die Belagerung aufheben, falls ihnen die Ertragung des Mangels zu sauer würde, baten sie ihn wie aus Einem Munde, dieß nicht zu thun. Eine Reihe von Jahren hätten sie nun schon unter ihm gedient, ohne jemals einen Schimpf auf sich sitzen zu lassen, ohne irgendwo unverrichteter Sache abzuziehen; für einen Schimpf müßten sie es aber halten, sollten sie von dieser einmal begonnenen Belagerung ablassen. Lieber wollten sie das Härteste ertragen, als das Todtenopfer für die römischen Bürger aufgeben, welche die gallische Treulosigkeit in Cenabum gemordet. Das Gleiche ließen sie Cäsar noch ausdrücklich durch ihre Centurionen und Kriegstribunen erklären.

18. Schon näherten die Thürme sich der Mauer, als Cäsar von Gefangenen erfuhr, Vercingetorix habe sich näher an Avaricum herangezogen, weil das Futter in der Gegend seines bisherigen Lagers aufgebraucht sei. Er selbst sei mit der Reiterei und dem leichten zum Kampf zwischen der Reiterei bestimmten Fußvolk ausgerückt, um den Unsrigen in der Gegend einen Hinterhalt zu legen, wo sie nach seiner Annahme am nächsten Tage fouragiren würden. Auf diese Nachrichten brach Cäsar um Mitternacht in aller Stille auf und erschien früh Morgens vor dem Lager des Feindes. Dieser hatte durch seine Patrullen das Anrücken Cäsar's zeitig genug erfahren, seine Karren und sein großes Gepäck in den dichten Wald in Sicherheit gebracht, mit allen seinen Truppen aber auf einer offenen Höhe Stellung genommen. Auf diese Meldung ließ Cäsar schnell die Tornister zusammentragen und die Waffen zum Gefecht bereit machen.

19. Es war eine Anhöhe mit sanft vom Fuße aufsteigendem Abhang. Fast von allen Seiten umgab sie ein Sumpf, der nicht breiter als 50 Fuß, aber schwierig und mühsam zu passiren war. Die Brücken darüber hatten die Gallier abgebrochen und blieben nun im Vertrauen auf die natürliche Festigkeit des Terrains ruhig auf jener Anhöhe stehen, indem sie nach ihren verschiedenen Cantonen

vertheilt alle gangbaren Stellen und Furthen des Sumpfes besetzt hielten, bereit und entschlossen, die Römer von ihrer beherrschenden Stellung aus anzugreifen, wenn sie bei dem Versuche über den Sumpf zu kommen stecken blieben. Wer den Feind in so unmittelbarer Nähe aufmarschirt sah, der konnte glauben, die Gallier böten uns einen Kampf unter gleichen Bedingungen an; wer aber die Ungleichheit der Lage für beide Theile wirklich erkannte, der konnte in dem Verhalten der Gallier nur eine leere und gauklerische Prahlerei sehen. Cäsar's Soldaten waren entrüstet darüber, daß der Feind so ruhig dicht vor ihren Augen stehen blieb, und forderten ungestüm das Zeichen zum Angriff; Cäsar aber machte ihnen begreiflich, mit wie vielen Opfern, mit dem Tode wie vieler Braven hier nothwendig der Sieg erkauft werden müsse; gerade weil er sie bereit und entschlossen sehe, für seinen Ruhm jede Gefahr zu bestehen, würde er es unmöglich bei sich selbst verantworten können, wenn ihm ihr Leben nicht mehr gälte als sein eigener Vortheil. So beruhigte er die Soldaten und führte sie am gleichen Tage in's Lager zurück, wo er die weiteren Anstalten zur Fortführung der Belagerung treffen ließ.

20. Als Vercingetorix zu den Seinigen zurückkehrte, ward er des Verraths beschuldigt: daß er näher an das römische Lager herangerückt sei, dann mit der ganzen Reiterei sich entfernt und so beträchtliche Streitkräfte ohne Oberbefehl zurückgelassen habe, daß dann gleich nach seiner Entfernung die Römer zu so ungelegener Zeit und so schnell herangekommen seien — Alles das hätte nicht so zufällig und ohne Absicht zusammentreffen können: Vercingetorix wolle eben die gallische Königskrone lieber aus Cäsar's Hand als von der freien Wahl seiner Landsleute empfangen. Auf diese Anklagen erwiderte er: aufgebrochen sei er aus dem früheren Lager wegen Futtermangel, ja auf ihren eigenen lauten Wunsch; näher den Römern habe er das neue Lager gewählt, weil er hier einen günstigen Platz gefunden, der wie eine natürliche Festung sich gleichsam selbst vertheidige; die Reiterei sei in dieser Moorgegend nicht verwendbar und daher vollkommen entbehrlich gewesen, während sie auf seinem Zuge die besten Dienste geleistet habe. Den Oberbefehl habe er mit gutem Bedacht bei seiner Entfernung Niemandem übertragen, damit nicht etwa der Oberbefehlshaber durch das Drängen der Masse sich zu einer Ent-

scheidungsschlacht verleiten ließe, denn nur darauf, das sähe er wohl, ginge all' ihr Dichten und Trachten, und zwar lediglich aus Schwäche, weil ihnen auf die Länge der Zeit die Strapatzen zu viel würden. Möchten nun die Römer zufällig oder in Folge einer geheimen Mittheilung gekommen sein: im ersteren Falle sollten die Gallier dem Glück, im letzteren dem Verräther Dank wissen. Denn in ihrer beherrschenden Stellung hätten sie die geringe Zahl der Römer übersehen und der Tapferkeit derselben Hohn sprechen können: schmählich, ohne den Kampf zu wagen, hätten diese in ihr Lager zurückkehren müssen. Er werde nicht von Cäsar durch Verrath die höchste Gewalt erhalten wollen, welche er durch den Sieg erringen könne, der ihm und Gesammtgallien bereits sicher sei; ja er gebe sie gern in ihre Hände zurück, wenn sie ihm eine Ehre zu erweisen und nicht vielmehr dadurch von ihm ihre Rettung zu gewinnen glaubten. „Auf daß ihr aber seht," fügte er hinzu, „daß ich euch die Wahrheit sage, so hört die römischen Soldaten selbst." Und damit ließ er einige Knechte vorführen, die er einige Tage vorher bei'm Fouragiren aufgegriffen und durch Hunger und Ketten mürbe gemacht hatte. Diese, denen ihre Antworten auf alle etwaigen Fragen zum Voraus eingelernt waren, sagen aus, sie seien Legionssoldaten und hätten aus Hunger und Mangel heimlich das Lager verlassen, um zu sehen, ob sie auf dem Felde nicht etwas Getreide oder ein Stück Vieh auftreiben könnten. Gleicher Mangel drücke das ganze Heer, Alles sei erschöpft und vollkommen unfähig die Strapatzen länger zu ertragen. Der Feldherr habe daher beschlossen, in drei Tagen abzuziehen, falls bis dahin die Belagerung der Stadt keine Fortschritte gemacht habe. „Das Alles," fügte Vercingetorix dann hinzu, „verdankt ihr mir, den ihr des Verraths beschuldigt; ich bin es, der ein großes, starkes, siegreiches Heer durch den Hunger aufgerieben hat, ohne daß es euch einen Tropfen Blut gekostet hat; und daß kein Canton es gutwillig bei sich aufnimmt, wenn es sich in schmählicher Flucht zurückzieht — auch dafür habe ich gesorgt."

21. Die ganze Menge begrüßt diese Rede mit Zuruf und schlägt, wie es Brauch ist, die Waffen an einander, was sie zu thun pflegen, um einem Redner ihre Zustimmung auszudrücken: Vercingetorix sei der größte Feldherr, seine Treue unzweifelhaft, und der

Krieg könne unmöglich besser und planmäßiger geführt werden. Es wird beschlossen, 10,000 Mann aus den sämmtlichen Truppen auszuwählen und in die Stadt zu werfen, um nicht den Biturigern allein die Wahrung des Gesammtwohls anzuvertrauen: denn mit der Behauptung dieser Stadt, meinten sie, sei auch der Sieg überhaupt so gut wie entschieden.

22. Unterdessen hatte die ausgezeichnete Tapferkeit unserer Soldaten mit allen möglichen Gegenanstalten der Gallier zu kämpfen, wie sie denn ein überaus anstelliger Menschenschlag und besonders geschickt sind, Alles nachzumachen und auszuführen, was man ihnen vormacht. So fingen sie unsere Mauersicheln mittelst Schlingen auf, hielten sie fest und zogen sie dann mittelst Winden in die Stadt hinein; so trieben sie Minen unter unsern Belagerungsdamm und zogen dadurch dessen Material weg, mit desto mehr Sachkenntniß, da sie große Eisenbergwerke haben und ihnen daher jede Art von Minen bekannt und geläufig ist. Längs der ganzen Mauer auf allen Punkten hatten sie Thürme aufgesetzt und diese mit Fellen bedeckt. Dann machten sie häufige Ausfälle bei Tag und Nacht, legten Feuer an den Angriffsdamm oder griffen unsere Soldaten bei der Arbeit an, und so viel unsere Thürme sich täglich durch Hinzufügung neuen Materials erhöhten [1]), die Gallier gaben ihren Thürmen durch Verlängerung ihrer Hauptbäume mittelst Ansatzstücken sofort die gleiche Höhe. Den Fortschritt unserer offenen Gallerien [2]) suchten sie durch angekohlte und zugespitzte Hölzer, glühendes Pech und Steine vom schwersten Caliber aufzuhalten und auf diese Weise ihre Annäherung an die Mauer zu hindern.

23. Alle gallischen Mauern haben aber etwa folgende Ein-

---

[1]) „Der Angriffsdamm vor Avaricum wurde rampenförmig gegen die Stadt vorgetrieben, so daß er, indem er sich derselben näherte, stets auch höher wurde. Die beiden Wandelthürme aber (s. oben Cap. 17) wurden successive auf dem Damm vorgeschoben und standen nach jeder Tagesarbeit auch etwas höher." B. Obler S. 19.

[2]) welche innerhalb des Damms „tunnelartig gegen die Stadtmauer führten, um dieselbe einbrechen oder untergraben zu können. Sie waren, so lange der Damm die Stadtmauer noch nicht erreicht hatte, vornen oder gegen den Feind hin offen." Derselbe a. a. D.

richtung. Auf den Boden werden gerade Balken aus einem Stück der Länge nach neben einander und mit 2 Fuß Abstand von einander gelegt. Diese Balken werden inwendig gehörig verklammert und dann Alles stark mit Erde bedeckt; in der Front aber werden die Abstände zwischen den Balken, welche wir erwähnten, mit großen Steinen völlig ausgefüllt. Ist diese Schicht gelegt und verbunden, so kommt eine zweite Lage Balken mit demselben Abstand darauf, aber so, daß nicht Balken auf Balken trifft, sondern jeder derselben von seinem Steinlager genau in demselben Zwischenraume fest zusammengehalten wird. So wird das ganze Werk Lage für Lage zusammengefügt, bis die verlangte Höhe der Mauer erreicht ist. Der regelmäßige Wechsel der nach geraden Linien geschichteten Balken und Steine gibt dem Werke ein gefälliges und harmonisches Ansehen, ist aber auch von wesentlichem Nutzen und Vortheil für die Vertheidigung der Städte, weil der Steinbau gegen den Brand, gegen den Widder aber das Holzwerk schützt, welches, aus Balken von meistens 40 Fuß Länge aus einem Stück bestehend und inwendig gehörig verklammert, weder durchbrochen noch auseinandergerissen werden kann.

24. Alle diese Hindernisse erschwerten ungemein den Fortschritt der Belagerung, und überdieß wurden unsere Soldaten die ganze Zeit über durch Kälte und anhaltende Regengüsse aufgehalten. Dennoch überwanden sie alle Schwierigkeiten durch unablässige Arbeit und brachten in 25 Tagen einen Damm von 330 Fuß Breite und 80 Fuß Höhe [1]) zu Stande. Als dieser die feindliche Mauer fast erreicht hatte, und Cäsar nach seiner Gewohnheit die Nacht bei den Arbeitern zubrachte und den Soldaten zusprach, keinen Augenblick die Arbeit ruhen zu lassen, ward kurz vor der dritten Nachtwache bemerkt, daß der Damm rauche. Die Feinde hatten ihn mittelst einer Mine von unten angezündet; zugleich erhoben sie ein Kriegsgeschrei auf der ganzen Mauer und machten aus zwei Thoren zu beiden Seiten der Thürme einen Ausfall. Die Einen schleuderten Kienfackeln und trockenes Holz von der Mauer auf den Damm,

---

[1]) Die beiden Zahlenangaben sind ohne Zweifel verdorben, können aber durch keine wahrscheinliche Vermuthung hergestellt werden.

die Andern goſſen Pech und andere brennbare Stoffe herab, ſo daß kaum abzuſehen war, wohin man zuerſt eilen, wo man zuerſt Gegenanſtalten treffen ſollte. Da indeſſen nach Cäſar's Anordnung ſtets zwei Legionen vor dem Lager frei lagerten und mehrere andere mit Ablöſungen bei der Arbeit beſchäftigt waren, machte es ſich dennoch ſchnell, daß die Einen den Ausfällen entgegentraten, die Andern die Thürme zurückbrachten und den Damm abbrachen, aus dem Lager aber Alles herbeilief, um zu löſchen.

25. Schon war der Tag angebrochen und noch immer ward auf allen Punkten gekämpft, noch immer belebte den Feind neue Siegeshoffnung, zumal, da er ſah, daß die Frontſchirme [unſerer Thürme] [1]) niedergebrannt waren und daher die Unſrigen ohne Deckung nicht ſo leicht zur Unterſtützung vorgehen konnten. Bei ihnen dagegen löſten beſtändig friſche Mannſchaften die ermüdeten ab: die Rettung von ganz Gallien, meinten ſie, hänge an dieſer Spanne Zeit. Bei dieſem Stande der Dinge ereignete ſich unter unſeren Augen ein Zwiſchenfall, der merkwürdig genug ſcheint, um ihn hier nicht zu übergehen. Ein Gallier vor dem einen Stadtthore warf Kuchen von Talg und Pech, die ihm von Hand zu Hand zugereicht wurden, in der Richtung des Thurmes in das Feuer; ein Scorpionenpfeil traf ihn durch die rechte Seite und er fiel augenblicklich todt nieder. Einer ſeiner Nachbarn ſtieg über ihn hinweg und ſetzte ſein Geſchäft fort; er wurde ebenſo von einem Pfeil des Scorpionen getroffen; ein Dritter und Vierter folgten nach, und ſo wurde dieſer Platz nicht eher vom Feinde aufgegeben, als bis der Brand des Dammes gelöſcht, der Ausfall allenthalben zurückgewieſen und damit dem Kampfe überhaupt ein Ende gemacht worden war.

26. Alles hatten die Gallier verſucht, Nichts war ihnen ge-

---

[1]) Die plutei turrium können unmöglich die an den Thürmen ſelbſt angebrachten Bruſtwehren oder Deckſchirme ſein, wie man allgemein annimmt; ſondern es ſind vielmehr die theils vor, theils ſeitwärts von dem Damme aufgeſtellten Frontſchirme, welche zur Deckung der Arbeiter und zur Aufnahme der Bedeckungsmannſchaft dienen. S Rüſtow, Heerweſen und Kriegführung Cäſar's S. 144. 148 f. Es iſt daher auch aller Wahrſcheinlichkeit nach turrium als Gloſſem zu ſtreichen.

lungen: so faßten sie denn am folgenden Tage auf den Rath und Befehl des Vercingetorix den Entschluß, die Stadt zu verlassen. Sie glaubten dies in der Stille der Nacht ohne großen Verlust bewerkstelligen zu können, weil einerseits Vercingetorix' Lager nicht weit von der Stadt entfernt war, andererseits die dazwischen liegenden ausgedehnten Moore die Römer bei der Verfolgung aufhalten mußten. Und schon rüsteten sie sich in der Nacht zum Aufbruch, als plötzlich die Weiber auf die Straßen liefen, sich weinend den Ihrigen zu Füßen warfen und sie mit tausend Bitten bestürmten, sie und ihre gemeinsamen Kinder doch nicht der Wuth des Feindes preiszugeben, da ihnen ihre natürliche Schwäche die Flucht unmöglich mache. Da sie aber sahen, daß die Männer bei ihrem Vorsatz beharrten, — wie denn meist in der höchsten Gefahr die Furcht kein Mitleid aufkommen läßt, — so begannen sie laut zu schreien und den Römern Zeichen zu machen, daß ihre Männer fliehen wollten. Das schreckte die Gallier ab: sie fürchteten, die römische Reiterei werde ihnen die Wege abschneiden, und standen deßhalb von ihrem Plane ab.

27. Am nächsten Tage hatte Cäsar schon einen Thurm vorbringen lassen und die Richtung der Werke bestimmt, deren Ausführung er angeordnet, als es stark zu regnen anfing. Cäsar hielt dies Wetter zur Ausführung eines Handstreichs für geeignet, weil er sah, daß die Wachen auf der Mauer nicht so sorgfältig wie gewöhnlich aufgestellt waren. Er ließ daher auch die Seinigen ihre Arbeiten mit geringerem Eifer betreiben, indem er ihnen die nöthigen Weisungen gab. Hierauf ließ er die Legionen verdeckt in den Laufhallen sich gefechtsbereit machen, ermunterte sie, nun endlich einmal den Sieg, die Frucht so vieler Arbeit und Mühe, sich zu holen, versprach denen, welche zuerst die Mauer ersteigen würden, Belohnungen, und gab dann den Soldaten das Zeichen zum Angriff. Diese stürmten plötzlich auf allen Punkten hervor und hatten schnell die Mauer besetzt.

28. Die Feinde, in Ueberraschung und Bestürzung von der Mauer und den Thürmen vertrieben, setzten sich in geschlossenen Massen auf dem Markt und den freien Plätzen, in der Absicht, das Gefecht geordnet anzunehmen, wenn irgend wo die Römer zum Angriffe vorgingen. Als sie aber sahen, daß die Römer sich wohl hüteten auf den ebenen Grund der Stadt herunterzukommen, sondern sich

vielmehr rings auf der ganzen Mauer ausbreiteten, fürchteten sie, auch die letzte Aussicht zur Flucht zu verlieren, warfen die Waffen weg und stürzten sich unaufhaltsam den äußersten Enden der Stadt zu; und ein Theil wurde noch hier, in den engen Ausgang der Thore zusammengedrängt, von den Legionssoldaten, ein anderer Theil schon außerhalb der Thore von der Reiterei niedergemacht. Niemand dachte daran, Beute zu machen: erbittert über das Blutbad von Cenabum [1]) und die harte Belagerungsarbeit, schonten die Soldaten weder Greise, noch Weiber, noch Kinder. Kurz, von der ganzen Masse, die sich auf etwa 40,000 Menschen belaufen mochte, blieben kaum 800 übrig, welche gleich auf den ersten Lärmen die Stadt verlassen hatten und sich glücklich zu Vercingetorix retteten. Vercingetorix aber fürchtete, ihre Ankunft in hellen Haufen und das dadurch wachgerufene allgemeine Mitleiden möchte einen Aufstand im Lager erregen; er ließ daher diese Flüchtlinge erst spät in der Nacht in aller Stille ein, indem er in gehöriger Entfernung seine Vertrauten und die Stammfürsten auf der Straße vertheilt hatte, um hier die Leute erst zu sondern und dann in getrennten Trupps nach den verschiedenen Theilen des Lagers zu führen, welche ihren betreffenden Cantonen von Anfang an zugewiesen worden waren [2]).

29. Am nächsten Tage berief Vercingetorix eine allgemeine Versammlung, tröstete und ermunterte die Gallier, den Muth nicht zu sehr sinken, durch den Unfall sich nicht irre machen zu lassen. Hätten doch die Römer nicht durch ihre Tapferkeit oder in offener Feldschlacht, sondern durch einen Kunstgriff und durch ihre Belagerungskunst gesiegt, von welcher nun einmal die Gallier Nichts verstünden. Man sei sehr im Irrthum, wenn man im Kriege lauter glückliche Erfolge erwarte. Er seinerseits sei nie mit der Behauptung von Avaricum einverstanden gewesen, wie sie es ihm ja selbst bezeugen könnten; aber der Unverstand der Bituriger und die zu große Nachgiebigkeit der Uebrigen [3]) habe diesen Unfall herbeigeführt. Er werde ihn aber schnell durch desto größere Vortheile wieder gut

---

[1]) S. oben Cap. 3.
[2]) S. oben Cap. 21.
[3]) S. oben Cap. 15.

machen. Denn er werde es dahin bringen, daß auch die Cantone sich anschlössen, welche sich bisher noch von den übrigen Galliern fern gehalten hätten; er werde sein Ziel, die Einheit Gesammtgalliens, erreichen, und sei dieses einig, so vermöge es einer Welt in Waffen zu widerstehen; ja er habe dieses Ziel schon fast erreicht. Für jetzt aber glaube er im gemeinsamen Interesse verlangen zu sollen, daß sie sich entschlössen, ihr Lager zu befestigen, um plötzliche Angriffe des Feindes desto leichter abweisen zu können.

30. Die Rede machte auf die Gallier einen guten Eindruck, hauptsächlich, weil er trotz des erlittenen großen Unfalls den Muth nicht verloren, weil er sich nicht versteckt hatte, sondern furchtlos der Menge unter die Augen getreten war; ja es stieg sogar ihre Meinung von seinem Ueberblick und seiner Voraussicht, da er von Anfang an zuerst für die Einäscherung, dann für das Aufgeben von Avaricum [1]) gewesen war. Wenn daher andere Feldherrn durch Mißgeschick an Ansehen verlieren, so gewann Vercingetorix durch jenen Unfall von Tage zu Tage an Vertrauen. Zugleich glaubten die Gallier fest an seine Versicherung, es würden sich auch die übrigen Cantone anschließen; und so entschlossen sie sich denn auch jetzt zum ersten Male, ihr Lager zu befestigen: obwohl der Arbeit ganz ungewohnt, standen sie doch dermaßen unter dem Zauber des Vercingetorix, daß sie sich allen seinen Befehlen unbedingt unterwerfen zu müssen glaubten.

31. Vercingetorix hielt sein Versprechen und richtete all' sein Dichten und Trachten darauf, die übrigen Cantone zum Anschluß zu bewegen. Besonders suchte er sie durch Geschenke und Versprechungen zu ködern, und wählte für diese Unterhandlungen Leute aus, die durch Redefertigkeit oder persönliche Verbindungen besonders geeignet waren, der Sache Anhänger zu gewinnen. Ferner sorgte er für die Bekleidung und Bewaffnung derjenigen, welche bei der Eroberung Avaricum's von dort geflüchtet waren; und um den Abgang an Mannschaft zu ergänzen, gab er gleich den einzelnen Cantonen auf, bestimmte Contingente zu stellen und diese zu einem festgesetzten Termine ihm in's Lager zuzuführen. Auch läßt er die zahlreichen

---

[1]) Vgl. Cap. 26 zu Anfang.

Bogenschützen, welche es in Gallien gibt, sämmtlich aufbieten und sich zuschicken. Durch diese Maßregeln wurde der Verlust bei Avaricum schnell wieder ersetzt. Gleichzeitig kam auch Teutomatus, König der Nitiobriger und Sohn jenes Olloviko, welcher von unserem Senate ausdrücklich anerkannt worden war [1]), mit einer großen Zahl theils eigener, theils in Aquitanien geworbener Reiter zu Vercingetorix.

IV. Cäsar's Bug in's Arvernerland, die Belagerung von Gergovia und Cäsar's Rückmarsch.

(Cap. 32—56.)

Die Umtriebe und der endliche Abfall der Häduer.

(Cap. 32—34. 37—43. 54 und 55.)

32. Cäsar verweilte mehrere Tage in Avaricum, wo eine große Masse Getreide und sonstigen Mundvorraths in seine Hände gefallen war, um sein Heer nach allen den Mühen und Entbehrungen sich erholen zu lassen. Unterdessen war auch der Winter beinahe vorüber, und die Jahreszeit selbst forderte nun zur eigentlichen Eröffnung des Feldzugs auf. Cäsar hatte daher auch schon beschlossen, an den Feind heranzurücken, um ihn entweder aus seinen Mooren und Wäldern hervorzulocken oder durch eine Einschließung zu bedrängen. Da erschien bei ihm eine Gesandtschaft häduischer Fürsten mit der Bitte, er möge sich in einem Augenblicke der dringendsten Noth ihres Cantones annehmen; die Lage sei äußerst gefährlich: nach altem Herkommen werde jährlich ein oberster Beamter gewählt, um ein Jahr lang die königliche Gewalt auszuüben; jetzt hätten sie zwei solcher Beamten, von denen jeder behaupte, auf gesetzlichem Wege gewählt zu sein. Der Eine sei Convictolitavis, ein junger Mann von großem Ansehen und erlauchtem Geschlecht, der Andere

---

[1]) S. zu Buch I, Cap. 3.

Cotus, aus einer der ältesten Familien und gleichfalls vielvermögend und von mächtiger Verwandtschaft, deſſen Bruder, Valetiacus, im letzten Jahr das gleiche Amt bekleidet habe. Der ganze Canton ſei in Waffen, der Rath getheilt, das Volk getheilt, und ebenſo die Vaſallen der beiden. Werde der Streit noch länger genährt, ſo könne der Bürgerkrieg nicht ausbleiben. Nur Cäſar's Einſchreiten und Einfluß könne dieſes Unglück verhüten.

33. Cäſar ſah wohl, wie nachtheilig es ſei, den Krieg einſtweilen aufzugeben und den Feind ſich ſelbſt zu überlaſſen, andererſeits verkannte er aber auch nicht, welche ſchädliche Folgen dergleichen Parteiungen zu haben pflegten. Er glaubte daher verhüten zu müſſen, daß dieſer mächtige und dem römiſchen Staat ſo eng verbündete Canton, den er ſelbſt ſtets gehegt und in jeder Weiſe bevorzugt habe, zur Gewalt und zu den Waffen griffe, und daß etwa gar die ſchwächere Partei Zuzug von Vercingetorix erhielte. Weil aber nach den Geſetzen der Häduer ihre oberſten Beamten das Land nicht verlaſſen dürfen, und weil Cäſar nicht den Schein haben wollte, als wenn er irgendwie ihr Recht und ihre Geſetze hintanſetze, beſchloß er, ſelbſt in's Häduerland zu marſchiren, und berief den ganzen Rath und die beiden ſtreitenden Parteien zu ſich nach Decetia (Deciſe). Hier fand ſich denn auch faſt das ganze Volk ein, und Cäſar brachte in Erfahrung, daß Cotus von einer Minderheit, die an einem ungehörigen Orte zu ungehöriger Zeit heimlich zuſammenberufen worden, unter dem Vorſitze ſeines eigenen Bruders gewählt worden ſei, während nach der Verfaſſung zwei Mitglieder derſelben Familie bei beider Lebzeiten nicht nur nicht in die Behörden, ſondern nicht einmal in den Rath gewählt werden durften. Cäſar entſchied daher, daß Cotus die Gewalt niederlegen und dagegen Convictolitavis das Amt bekleiden ſolle, welcher nach dem geſetzlichen Herkommen unter Einſtellung der weltlichen Behörden durch die Prieſter gewählt worden war.

34. Nach dieſem Spruche ermahnte er die Häduer, ihre Zwiſte und Streitigkeiten zu vergeſſen und alles Andere bei Seite zu ſetzen, um ſich lediglich dem gegenwärtigen Kriege zu widmen: des verdienten Lohnes nach Bezwingung Galliens könnten ſie ſeinerſeits verſichert ſein; ſie möchten daher ſchleunigſt ihre ganze Reiterei und

10,000 Mann Fußvolk zu ihm stoßen laffen; letztere beabsichtigte er in Befazungen zur Deckung der Magazine zu verlegen. Hierauf theilte er sein Heer in zwei Theile: vier Legionen gab er dem Labienus, um mit ihnen in's Gebiet der Senonen und Parifier zu rücken; er felbst rückte an der Spize von sechs Legionen den Elaver (Allier) hinab in's Arvernerland gegen die Stadt Gergovia [1]). Ebenso gab er die Hälfte der Reiterei dem Labienus, die andere behielt er für sich. Auf die Kunde davon ließ Vercingetorix alle Brücken über den genannten Fluß abbrechen und marschirte das andere Ufer des Fluffes entlang.

35. Wie die beiden Heere jedes auf seinem Ufer aufgebrochen waren, nahmen sie Angesichts einander und fast gerade einander gegenüber ihre Lager. Gallische Posten waren längs des Fluffes vertheilt, damit die Römer nirgend eine Brücke schlagen und mit dem Heere den Fluß überschreiten könnten. Cäsar's Lage ward auf diese Weise sehr schwierig: er mußte fürchten, den größten Theil des Sommers durch den Fluß aufgehalten zu werden, deffen Furthen in der Regel vor dem Herbste nicht gangbar werden. Um dem vorzubeugen, verfuhr Cäsar folgendergestalt. Er nahm sein Lager in einer Waldgegend gegenüber einer von den Brücken, welche Vercingetorix hatte abbrechen laffen [2]); hier blieb er am nächsten Tage mit zwei Legionen verdeckt stehen, die übrigen Truppen mit der gesammten Bagage ließ er wie gewöhnlich abrücken, jedoch einige Cohorten in getrennten Abtheilungen marschiren [3]), so daß der Feind die Zahl der Legionen

[1]) Ueber Gergovia, seine Lage und die Einzelheiten der Belagerung haben wir nach früheren gründlichen Arbeiten eine gute Monographie: „Gergovia. Zur Erläuterung von Cäsar B. G. VII, 35—51. Von Max. Achilles Fischer. Leipzig. 1855.“ Es steht nunmehr fest, daß Gergovia auf dem noch jetzt sogenannten Gergoviaberge, eine starke Stunde südlich von Clermont-Ferrant (dem alten Augustonemetum), der Hauptstadt der Auvergne und jetzigem Hauptorte des Depart. Puy-de-Dome, gelegen war.

[2]) Als Uebergangspunkt wird gewöhnlich, jedoch ohne volle Sicherheit, Varennes oder Crechy, einige Stunden unterhalb Viehy, angenommen.

[3]) Dies muß — wie nach Wendel und Schneider zuletzt v. Göler S. 31 richtig erkannt hat — der Sinn der heillos verdorbenen Worte captis quibusdam cohortibus (so die unverfälschten Handschriften!) sein, welcher freilich durch die bloße Conjectur carptis statt captis — wofür man sich

für vollständig ansehen mußte. Sie hatten Befehl, so weit als möglich vorzurücken; und als sie nun, nach der Tageszeit zu rechnen, schon
im Lager angelangt sein mußten, ließ Cäsar auf den alten Pfählen, deren unterer Theil unversehrt stehen geblieben war, die Brücke
wieder herstellen. Das war schnell gethan; die Legionen gingen herüber; Cäsar wählte einen geeigneten Ort für sein Lager und zog
dann die übrigen Truppen wieder an sich. Auf die Kunde davon
marschirte Vercingetorix in Eilmärschen voraus, um nicht wider seinen Willen zu einer Entscheidungsschlacht gezwungen zu werden.

36. Von dem erwähnten Platze erreichte Cäsar am fünften
Marschtage Gergovia. An demselben Tage kam es noch zu einem
leichten Reitergefecht. Als Cäsar die Lage der Stadt erkundet hatte,
welche auf einem sehr hohen Berge [1]) erbaut und von allen Seiten
schwer zugänglich ist, verzichtete er darauf, sie mit Sturm zu nehmen,
und beschloß auch die Blokade nicht eher einzuleiten, als bis er die
Verpflegung geordnet hätte. Vercingetorix hatte sein Lager dicht bei
der Stadt genommen, die Truppen der einzelnen Cantone in mäßigen Abständen von einander rings um sich postirt und alle einzelnen
Abhänge jenes Höhenzuges besetzt, so weit man von demselben eine
Ueberschau hatte. So bot seine Stellung einen wahrhaft furchtbaren
Anblick dar. Die Stammfürsten, welche er in den Kriegsrath gewählt hatte, mußten täglich bei'm Morgengrauen sich bei ihm ver-

---

vergebens auf **Liv. XXVI, 28, 2** in multas parvasque partes carpere exer-
citum beruft — schwerlich hergestellt werden kann. Vielleicht schrieb Cäsar parti-
lis quibusdam cohortibus. Entschieden falsch ist die auch in unserer ersten Auflage angenommene Ansicht, welche in den angeführten Worten die Art und Weise
sucht, in welcher Cäsar jene „zwei Legionen" aus einzelnen Cohorten sämmtlicher Legionen gebildet habe. So nach Feldbausch und Drumann (Geschichte Roms. Thl. 3, S. 346) auch noch Rüstow, Heerwesen Cäsar's S. 105,
welcher annimmt, Cäsar habe „von jeder der 6 Legionen die 4., 7. und 10.
Cohorte, also im Ganzen 18 Cohorten, zurückbehalten." In keinem Fall würde
dann Cäsar vorher geschrieben haben cum duabus legionibus in occulto
restitit. Noch unglaublicher läßt Nipperdey diese zwei Legionen aus je einem
Manipel der 60 Cohorten bestehen, indem er p. 94 die Stelle so ergänzt: misit
maniplis singulis demptis cohortibus.

[1]) Das Plateau des Gergoviaberges liegt nach Fischer S. II. 761, nach
der französischen Generalstabscarte 744 Metres über der Meeresfläche.

sammeln, um Mittheilungen auszutauschen und Verhaltungsbefehle zu empfangen, und es verging fast kein Tag, wo er nicht die Reiter und mit ihnen verbunden die Bogenschützen mit den Römern scharmuziren ließ, um den Muth und die Tapferkeit seiner Leute im Einzelnen zu erproben. Der Stadt gegenüber, unmittelbar am Fuße des Berges, lag ein Hügel, außerordentlich fest und nach allen Seiten steil abfallend: gelang es den Unsrigen diesen zu besetzen, so konnten sie offenbar dem Feinde das Wasserholen und das freie Fouragiren großentheils verwehren[1]). Er ward aber von den Galliern mit einer nicht allzustarken Besatzung gehalten. Cäsar rückte in der Stille der Nacht aus seinem Lager, warf jene Besatzung herunter, ehe sie Verstärkung aus der Stadt erhalten konnte, besetzte den genommenen Punkt mit zwei Legionen und ließ zwei parallele Gräben von 12 Fuß Breite von dem Hauptlager nach diesem kleineren Lager ausführen, so daß selbst einzelne Leute vor einem plötzlichen feindlichen Anfall sicher zwischen beiden Punkten verkehren konnten[2]).

37. Während dieser Vorfälle bei Gergovia war der Häduer Convictolitavis, dem, wie erwähnt[3]), Cäsar die oberste Gewalt zu-

---

[1]) Das ist, wie nach Andern Fischer S. 13 und 23 unzweifelhaft bewiesen hat, die sogenannte Roche blanche, ein weißer Kalkfelsen, welcher sich hart am Fuße des südlichen Gergoviaabhanges und nur durch ein kleines Defilé von ihm getrennt erhebt. Den südlichen Fuß der Roche blanche bespült der Auzon-Bach, welcher in der Richtung von West nach Ost dem Allier zufließt. „Dieser Bach aber enthält allein hinreichenden Vorrath für die Bedürfnisse einer großen Armee . . . Wiewohl noch andere Quellen, Rinnsale oder Bäche um den Gergovia flossen, so waren sie doch entweder zu schwach oder zu entfernt oder für große Karawanen weniger zugänglich." Fischer S. 23. Vgl. v. Göler S. 37 f.

[2]) Ueber die Lage von Cäsar's größerem Lager herrscht die größte Meinungsverschiedenheit, und läßt sich diese Frage mit voller Sicherheit nicht entscheiden. Fischer S. 24 f., dem auch wir in unserer Einleitung S. 139 gefolgt sind, nimmt an, jenes Lager habe auf der Höhe le Crest gelegen, welche südlich von der Roche blanche und von dieser durch das Thal des Auzon getrennt sich erhebt. Das scheint v. Göler S. 35—37 mit Recht bestritten und mit mehr Wahrscheinlichkeit angenommen zu haben, das Lager habe nordöstlich von der Roche blanche auf der unbedeutenden, zur Ebene gerechneten Terrainerhebung zwischen den heutigen Ortschaften le Cendre und Orcet gestanden und sich mit Rücken und linker Flanke an den Auzon gelehnt.

[3]) S. oben Cap. 33.

erkannt hatte, von den Arvernern durch Geld gewonnen worden und
setzte sich mit einigen jungen Leuten in Verbindung, unter denen die
bedeutendsten Litaviccus [1]) und dessen Brüder waren, junge Leute
aus einer hochangesehenen Familie. Mit diesen theilt er das erhal-
tene Geld und fordert sie auf daran zu denken, daß sie freie Männer
und zum Herrschen geboren seien. „Nur der Staat der Häduer stehe
dem sicheren Siege Galliens noch im Wege; sein Einfluß halte auch
die Anderen noch zurück; trete er ebenfalls über, so hätten die Römer in Gallien den Boden unter den Füßen verloren. Er sei zwar
selbst dem Cäsar einigermaßen zu Dank verpflichtet, doch habe er ja
von diesem nur erhalten, was ihm ohnedieß von Rechtswegen zu-
gestanden, und die gemeinsame Freiheit müsse ihm höher stehen.
Warum wendeten sich doch die Häduer in Sachen des Rechts und
der Verfassung an Cäsar als Schiedsrichter? Warum nicht umgekehrt die Römer an die Häduer?" Diese Sprache des obersten Beamten ebenso wie das Geld gewann sofort die jungen Leute, so daß
sie sich sogar bereit erklärten, selbst an die Spitze des Unternehmens
zu treten. Es handelte sich jetzt nur noch um die Art der Ausführung; und was diese betraf, so sahen sie wohl ein, daß die Volks-
gemeinde sich nicht so ohne Weiteres zum Beginn des Krieges bestimmen lassen werde. Man kam überein, Litaviccus solle den Befehl
über die 10,000 Mann, welche zu Cäsar stoßen sollten [2]), übernehmen und sie diesem zuführen, seine Brüder aber zu Cäsar vorauseilen. Was dann weiter geschehen solle, ward gleichfalls festgesetzt.

38. Litaviccus setzte sich mit den Truppen in Marsch. Als
er aber noch etwa 30 Meilen von Gergovia [3]) entfernt war, berief
er plötzlich die Soldaten und redete sie unter Thränen an: „Wohin
gehen wir, Soldaten? Unsere ganze Reiterei, unser ganzer Adel
ist vernichtet, unsere Fürsten Eporedorix und Viridomarus sind des
Verraths angeschuldigt und ohne Urtheil und Recht von den Römern
ermordet worden. Laßt es euch von denen verkünden, welche dem

---

[1]) Dieß und nicht das gewöhnliche Litavicus ist die richtige Schreibung
des Namens: s. Glück S. 119—121.

[2]) S. oben Cap. 34.

[3]) „In der Gegend des heutigen Randans." Fischer S. 26.

Blutbade selbst entkommen sind. Denn ich, der Brüder und all' seine Verwandten unter den Todten hat, kann vor Schmerz nicht weiter erzählen, was sich ereignet." Hierauf läßt er Leute vorführen, denen er einstudirt hatte, was sie sagen sollten, und diese setzen nun der Menge dasselbe auseinander, was Litaviccus schon erzählt hat: die Reiter der Häduer seien niedergemacht worden, weil sie mit den Arvernern verkehrt haben sollten; sie selbst, die Sprecher, hätten sich in der Menge der Soldaten versteckt und seien mitten aus dem Blutbad entkommen. Nun erheben die Häduer ein Geschrei und beschwören Litaviccus, ihnen zu rathen. „Als ob," antwortete dieser, „hier noch etwas zu rathen wäre! Bleibt uns eine andere Wahl, als nach Gergovia zu eilen und uns mit den Arvernern zu vereinigen? Oder können wir noch zweifeln, daß die Römer, einmal auf dem Wege der Schandthaten, sich schon fertig machen, auch uns zu ermorden? Wohlan denn, wenn noch ein Funken Muth in uns lebt, rächen wir den Tod der so schändlich Gemordeten, und nieder mit diesen Räubern hier!" Damit zeigte er auf die römischen Bürger, welche im guten Glauben auf seinen Schutz mitgezogen waren, läßt das Korn und den sonstigen Mundvorrath, welchen sie reichlich mitführten, plündern, und sie selbst unter grausamen Martern tödten. Gleichzeitig schickt er Boten im ganzen Lande der Häduer herum, läßt das Volk durch dieselbe Lüge von der Ermordung ihrer Reiter und Fürsten aufregen und es auffordern, eben so wie er selbst, die erfahrene Unbill zu rächen.

39. Der Häduer Eporedoriz und mit ihm Viridomarus standen wirklich gemäß einer besondern Aufforderung Cäsar's unter der zu ihm gestoßenen Reiterei. Jener war ein junger Mann von hoher Geburt und hoher Machtstellung in seinem Heimathcanton, dieser ihm an Alter und Einfluß gleich, aber von nicht so vornehmer Herkunft, war von Divitiacus dem Cäsar empfohlen und von diesem aus niedriger Stellung zu hohen Ehren befördert worden. Sie stritten ihrerseits mit einander um die Obergewalt und waren in dem oben erwähnten Amtsstreit der eine für den Convictolitavis, der andere für den Cotus aus allen Kräften thätig gewesen. Von diesen erfuhr nun Eporedoriz den Anschlag des Litaviccus, kam mitten in der Nacht zu Cäsar, machte ihm Anzeige davon und bat ihn sofort

einzuschreiten, damit nicht sein Heimathcanton durch die tollen Umtriebe einiger jungen Leute zum Abfall von Rom hingerissen werde, was nicht ausbleiben könne, wenn einmal so viele tausend Männer sich mit dem Feinde vereinigt hätten, deren Schicksal für ihre Verwandten maßgebend sein werde und auch dem ganzen Volke nicht gleichgiltig sein könne.

40. Cäsar wurde durch diese Nachricht um so unangenehmer überrascht, weil er den Häduern immer vorzugsweise sich geneigt bewiesen hatte. Ohne Zaudern brach er daher mit vier schlagfertigen Legionen und der ganzen Reiterei aus dem Lager auf. Letzteres concentrirter zu ordnen, dazu blieb keine Zeit, weil Alles von der Schnelligkeit des Handelns abhing; zur Deckung beider Lager ließ er den Legaten Cajus Fabius mit zwei Legionen zurück. Er hatte alsbald Befehl gegeben, die Brüder des Litaviccus festzunehmen, erfuhr aber, daß sie kurz vorher zum Feinde übergegangen seien. Er sprach nun den Soldaten zu, die Strapazen des unabweisbar nothwendigen Marsches geduldig auf sich zu nehmen, und, da Alle voll Eifers waren, hatte er bald 25 Meilen zurückgelegt, als er die Colonne der Häduer erblickt[1]). Sofort läßt er die Reiterei vorgehen und den Häduern die Fortsetzung des Marsches verlegen, jedoch mit dem gemessenen Befehle, Niemanden zu tödten. Eporedoriç und Viridomarus, welche die Häduer für todt hielten, ritten erhaltener Weisung gemäß mit den Reitern auf und nieder und riefen ihre Landsleute an. Diese erkannten sie und wurden gewahr, daß sie von Litaviccus hintergangen seien: sie streckten daher die Hände aus, geben ihre Unterwerfung zu erkennen, werfen die Waffen hin und bitten um Gnade. Litaviccus flüchtete mit seinen Dienstmannen nach Gergovia. Diese nämlich dürfen nach gallischer Sitte ihre Herren selbst in der äußersten Noth nicht im Stich lassen[2]).

41. Cäsar sendete sofort Boten zu den Häduern und ließ ihnen zu Gemüthe führen, wie gnädig er ihre Leute geschont habe, die er nach dem Rechte des Krieges hätte tödten können. Seinem

---

[1]) „Etwa bei Maringues." Fischer a. D.
[2]) Vgl. Buch III, Cap. 22. Buch VI, 15.

Heere gab er eine Raſt von drei Stunden [1]) und brach dann wieder nach Gergovia auf. Etwa auf der Mitte des Weges kamen ihm Reiter entgegen, welche ihm von Fabius Meldung brachten, in wie großer Gefahr er unterdeſſen geſchwebt habe. Sie erzählten, der Feind habe mit aller Macht das Lager beſtürmt; die Angreifer hätten ſich beſtändig abgelöſt, die Unſrigen dagegen hätten bei der Ausdehnung des Lagers ohne Ablöſung unaufhörlich auf dem Walle aushalten müſſen, und ſeien daher durch die anhaltende Anſtrengung erſchöpft; viele ſeien auch durch die Unmaſſe von Pfeilen und allen möglichen Geſchoſſen verwundet. Dagegen hätte das Geſchütz bei der Abwehr große Dienſte geleiſtet. Fabius laſſe nun nach dem Abzuge des Feindes mit Ausnahme von zweien alle Thore verrammeln, den Wall mit Deckſchirmen verſehen und mache ſich für morgen auf einen gleichen Angriff gefaßt. Auf dieſe Nachrichten hin beſchleunigte Cäſar, vom Eifer der Soldaten unterſtützt, ſeinen Marſch und kam noch vor Sonnenaufgang im Lager an [2]).

42. Während dieſer Vorfälle bei Gergovia hatten ſich die Häduer auf die erſten Botſchaften von Litaviccus keine Zeit zum Ueberlegen genommen, ſondern ſich, die Einen von Habſucht, die Andern von leidenſchaftlicher Unbeſonnenheit hinreißen laſſen, dieſem hervorſtechenden Nationalfehler der Gallier, welcher ſie verleitet jedes flüchtige Gerücht als eine ausgemachte Sache anzuſehen [3]). Man fällt über die römiſchen Bürger her, plündert, mordet, knechtet ſie. Convictolitavis ſchürt die Flamme und ſtachelt die Maſſen zur Wuth auf, um ſie ſchwer zu compromittiren und ihnen dadurch die Rückkehr zur Vernunft unmöglich zu machen. So bringen ſie den Kriegstribunen Marcus Ariſtius, der auf der Reiſe zu ſeiner Legion begriffen war,

---

[1]) Das Wort noctis, welches gewöhnlich nach tribus horis ſteht, hatten wir ſchon in der erſten Bearbeitung ſtillſchweigend beſeitigt. Jetzt hat v. Göler S. 40 nachgewieſen, daß es eine „ſinnentſtellende Gloſſe“ iſt.

[2]) Aus dem ganzen Zuſammenhange geht hervor, daß die Gallier nur Ein Lager, und zwar ohne Zweifel das größere, geſtürmt haben, da das kleinere, an welches Fiſcher a. a. O. denkt, theils wegen der natürlichen Feſtigkeit ſeiner Lage (ſ. oben Cap. 36), theils eben wegen ſeiner geringeren Ausdehnung viel leichter zu vertheidigen war.

[3]) Vgl. Buch III, Cap. 8. Buch IV, Cap. 5.

unter Zusicherung freien Geleites dahin, die Stadt Cabillonum (Châlons sur Saône) zu verlassen, und drängen die dort niedergelassenen römischen Handelsleute, ein Gleiches zu thun. Sobald aber diese unterwegs waren, wurden sie überfallen und ihres ganzen Gepäcks beraubt; als sie sich zur Wehre setzten, wurden sie einen Tag und eine Nacht umzingelt gehalten, und nach bedeutendem Verluste von beiden Seiten zogen die Häduer noch mehr Bewaffnete heran.

43. Unterdessen aber kam die Nachricht, alle ihre Truppen seien in Cäsar's Gewalt. Nun bestürmten sie den Aristius, versicherten, es sei das Alles ohne Wissen und Willen der Regierung geschehen, beschlossen eine strenge Untersuchung über die vorgekommenen Plünderungen, zogen die Güter des Litaviccus und seiner Brüder ein und schickten Gesandte an Cäsar, um sich zu rechtfertigen. Das Alles thaten sie, um ihre Leute wieder zu erhalten. Gleichzeitig aber bestimmte sie ihr Schuldbewußtsein einerseits, die fast allgemeine Betheiligung an den gewinnreichen Plünderungen und die Furcht vor Strafe andererseits, insgeheim auf das Losschlagen zu denken und in diesem Sinne an die übrigen Cantone Botschafter zu schicken. Cäsar durchschaute zwar das Alles, nichts desto weniger gab er den Gesandten eine möglichst milde Antwort: er wolle wegen der Thorheit und Leichtfertigkeit des Pöbels zu keinen harten Maßregeln gegen den ganzen Canton schreiten und den Häduern sein bisheriges Wohlwollen nicht entziehen. Da er indessen eine allgemeine Erhebung Galliens zu erwarten hatte und dann möglicherweise von allen Seiten bedroht werden konnte, so dachte er daran, die Belagerung von Gergovia aufzuheben und sein ganzes Heer wieder zu vereinigen; nur mußte bei seinem Abzuge, den lediglich die Besorgniß vor einem Aufstand veranlaßte, jeder Schein einer Flucht vermieden werden.

44. Mitten in diesen Ueberlegungen schien sich ihm eine gute Gelegenheit darzubieten, die Sache einzurichten. Als er nämlich zur Besichtigung der Arbeiten sich einmal in das kleinere Lager begab, so bemerkte er, daß ein von den Feinden bisher besetzter Abhang gänzlich von Mannschaft entblößt war, während er doch in den früheren Tagen vor der Masse seiner Besatzung kaum sichtbar gewesen

war [1]). Dieß fiel ihm auf und er befragte die Ueberläufer deßhalb, welche sich täglich in großer Menge bei ihm einfanden. Sie sagten einstimmig aus, was übrigens Cäsar schon durch seine Schleich- patrullen erfahren hatte, auf der anderen Seite befinde sich ein fast ebener, aber bewaldeter und schmaler Rücken jenes Höhenzuges, und von hier aus könne man der Stadt beikommen [2]). Wegen dieses Punktes sei der Feind in großer Besorgniß und fest überzeugt, daß mit seinem Verluste, da schon der eine Hügel in den Händen der Römer sei, die Einschließung so gut wie vollständig, jede Verbin- dung mit Außen und Fouragirung abgeschnitten sein werde. Daher habe Vercingetorix alle Mannschaft aufgeboten, um diesen Punkt zu verschanzen.

45. Auf diese Nachricht entsendete Cäsar um Mitternacht einige Reitergeschwader nach jener Gegend, mit dem Befehl, dort nach allen Seiten mit möglichstem Lärmen herum zu streifen. Bei Tagesanbruch ließ er eine große Menge Packthiere und Maulesel aus dem Lager führen, ihnen die Packsättel abnehmen und die Troß-

---

[1]) Das ist einer von den „zu ausgedehnten Plateaux von 120—150 Metern Breite anwachsenden" Abhängen des Gergoviaberges, auf welchen nach Cap. 36 rings um die Stadt Vercingetorix sich mit seinen Galliern gelagert hatte — s. Fischer S. 12 —, und zwar ohne Zweifel ein Abhang auf der Südseite des Berges, nördlich von dem kleineren Lager, wie v. Göler S. 42 richtig annimmt, während Fischer S. 26 unbegreiflicher Weise diesen Abhang mit dem gleich nachher erwähnten Höhenrücken zu identificiren scheint.

[2]) Umgekehrt hat Fischer S. 12, 25 u. 27 richtig gezeigt, daß dieser „schmale und ebene Rücken" auf der Südwestecke des Gergoviaberges zu suchen ist, wo dieser, sonst fast isolirt, mittelst dieses Rückens und des westlich an ihn sich anschließenden Defilé's von Opme mit dem Puy Giroux und den übrigen von der Hochebene des Puy de Dome auslaufenden Bergen zusammenhängt. Hier also concentrirte Vercingetorix seine Truppen, um durch Verschanzungen diesen schwachen Punkt zu decken. V. Göler dagegen S. 42 ff. läßt zu glei- chem Zwecke die Gallier auf dem Hügel Montrognon sich sammeln, welcher nord- westlich von dem Gergoviaberge liegt und von demselben durch den Artières- Bach getrennt ist. Eine Folge dieser entschieden unrichtigen Annahme ist, daß v. Göler die sämmtlichen zu dem Scheinangriff verwendeten Truppen der Römer „um die Ost- und Nordseite des Gergoviaberges herum gegen jenen Höhen- rücken" sich ziehen läßt, während dieselben vielmehr vom Thale des Auzon- Baches aus in nordwestlicher Richtung operirten, wie Fischer S. 27 f. richtig angenommen hat.

Inechte mit Helmen aufsitzen, so daß sie in der Ferne wie Reiter aus-
sahen. Diesen gab er Befehl, sich um die Hügel herum zu ziehen, indem
er ihnen einige Reiter beigab, welche weiter vorwärts streifen sollten,
um die Täuschung zu unterstützen. Alle diese Abtheilungen sollten
auf weitem Umwege ihre Richtung nach demselben Punkte nehmen [1]).
Das sah man in der Ferne von der Stadt aus, da man von Gergovia das Lager überschauen konnte; doch war die Entfernung zu
groß, um etwas sicher zu erkennen. Eine Legion ließ er auf demselben Höhenzuge vorgehen, aber nach kurzem Marsche in einer Sen-
kung des Terrains und durch Wald gedeckt Halt machen. Dadurch
wurden die Gallier in ihrer Vermuthung bestärkt und zogen alle ihre
Truppen auf den scheinbar bedrohten Punkt zusammen.

Als Cäsar das feindliche Lager von Truppen entblößt sah,
ließ er seine Soldaten in kleinen Abtheilungen, so daß man sie von
der Stadt aus nicht bemerken konnte, aus dem größeren Lager sich
in das kleinere hinüberziehen: dabei wurden die Abzeichen verdeckt
und die Fahnen verhüllt. Hierauf gab er den Legaten, welche die
einzelnen Legionen befehligten, die nöthigen Verhaltungsbefehle;
mahnte sie namentlich, die Soldaten zusammenzuhalten, damit sie
nicht von Kampfbegier oder Beutelust sich zu weit fortreißen ließen;
wies auf die bedeutenden Terrainschwierigkeiten hin, gegen die es
nur Ein Mittel gäbe, Schnelligkeit; hob endlich hervor, es handle
sich um einen Handstreich, nicht um eine Schlacht. Nach diesen Weisungen gab er das Zeichen zum Angriff und ließ gleichzeitig zur
Rechten die Häduer auf einem andern Wege die Höhe hinansteigen.

46. Die Stadtmauer war von der Ebene und dem Fuße des
Abhangs in gerader Richtung, ohne die Umwege zu rechnen, 1200
Schritte [2]) entfernt; durch die zur Erleichterung des Aufgangs noth-

---

[1]) „Dieser Rücken geht in ein breites Plateau von ziemlich unregelmäßi-
ger Form und mehreren Einschnitten über, das Plateau von Jussac oder Juillac
genannt wird. Es ist mit einzelnen Hügelspitzen besät, rundum steil abgeschnitten; nur auf der Westseite giebt es sanfte Steigungen und ebenere Ab-
lagerungen." Fischer S. 12. „Das collibus circumvehi, latius vagari und
longo circuitu easdem petere regiones konnte auch nur um das Plateau von
Jussac stattfinden, dessen Verästelung vielfache Flanken und Hügeleden bot."
(Derselbe S. 28, 47.)

[2]) D. h. römische Schritte oder Passus. S. zu Buch I, Cap. 2.

wendigen Krümmungen wurde natürlich diese Entfernung noch gesteigert. Etwa auf der Mitte der Höhe hatten die Gallier im Anschluß an das Terrain eine sechs Fuß hohe Mauer von Felsblöcken
den Berg entlang gezogen, um einen etwaigen Angriff der Unsrigen
aufzuhalten; sie hatten ferner die ganze untere Hälfte des Abhangs
unbesetzt gelassen, dagegen auf dem obern Theile bis zur Stadtmauer
hinauf ihre Lager dicht zusammengedrängt. Unsere Leute stürmten
auf das gegebene Zeichen rasch bis zu jener Befestigung, überschritten dieselbe und nahmen drei Lager weg [1]), und das mit solcher
Geschwindigkeit, daß Teutomatus, der König der Nitiobriger, in
seinem Zelte überrascht wurde, wie er gerade ein Mittagsschläfchen
machte, und nur halbnackend auf verwundetem Roß mit genauer
Noth aus den Händen der Plünderer sich retten konnte.

47. Da Cäsar auf diese Weise seinen Zweck erreicht sah, ließ
er zum Rückzug blasen und brachte auch wirklich die zehnte Legion,
bei welcher er sich selbst befand, sofort [2]) zum Stehen. Aber die
Soldaten der übrigen Legionen konnten den Ruf der Trompete nicht
hören, weil eine bedeutende Schlucht dazwischen lag [3]). Zwar thaten
die Kriegstribunen und Legaten Cäsar's Befehle gemäß ihr Mög-
lichstes, um sie zurückzuhalten; aber hingerissen durch die Hoffnung
auf einen leichten Sieg, durch die Flucht der Feinde und die vielen
bisherigen Erfolge, bildeten sie sich ein, mit ihrer Tapferkeit selbst
das Unmögliche möglich machen zu können. Sie setzten daher die Verfolgung bis zu der Stadtmauer und ihren Thoren fort. Jetzt entstand
aller Orten in der Stadt Lärmen: die Entfernteren sahen in ihrem
Schreck den Feind schon innerhalb der Thore und flüchteten aus der
Stadt; die Weiber warfen Kleider und Geld von der Mauer herab und

---

[1]) Diese Lager, von ebenso vielen Stämmen besetzt — s. oben Cap. 36 —,
lagen nördlich und nordöstlich von der Roche blanche, auf der Südseite des
Gergoviaberges.

[2]) Für das unmögliche contionatus, was wir in der ersten Auflage ganz
weggelassen hatten, hat v. Göler S. 47 f. [7]) mit Wahrscheinlichkeit con-
tinuo vermuthet.

[3]) „Dies ist die Thalklinge, die sich über den Südabhang herunterzieht und
denselben so zu sagen in zwei Hälften schneidet.“ Fischer S. 29.

mit nackter Brust sich herüberbeugend flehten sie die Römer mit ausgebreiteten Armen an, ihrer zu schonen und nicht, wie in Avaricum, selbst Weiber und Kinder umzubringen; einige ließen sich sogar an den Händen von der Mauer herab und ergaben sich den Soldaten. Ein Centurio der achten Legion, Lucius Fabius, hatte an diesem Tage laut und mehrfach gegen seine Kameraden geäußert, ihn locke der Preis von Avaricum und er müsse unbedingt der Erste auf der Mauer sein. Dieser nahm drei seiner Manipularen, ließ sich von ihnen in die Höhe heben und erstieg so die Mauer; dann gab er selbst diesen wieder, einem nach dem andern, die Hand und zog sie auf die Mauer nach.

48. Unterdessen hatten diejenigen, welche, wie oben bemerkt[1]), bei dem andern Ende der Stadt mit Schanzen beschäftigt waren, zuerst das Geschrei gehört, dann auch Botschaft auf Botschaft erhalten, die Römer seien schon in der Stadt. Sie stürmten daher, die Reiter voran, in größter Eile dahin. Wie jeder kam, stellte er sich am Fuße der Mauer auf und schloß sich an die schon im Kampfe Begriffenen an. So war bald eine bedeutende Masse beisammen, und die Weiber, welche eben erst von der Mauer herab die Hände nach den Römern ausgestreckt hatten, fingen jetzt an die Ihrigen zu beschwören und nach gallischer Sitte auf ihr fliegendes Haar und ihre herbeigeholten Kinder zu zeigen. Es war ein ungleicher Kampf für die Römer: der Feind hatte den Vortheil des Terrains und der Ueberzahl für sich; sie selbst, durch den Sturmlauf und die lange Dauer des Gefechts ermüdet, waren nicht wohl im Stande gegen frische und ungebrauchte Truppen standzuhalten.

49. Als Cäsar den unglücklichen Gang des Gefechts und das Anwachsen der feindlichen Streitkräfte bemerkte, ward er ernstlich besorgt und schickte dem Legaten Titus Sextius, welchen er zur Bedeckung des kleinern Lagers zurückgelassen hatte, Befehl, er solle rasch mit seinen Cohorten vor das Lager rücken und am Fuße der Höhe in der rechten Flanke des Feindes Stellung nehmen[2]), um ihn zu be-

---

[1]) S. oben Cap. 45.

[2]) „Dies war also am Eingange der Schlucht, die sich am Südwestabhange des Gergovia nach dem oft erwähnten Joche hinaufzieht." Fischer S. 30. Fälschlich versteht v. Göler S. 49 darunter den Fuß der Roche blanche.

drohen und in der Verfolgung möglichst aufzuhalten, wenn die Unsrigen von dem Abhange herabgeworfen würden. Er selbst rückte mit
der zehnten Legion von seinem Standort etwas vor und wartete hier
den Ausgang des Gefechts ab [1]).

50. Während das Handgemeng auf das Hartnäckigste fortgesetzt wurde, von den Feinden im Vertrauen auf das Terrain und ihre
Ueberzahl, von den Unsrigen im Vertrauen auf ihre Tapferkeit, wurden die Letzteren plötzlich in ihrer rechten Flanke die Häduer gewahr,
welche Cäsar, wie gesagt [2]), zur Rechten auf einem andern Wege
hinaufgeschickt hatte, um die Aufmerksamkeit des Feindes zu theilen.
Die Aehnlichkeit der Waffen setzte die Unsrigen in heftigen Schrecken,
und obgleich man bemerkte, daß die Häduer die rechte Schulter bloß
trugen, was als Zeichen von Verbündeten galt [3]), so bildeten sich die
Soldaten gerade ein, dieß sei eine List des Feindes, um sie zu täuschen. Gleichzeitig wurde auch der Centurio Lucius Fabius sammt
denen, welche mit ihm die Mauer erstiegen hatten [4]), überwältigt,
niedergemacht und von der Mauer gestürzt. Marcus Petronius, Centurio in derselben Legion, welcher den Versuch gemacht hatte das
Thor einzuschlagen, ward von der Ueberzahl der Feinde übermannt,
und am Leben verzweifelnd, mit Wunden bedeckt, rief er seinen Manipularen, die ihm gefolgt waren, zu: „Kann ich mich und euch zugleich nicht retten, so will ich wenigstens euch das Leben erhalten,
die ich durch meinen Ehrgeiz in Gefahr gebracht habe. Nehmt die
Gelegenheit wahr und denkt an euch.“ Mit diesen Worten stürzte
er sich mitten in die Feinde, stieß zwei derselben nieder und drängte
die anderen etwas vom Thore weg. Noch versuchten die Seinigen
ihm beizustehen; da rief er ihnen zu: „Es ist umsonst; ich bin verloren: Blut und Kraft verlassen mich. Fort also, so lange ihr noch

---

[1]) „Diese Stellung findet sich noch in den sanft abgedachten Kornfeldern
westlich von Merdogne.“ Fischer a. O.

[2]) S. oben Cap. 45 zu Ende.

[3]) Eine auf dem Gergoviaberge gefundene Silbermünze mit dem Namen
des Arvernerhäuptlings Epacnactus zeigt „auf der Rückseite einen völlig gewaff-
neten Krieger in ganzer Figur, das Haupt und eine Schulter entblößt.“ Fischer S. 19, 28).

[4]) S. oben Cap. 47 zu Ende.

könnt, und rettet euch zu eurer Legion." So fiel er kurz darauf mit den Waffen in der Hand für die Rettung der Seinigen.

51. So wurden die Unsrigen von allen Seiten bedrängt und endlich mit einem Verluste von 46 Centurionen den Abhang hinabgeworfen; doch wurden die Gallier an einer nachdrücklichen Verfolgung durch die zehnte Legion gehindert, welche auf etwas ebenerem Terrain sich in Reserve aufgestellt hatte. Diese wurde dann wieder von den Cohorten der dreizehnten Legion aufgenommen, welche unter dem Legaten Titus Sextius aus dem kleineren Lager gerückt waren und eine beherrschende Stellung eingenommen hatten. Sobald die Legionen die Ebene erreicht hatten, sammelten sie sich und machten wieder Front gegen den Feind. Vercingetorix führte die Seinigen vom Fuße der Höhe in die Verschanzungen zurück. Vermißt wurden an diesem Tage ziemlich 700 Mann.

52. Am folgenden Tage berief Cäsar das Heer zu einer Versammlung, tadelte die blinde Leidenschaftlichkeit der Soldaten, mit welcher sie sich angemaßt Ziel und Art ihres Angriffes selbst zu bestimmen, dem Zeichen zum Rückzuge ebenso wenig als den Mahnungen der Kriegstribunen und Legaten Folge zu geben, hob die Bedeutung der Terrainschwierigkeiten hervor und wies auf seine eigene Handlungsweise vor Avaricum hin, wo er den Feind ohne Anführer und ohne Reiterei überrascht und dennoch den sicheren Sieg freiwillig aufgegeben habe, um nicht bei dem Kampfe auf ungünstigem Terrain einen, wenn auch noch so geringen, Verlust zu erleiden. Wie sehr er auch ihren Heldenmuth anerkenne, der sich weder durch die Lagerverschanzungen, noch durch die Höhe des Berges, noch durch die Stadtmauer habe aufhalten lassen; so müsse er doch eben so sehr ihren Ungehorsam und ihre Anmaßung tadeln, daß sie sich eingebildet hätten, richtiger als der Feldherr über Sieg und Erfolg zu urtheilen; er verlange vom Soldaten nicht minder Gehorsam und Zucht, als Tapferkeit und Heldenmuth.

53. Nach dieser Zurechtweisung und am Schlusse der Rede ermuthigte er dann die Soldaten wieder, sie sollten sich davon nicht niederschlagen lassen und die Wirkung des ungünstigen Terrains nicht auf Rechnung der feindlichen Tapferkeit setzen. Hierauf rückte er, immer in der gleichen Absicht bezüglich seines Abzuges, mit den Le-

gionen vor das Lager und bot dem Feinde in einer paffenden Stellung die Schlacht an. Vercingetorix ließ sich jedoch nicht bestimmen in die Ebene hinabzusteigen, und es kam nur zu einem leichten, aber für die Römer günstigen Reitergefechte, nach welchem Cäsar das Heer in's Lager zurückführte. Dasselbe wiederholte sich den folgenden Tag, und Cäsar glaubte nun genug gethan zu haben, um die gallische Prahlerei zu demüthigen und den Muth seiner eigenen Soldaten zu befestigen. Er brach daher nach dem Häduerlande auf, ohne daß der Feind auch jetzt es gewagt hätte ihm zu folgen. Am dritten Tage kam er an den Elaver, stellte die Brücken wieder her und setzte mit dem Heere über.

54. Hier ließen sich die Häduer Viridomarus und Eporedorix bei ihm melden und eröffneten ihm, Litaviccus habe sich an der Spitze der ganzen Reiterei zu den Häduern begeben, um diese aufzuwiegeln. Sie müßten daher nothwendig vorauseilen, um ihren Canton in Gehorsam zu erhalten. Cäsar war zwar nach vielen Anzeichen über die Treulosigkeit der Häduer vollständig im Klaren und hatte die Ueberzeugung, daß die Abreise jener Beiden den Abfall des Cantons nur beschleunigen werde; dennoch zog er es vor sie ziehen zu laffen, um jeden Schein einer Gewalthandlung oder einer Besorgniß zu vermeiden. Er rief ihnen nur bei'm Abschiede nochmals seine Verdienste um die Häduer in's Gedächtniß zurück und erinnerte sie kurz daran, in welcher demüthigenden Lage er sie gefunden: in ihre Städte gebannt, ihres Grundbesitzes beraubt, aller Hülfsmittel baar, zinspflichtig, auf's Schmachvollste zur Stellung von Geiseln gezwungen; er dagegen habe sie zu Glück und Macht erhoben: nicht genug, daß sie ihre frühere Stellung wiedergewonnen hätten, besäßen sie jetzt sogar mehr Einfluß und Ansehn, als jemals früher [1]). Mit dieser Ansprache entließ er sie zu den Ihrigen.

55. Unmittelbar am Liger liegt in günstiger Lage die Häduerstadt Noviodunum (Nevers). Hier hatte Cäsar die sämmtlichen Geiseln der Gallier, Kornvorräthe, öffentliche Kassen und einen großen Theil seiner eigenen und der Bagage des Heeres vereinigt; hierher hatte er auch eine große Menge von Pferden kommen laffen,

---

[1]) Siehe oben Buch I, Cap. 31; Buch IV, Cap. 12.

die er für diesen Krieg in Italien und Spanien aufgekauft hatte. Als nun Eporedorix und Viridomarus dort eintrafen, so erfuhren sie, wie die Sachen daheim standen: Bibracte [1]), die Hauptstadt der Häduer, habe dem Litaviccus ihre Thore geöffnet; der oberste Staatsbeamte Convictolitavis und die Mehrzahl des Rathes habe sich dort bei ihm eingefunden, und man habe bereits von Seiten der Regierung Gesandte an Vercingetorix geschickt, um Frieden und Freundschaft mit ihm zu schließen. Da glaubten sie denn eine so günstige Gelegenheit nicht versäumen zu dürfen. Sie machten daher die Besatzung von Noviodunum und die römischen Handelsleute daselbst nieder, vertheilten das Geld und die Pferde unter sich, ließen die Geiseln nach Bibracte zu Convictolitavis führen, steckten die Stadt, die sie sich nicht zu halten getrauten, in Brand, damit sie auch den Römern nichts nütze, führten von den Kornvorräthen, so viel in der Geschwindigkeit möglich war, zu Schiff hinweg und vernichteten den Rest durch Wasser und Feuer. Sie selbst zogen dann aus der Umgegend Mannschaft zusammen, stellten längs der Ufer des Liger größere Posten und Wachen auf und ließen ihre Reiterei nach allen Richtungen hin streifen, um die Römer einzuschüchtern, ihnen vielleicht die Zufuhr abzuschneiden und sie dadurch zum Rückzug in die Provinz zu zwingen. In dieser Hoffnung wurden sie noch besonders dadurch bestärkt, daß der Liger durch das Schmelzen des Schnees bedeutend gestiegen war und in Folge davon es nicht möglich schien, eine seiner Furthen zu passiren.

56. Als Cäsar von diesen Vorfällen Kunde erhielt, beschloß er sich zu beeilen, besonders für den Fall, daß es bei'm Brückenschlagen zum Kampfe käme, um diesen eher zu bestehen, als der Feind größere Truppenmassen beisammen hätte. Denn seinen Plan zu ändern und sich nach der Provinz zu wenden, dagegen sprach einerseits die mit einem solchen Rückzuge verbundene Schmach, ferner die Schwierigkeit der Wege durch das Cevennengebirge, andererseits ganz besonders die gegründete Besorgniß um Labienus und seine Legionen, die dann ihrem Schicksal überlassen werden mußten. So machte er denn Tag und Nacht angestrengte Märsche und kam wider

---

[1]) S. zu Buch I, Cap. 23.

alles Erwarten an den Liger. Bald hatten auch die Reiter eine Furth aufgefunden, welche bei der Dringlichkeit der Verhältnisse genügen mußte, wenn man auch bei'm Durchwaten nur Arme und Schultern über dem Wasser behielt, um die Waffen zu halten. Cäsar stellte nun die Reiterei so auf, daß sie die Gewalt des Stromes brach, und ging unangetastet mit seinem Heere über, ehe sich noch der Feind von seiner ersten Bestürzung erholen konnte. Am andern Ufer fand er Korn auf den Feldern und Vieh in Masse vor, versorgte das Heer reichlich damit und richtete dann seinen Marsch in's Senonenland.

V. Labienus' Feldzug gegen die Pariser.
(Cap. 57—62.)

57. In der Zwischenzeit hatte Labienus [1]) die aus Italien neuerdings eingetroffene Ergänzungsmannschaft zu Agedincum [2]) als Bedeckung für das große Gepäck zurückgelassen und war mit seinen vier Legionen gegen Lutetia aufgebrochen. Das ist der Hauptort der Pariser, auf einer Insel der Sequana gelegen [3]). Auf die Nachricht von seinem Anmarsch vereinigten sich dort große Truppenmassen der benachbarten Stämme. Den Oberbefehl erhielt der Aulerker Camulogenus, ein hinfälliger Greis, welcher aber dennoch wegen seiner ausgezeichneten Kriegserfahrung mit dieser Würde betraut worden war. Dieser richtete sein Augenmerk auf einen langgedehnten Sumpf, welcher nach der Sequana hin seinen Abfluß hat und die ganze Gegend dort fast unzugänglich macht [4]). Hier nahm er Stellung und traf Anstalt den Unsrigen den Uebergang streitig zu machen.

---

[1]) S. oben Cap. 34.
[2]) S. zu Buch VI, Cap. 44, und oben zu Cap. 9.
[3]) Bekanntlich der Kern des heutigen Paris auf der Seineinsel: vgl. Buch VI, Cap. 3.
[4]) Das ist wahrscheinlich der Thalgrund der Essonne, welche bei Corbeil in die Seine mündet. Labienus war von Sens aus am linken Ufer zuerst der Yonne, dann der Seine abwärts marschirt. S. unsere Einleitung S. 142 und v. Göler S. 55.

58. Labienus begann zuerst Laufhallen vorzuführen, den Sumpf mit Hurden und einem ordentlichen Damm auszufüllen und sich so einen Weg zu bahnen. Als sich dieß aber zu schwierig erwies, verließ er um die dritte Nachtwache in aller Stille sein Lager und marschirte auf dem Wege, welchen er gekommen war, nach Melodunum (Melun) zurück. Das ist eine senonische Stadt, welche auch auf einer Insel der Sequana liegt, wie Lutetia. Dort bekam er etwa 50 Schiffe in seine Gewalt, ließ diese rasch koppeln und bemannen, und bemächtigte sich so ohne einen Schwertstreich der Stadt, deren Bewohner — zumal ein großer Theil von ihnen zum Kriege aufgeboten war — bei dieser Ueberraschung den Kopf verloren hatten. Hierauf ließ er die Brücke herstellen, welche der Feind einige Tage vorher abgebrochen hatte, führte das Heer hinüber und marschirte stromabwärts gegen Lutetia [1]). Als dieß der Feind von den Flüchtlingen aus Melodunum erfuhr, ließ er Lutetia in Brand stecken und die Brücken der Stadt abbrechen. Er selbst gab den Sumpf auf und nahm am Ufer der Sequana, Lutetia und dem Lager des Labienus gegenüber, Stellung.

59. Jetzt hieß es, Cäsar habe die Belagerung von Gergovia aufgehoben; jetzt kamen Gerüchte von dem Abfall der Häduer und dem glücklichen Fortgange der gallischen Erhebung, und die Gallier versicherten gesprächsweise, Cäsar sei von seiner Marschlinie und dem Liger abgeschnitten und habe sich aus Mangel an Zufuhr nach der Provinz gewendet. Auf die Nachricht vom Abfall der Häduer aber begannen die schon an sich unzuverlässigen Bellovaker Truppen zusammenzuziehen und unverholen sich zum Kriege zu rüsten. Diese vollständige Aenderung der Lage zwang auch den Labienus seinen bisherigen Plan gänzlich aufzugeben: er durfte nicht mehr daran denken, einen positiven Vortheil zu gewinnen und angriffsweise zu verfahren, sondern mußte zufrieden sein, wenn er das Heer ohne Verlust nach Agedincum zurückbrachte. Denn auf der einen Seite bedrohten ihn die Bellovaker, ein Stamm, welcher bei den Galliern

---

[1]) Bei Melun setzte also Labienus auf das rechte Seineufer über und überschritt dann oberhalb Paris die Marne, auch letztere ohne Zweifel auf den „von Melodunum mitgeführten Schiffen" (Cap. 60).

im höchsten Rufe der Tapferkeit steht, auf der andern Seite stand Camulogenus an der Spitze eines schlagfertigen, wohl ausgerüsteten Heeres; dann waren auch die Legionen von ihrem Standlager und ihrer Bagage durch einen bedeutenden Fluß ¹) abgeschnitten und getrennt. So schwierigen Verhältnissen plötzlich gegenüber sah Labienus die einzige Hülfe in einem kühnen Entschluß.

60. Gegen Abend berief er einen Kriegsrath und ermahnte zu genauer und pünktlicher Befolgung seiner Befehle; sodann übergab er die von Melodunum mitgeführten Schiffe jedes einem römischen Ritter und gab diesen die Weisung, nach Ablauf der ersten Nachtwache ²) in aller Stille abzufahren, vier Meilen stromabwärts zu gehen und ihn dort zu erwarten ³). Fünf Cohorten, die ihm für das Gefecht am wenigsten zuverlässig schienen, ließ er im Lager als Besatzung zurück; die fünf übrigen Cohorten derselben Legion ließ er um Mitternacht mit dem gesammten Gepäck aufbrechen und mit lautem Lärmen stromaufwärts marschiren. Auch ließ er Kähne beischaffen und diese mit recht auffällig lautem Ruderschlage nach derselben Richtung abgehen. Er selbst brach kurz nachher in aller Stille mit drei Legionen auf und marschirte nach demselben Punkte, auf welchen er die Schiffe vorausgeschickt hatte.

61. Als er dort angelangt war, gelang es ihm, von einem plötzlich entstandenen Unwetter unterstützt, die feindlichen Posten, wie sie längs des ganzen Flusses vertheilt waren, unversehens aufzuheben. Die römischen Ritter erfüllten die ihnen gewordene Aufgabe aufs Beste, und rasch war das ganze Heer, Reiterei und Fußvolk, übergesetzt. Gegen Morgen erhielt der Feind fast gleichzeitig Meldung, erstens im römischen Lager sei ein ganz ungewöhnlicher Lärmen, zweitens eine bedeutende Colonne ziehe stromaufwärts und man höre in derselben Richtung auch Ruderschlag, drittens in einiger Entfernung stromabwärts gingen römische Truppen zu Schiff über den Fluß. Auf diese Nachrichten hin nahm der Feind an, die Legionen wollten an drei Punkten den Fluß überschreiten, und in voller Be-

¹) Das ist die Marne, über welche ohne Zweifel keine Brücke führte.
²) Etwa Abends 10 Uhr.
³) Also etwa in der Gegend des heutigen Lusy.

stürzung über den Abfall der Häduer denke Alles nur an Flucht. Er theilte daher auch seine Streitkräfte in drei Theile, ließ dem römischen Lager gegenüber eine Abtheilung zurück, entsendete eine zweite nicht beträchtliche in der Richtung von Melodunum, mit der Weisung, so weit vorzurücken, als die feindlichen Schiffe gingen, und rückte mit dem Rest seiner Truppen dem Labienus entgegen.

62. Bei Tagesanbruch waren die Unsrigen alle über den Fluß; gleichzeitig bekam man aber auch das feindliche Heer in Schlachtordnung zu Gesicht. Labienus forderte die Soldaten auf, ihrer bisherigen Tapferkeit wie ihrer vielen glücklichen Kämpfe eingedenk zu sein und sich vorzustellen, Cäsar selbst stehe an ihrer Spitze, der sie so oft zum Siege geführt habe. Hierauf gab er das Zeichen zum Angriff. Gleich bei'm ersten Anlauf wurde der Feind von unserem rechten Flügel, den die siebente Legion bildete, geworfen und in die Flucht gejagt; auf unserem linken Flügel, wo die zwölfte Legion stand, waren zwar die ersten Glieder des Feindes von der Pilensalve niedergestreckt worden, die Uebrigen jedoch setzten ihren Widerstand auf das Hartnäckigste fort, und Keiner von ihnen dachte an Flucht. Hier war der feindliche Befehlshaber Camulogenus selbst gegenwärtig und befeuerte den Muth der Seinigen. Noch schwankte der Sieg, als die Tribunen der siebenten Legion Meldung erhielten, wie es auf dem linken Flügel stehe. Sie ließen darauf ihre Legion schwenken und fielen dem Feind in den Rücken. Auch jetzt wich Keiner vom Platze; aber von allen Seiten angegriffen wurden sie sämmtlich niedergemacht. Camulogenus theilte das Schicksal der Seinigen. Als die zurückgelassene Lagerbesatzung von dem Beginne des Treffens hörte, so eilte sie den Ihrigen zu Hülfe und besetzte eine Anhöhe [1]), konnte jedoch dem Anprall unserer siegreichen Soldaten nicht widerstehen, sondern wurde in die Flucht der Anderen mit hineingerissen. Was nicht in Wald und Bergen eine Zuflucht fand, ward von der Reiterei niedergehauen. Nachdem dies abgemacht war, kehrte Labienus nach Agedincum zurück, wo das große Gepäck des ganzen Heeres zurück-

---

[1]) „Wahrscheinlich eine jener Terrainerhebungen, welche sich zwischen Pt. Montrouge und Vanvres befinden." B. Göler S. 59.

gelaſſen worden war. Von da marſchirte er mit allen ſeinen Truppen zu Cäſar und vereinigte ſich mit ihm [1]).

VI. Neue Anſtalten auf beiden Seiten.

(Cap. 63—65.)

63. Sobald der Abfall der Häduer bekannt wurde, nahm der
Krieg größere Verhältniſſe an. Sie ſchicken Geſandtſchaften nach
allen Seiten, ſie bieten Einfluß, Macht, Geld auf, um alle galliſchen
Stämme zum Aufſtand zu bringen. Im Beſitz der Geiſeln, welche
Cäſar in ihrem Lande untergebracht hatte [2]), ſchrecken ſie die Un-
ſchlüſſigen mit der Drohung, dieſe hinzurichten. Hierauf erſuchen
die Häduer den Vercingetorix, zu ihnen zu kommen und mit ihnen
gemeinſchaftlich den Kriegsplan zu berathen. Vercingetorix folgt
ihrer Einladung; nun aber beanſpruchen ſie ſelbſt für ſich die Ober-
leitung des Unternehmens. Darüber kam es zum Streit, und es
ward eine Tagſatzung für ganz Gallien nach Bibracte ausgeſchrieben.
Maſſenhaft fanden ſich dort die Gallier von allen Seiten ein. Die
Sache wird der allgemeinen Abſtimmung unterworfen, und einſtim-
mig wird Vercingetorix als Oberbefehlshaber beſtätigt. Nur die
Remer, Lingonen und Treverer hatten die Tagſatzung nicht beſchickt;
die beiden erſteren, weil ſie an dem Bunde mit den Römern feſt-
hielten, die Treverer, weil ſie zu weit entfernt waren und von den
Germanen bedrängt wurden, weßhalb ſie auch am Kriege überhaupt
gar keinen Antheil nahmen, ſondern neutral blieben. Die Häduer
waren höchſt unzufrieden darüber, daß man ſie der Hegemonie beraubt hatte, beklagten dieſen Umſchwung und wünſchten ſich das
frühere Verhältniß zu Cäſar zurück; doch wagten ſie es nicht ſich
von der Sache der Uebrigen zu trennen, da ſie einmal ſich für den

---

[1]) B. Abler a. a. O. bezeichnet das heutige Troyes als den wahrſchein-
lichen Vereinigspunkt des Cäſar und Labienus. Weder dafür noch für die ab-
weichenden Annahmen Anderer iſt der geringſte Anhalt. Wir können nur im
Allgemeinen ſagen, daß Beide irgendwo zwiſchen Sens und Nevers zuſammentrafen.

[2]) S. oben Cap. 55.

Krieg entschieden hatten. Nur ungern ordneten jene hochstrebenden jungen Männer Eporedoriz und Viridomarus sich dem Vercingetoriz unter.

64. Dieser befahl den übrigen Stämmen, auf einen bestimmten Tag Geiseln zu stellen, und ordnete an, daß die gesammte Reiterei — 15,000 Mann stark — unverzüglich zu ihm stoßen solle. Fußvolk, erklärte er, habe er an dem bisherigen genug; denn er werde das Glück nicht versuchen und keine offene Feldschlacht liefern; es sei vielmehr bei seiner Ueberlegenheit an Reiterei nichts leichter, als den Römern alles Einbringen von Getreide und Futter unmöglich zu machen; die Gallier sollten nur gleichmüthig mit eigenen Händen ihre Kornvorräthe vernichten und ihre Häuser niederbrennen; mit diesen materiellen Opfern würden sie sich unzweifelhaft Freiheit und Unabhängigkeit für alle Zukunft erkaufen. Nachdem er diese Anordnungen getroffen, ließ er von den Häduern und Segusiavern, den nächsten Nachbarn der Provinz, 10,000 Mann Fußvolk stellen, welchen er 800 Reiter beigab. An die Spitze dieses Corps stellte er Eporedoriz' Bruder mit dem Befehl, die Allobrogen mit Krieg zu überziehen. Auf der entgegengesetzten Seite entsendete er die Gabaler und die Aufgebote der benachbarten Arvernergaue gegen die Helvier, ebenso die Rutenen und Cadurker, um das Gebiet der arekomischen Volker zu verwüsten. Und bei alledem suchte er noch durch geheime Botschafter und Gesandte die Allobrogen aufzuwiegeln, in der Hoffnung, sie hätten den letzten Krieg immer noch nicht vergessen [1]). Ihren Fürsten versprach er Geld, dem Canton selbst die Herrschaft über die ganze Provinz.

65. Gegen diese verschiedenen Angriffe hatte man nicht mehr als 22 Cohorten, und zwar aus der Provinz selbst zu verwenden, mit welchen denn auch der Legat Lucius Cäsar allenthalben dem Feinde entgegentrat. Die Helvier begegneten auf eigene Faust ihren Nachbarn in offener Feldschlacht, wurden aber mit bedeutendem Verlust geschlagen, verloren unter Andern ihren Fürsten, den Cajus Valerius Donnotaurus, Caburus' Sohn, und wagten sich seitdem nicht mehr aus den Mauern ihrer Städte hervor. Die Allobrogen dagegen

[1]) S. oben Buch I, Cap. 6.

stellten längs des Rhobanus eine dichte Postenkette auf, und wußten
so durch strenge Wachsamkeit ihr Gebiet zu schützen. Bei der Ueberlegenheit der feindlichen Reiterei und von allen seinen Verbindungen
mit der Provinz und Italien abgeschnitten, sah sich Cäsar genöthigt,
über den Rhein zu denjenigen germanischen Völkern zu schicken,
welche er in den früheren Jahren unterworfen hatte, und von diesen
Reiterei und das dazu gehörige leichte Fußvolk kommen zu lassen[1]).
Als diese eintrafen, fand es sich, daß sie nicht mit diensttüchtigen
Pferden versehen waren. Cäsar nahm daher Pferde von den Kriegstribunen und den übrigen römischen Rittern, wie von den Evocaten
und vertheilte diese unter die Germanen.

VII. Cäsar's Sieg über Vercingetorix.
(Cap. 66—68.)

66. Unterdessen vereinigten sich die feindlichen Truppen, welche
aus dem Arvernerlande heranzogen, mit den Reitern, welche ganz
Gallien zu stellen hatte[2]). Als nun Cäsar durch das Grenzgebiet
der Lingonen nach dem Sequanerlande marschirte, um nöthigenfalls
zum Schutze der Provinz bei der Hand zu sein, bezog Vercingetorix
mit diesen bedeutenden Massen etwa zehn Meilen von den Römern
drei getrennte Lager[3]). Hier berief er die Reiterobersten zu einer
Versammlung und erklärte ihnen, die Stunde des Sieges sei gekommen: die Römer befänden sich bereits auf der Flucht nach der Provinz und seien schon dabei Gallien zu räumen. Damit sei allerdings
für den Augenblick die Freiheit errungen; für den Frieden und die
Ruhe der Zukunft aber sei damit wenig gewonnen, denn die Römer
würden bald mit größeren Heeresmassen wieder kommen und den
Krieg fortsetzen. Man müsse sie daher auf dem Marsche, wo sie nicht
schlagfertig seien, angreifen. Wollten dann die Legionen sich damit
aufhalten den Troß zu decken, so kämen sie nicht von der Stelle,

---

[1]) S. Buch I, Cap. 48.
[2]) S. oben Cap. 64.
[3]) Weder das Schlachtfeld, noch die Marschlinie, aus welcher Cäsar dahin
gelangte, kann mit einiger Sicherheit genauer bestimmt werden.

dächten sie dagegen — und das sei der wahrscheinlichere Fall — nur daran, ihr Leben zu retten und ließen ihr Gepäck im Stich, so würden sie mit der Einbuße alles Nothwendigen nicht nur einen schweren materiellen Verlust, sondern auch eine moralische Niederlage erleiden; die feindliche Reiterei aber, daß von dieser kein einziger aus dem Schutze der Marschcolonne sich auch nur hervorwagen werde, davon müßten sie ja selbst überzeugt sein. Sie sollten also um so frischer und muthiger angreifen, als er mit dem gesammten Heere vor dem Lager in Schlachtordnung bleiben und dadurch den Feind in Schach halten werde. Die Reiter riefen einstimmig: man müsse sich durch einen heiligen Eidschwur verpflichten, daß Keiner wieder unter ein Dach treten, Keiner Eltern, Weib und Kind wieder sehen solle, der nicht zweimal durch die feindliche Marschcolonne durchgebrochen sei.

67. Der Vorschlag fand Beifall, und Alle leisteten den Eid. Am folgenden Tage theilte sich die gallische Reiterei in drei Abtheilungen; zwei bedrohten die Römer in den Flanken, die dritte stellte sich der Vorhut entgegen. Auf die Meldung davon theilte auch Cäsar seine Reiterei in drei Abtheilungen und warf sie so dem Feinde entgegen. Es kam auf allen drei Punkten gleichzeitig zum Gefecht. Die Marschcolonne macht Halt; die Legionen nehmen den Troß in die Mitte. Kamen auf einem Punkte die Unsrigen in Gefahr oder gar in Noth, so ließ Cäsar einzelne Abtheilungen (des Fußvolks) in geschlossener Ordnung dahin vorgehen: diese Maßregel hinderte den Feind, seinen Vortheil zu verfolgen und flößte den Unsrigen, die sich unterstützt sahen, neuen Muth ein. Endlich gewannen die Germanen auf unsrer rechten Flanke den Kamm der Höhe, warfen den Feind von da herunter und verfolgten die Fliehenden bis zu dem Fluß, an welchem Vercingetorix sein Fußvolk aufgestellt hatte, und machten eine ziemliche Anzahl nieder. Sobald dies die übrigen gallischen Reiter bemerkten, fürchteten sie abgeschnitten zu werden und ergriffen ebenfalls die Flucht. Nunmehr allenthalben Gemetzel. Drei der vornehmsten Häduer werden gefangen und vor Cäsar gebracht: der Reiteroberst Cotus, welcher bei der letzten Wahlhandlung Convictolitavis' Nebenbuhler gewesen war, Cavarillus, welcher nach Litaviccus' Abfall das Fußvolk befehligt, und Eporedorix, welcher vor Cäsar's Ankunft im Sequanerkrieg das Heer der Häduer geführt hatte.

68. Als Vercingetorix seine ganze Reiterei geschlagen sah, trat er mit seinem übrigen Heere ohne Weiteres den Rückzug an und brach unverzüglich in der Richtung von Alesia [1]), dem Hauptorte der Mandubier, auf, wohin er auch sofort das Gepäck aus dem Lager abziehen und nachführen ließ. Cäsar ließ sein Gepäck auf die nächste Anhöhe abführen und zwei Legionen zu dessen Bedeckung zurückbleiben; er selbst verfolgte den Feind, so lange es das Tageslicht erlaubte, und dessen Nachhut hatte dabei noch einen Verlust von ungefähr 3000 Mann. Am folgenden Tage nahm er vor Alesia sein Lager. Die Recognoscirung des Terrains und die Demoralisation des Feindes in Folge der Niederlage, welche gerade seine Hauptwaffe, die Reiterei, erlitten hatte, bestimmten Cäsar die Stadt einzuschließen, und er forderte daher seine Soldaten zu unverdrossener Arbeit auf.

VIII. Einschließung und Ueberwältigung von Alesia.
(Cap. 69—90.)

69. Die Stadt selbst lag auf der Kuppe einer Anhöhe, ziemlich hoch, so daß sie augenscheinlich nur durch eine Blokade bezwungen werden konnte; der Fuß der Anhöhe wurde auf zwei Seiten von zwei Flüssen bespült [2]). Vor der Stadt dehnte sich auf der einen

---

[1]) Es darf heut zu Tage, namentlich nach der vortrefflichen Abhandlung des Herzogs von Aumale in der Revue des deux Mondes von 1858, trotz des eifrigen Widerspruches gewisser französischer Alterthumsforscher, als sicher angenommen werden, daß Alesia das heutige Alise Ste. Reine auf dem Berg Auxois im Departement Côte d'or ist. S. unsere Einleitung S. 145—147 und vgl. die Zusammenstellung bei Heller im Philologus Bd. 13, S. 592 bis 600. Auch v. Göler (S. 87—92) und Napoleon haben neuerdings diese übrigens sehr alte Tradition festgehalten. Die entgegengesetzte, mehr auf patriotischem Schwindel als wissenschaftlichen Gründen beruhende, Meinung setzt bekanntlich Alesia nach dem heutigen Alaise-lez-Salins, zwischen Ornans und Salins, 3 Meilen südlich von Besançon.

[2]) Nämlich im Norden von der (l')Oze und im Süden von dem (l')Ozerain. Beide Flüßchen strömen von Südosten nach Nordwesten und vereinigen sich westlich vom Berge Auxois mit der von Südosten herkommenden Brenne. Zwischen diesen drei Flüssen dehnt sich die von Cäsar erwähnte Ebene aus, welche heut zu Tage plaine des Laumes heißt.

Seite eine etwa drei Meilen lange Ebene aus; auf allen anderen
Seiten war die Stadt von Anhöhen umgeben, welche sich in mäßiger
Entfernung von ihr erhoben und ziemlich gleich hoch waren [1]). Unterhalb der Stadtmauer auf dem östlichen Abhang hatten die sämmtlichen gallischen Truppen sich dicht zusammengedrängt und zu ihrer
Deckung einen Graben und eine wilde Mauer von 6 Fuß Höhe aufgeführt. Der Umfang der verschanzten Linie, welche die Römer auszuführen hatten, betrug 11 Meilen; auf geeigneten Punkten derselben
wurden die Lager angelegt und 23 Redouten errichtet. In den Redouten waren bei Tage Feldwachen aufgestellt, um unvermutheten
Ausfällen zu begegnen; für die Nacht wurden sie von starken Detaschements besetzt, welche in denselben bivouakirten.

70. Nachdem die Arbeiten angeordnet worden waren, kam es
zu einem Reitergefecht auf der Ebene, welche, wie erwähnt, drei
Meilen lang sich zwischen den Anhöhen ausdehnt. Man schlug sich
von beiden Seiten mit äußerster Hartnäckigkeit. Endlich kamen die
Unsrigen in's Gedränge. Da ließ Cäsar die Germanen zu ihrer Unterstützung vorgehen und die Legionen aus dem Lager ausrücken, um
einem etwaigen Vorbrechen des feindlichen Fußvolks zu begegnen.
Die Aussicht auf Unterstützung durch die Legionen erfüllte die Unsrigen mit neuem Muthe; der Feind ergriff die Flucht; seine Massen
waren einander selbst im Wege und drängten sich in den schmalen
Eingängen zusammen, die man (in der wilden Mauer) ausgespart
hatte. Um so hitziger setzten die Germanen die Verfolgung bis zu den
Verschanzungen fort und richteten ein großes Blutbad an. Manche
von den Galliern ließen ihre Pferde im Stich und suchten zu Fuß
durch den Graben und über die Mauer zu kommen. Jetzt ließ Cäsar
auch die Legionen, mit denen er ausgerückt war, eine Bewegung nach
vorwärts machen. Da geriethen die Gallier innerhalb der Verschanzungen in nicht geringe Verwirrung; in der Erwartung eines sofortigen Angriffs rief Alles zu den Waffen; Einige stürzten sich, außer

---

[1]) Es sind dies die Anhöhen von Réa und Savigny im Norden, Plevenel
im Osten, von Flavigny und Druaux im Süden. Zwischen Réa und Savigny
fließt der von Nordosten her kommende und in die (l')Oze einmündende Rabu-
tin=Bach; Savigny und Plevenel sind durch die (l')Oze, Plevenel und Flavigny
durch den (l')Ozerain von einander getrennt.

fich vor Schrecken, in die Stadt. Vercingetorix ließ die Stadtthore schließen, um eine allgemeine Flucht aus dem Lager zu hindern. Die Germanen gingen zurück, nachdem sie dem Feinde eine Menge Leute getödtet und ziemlich viele Pferde erbeutet hatten.

71. Vercingetorix entschloß sich, noch vor der Vollendung der römischen Linien seine ganze Reiterei bei Nacht zu entsenden. Bei'm Abzuge forderte er sie auf, sie sollten sich jeder an sein Volk wenden, und sollten alle Waffenfähigen zum Kampfe aufbieten. Er erinnerte sie an Alles, was er für sie gethan, beschwor sie, ihrerseits auch seiner zu gedenken und ihn nicht für seine Verdienste um die Freiheit des Vaterlandes einem martervollen Tode durch Feindeshand preiszugeben. Sie sollten bedenken, daß ein Mangel an Energie von ihrer Seite nicht bloß seinen, sondern zugleich den Untergang von 80,000 [1]) aus= erlesenen Leuten verschulden werde. Nach angestellter Berechnung sei er knapp auf 30 Tage verproviantirt, könne aber allenfalls bei Ver= kürzung der Rationen noch etwas länger aushalten. Mit diesem Ab= schied entließ er die Reiterei, welche um die zweite Nachtwache in aller Stille durch die noch offene Lücke in unseren Linien abzog. Hierauf erließ er bei Todesstrafe für etwaigen Ungehorsam den Befehl, alles Korn an ihn abzuliefern, ließ das Schlachtvieh, welches die Mandu= bier in großer Menge zusammengebracht hatten, nach der Kopfzahl auf seine Mannschaften vertheilen, das Korn aber sparsam und auf kurze Termine zumessen. Alle Truppen, welche bisher vor der Stadt auf= gestellt gewesen waren, zog er in dieselbe hinein. Durch diese Maß= regeln setzte er sich in Verfassung, den Entsatz des gallischen Heeres zu erwarten und den Krieg fortzusetzen.

---

[1]) Man hat gegen die Richtigkeit dieser Zahl, welche freilich unten Cap. 77 wiederkehrt, erhebliche Zweifel geltend gemacht, namentlich da der Berg Auxois, welcher etwa 1 Stunde im Umfange hat, für die Beherbergung einer so großen Menschenmasse — zu der ja noch die Mandubier kamen — als ungenügend erscheint. S. v. Göler S. 69 f., welcher mit dem Herzog von Aumale jene Zahl auf die Hälfte reduciren möchte. Indessen ist nicht zu vergessen, 1) daß nicht bloß das Plateau, sondern auch die Abhänge des Berges — wie zu Ger= govia — in die Befestigungen hineingezogen waren, und 2) daß sicherlich die Gallier sehr eng campirten.

72. Als Cäsar hievon durch Ueberläufer und Gefangene Kunde erhielt, ordnete er die Verschanzungen in folgender Weise an. Zunächst ließ er einen 20 Fuß breiten Graben mit senkrechten Seitenwänden ziehen, so daß der Graben unten eben so breit war, wie oben. Erst 400 Fuß rückwärts von diesem Graben wurden die eigentlichen Linien angelegt. Denn da die Arbeiten eine so ungeheuere Ausdehnung erhalten mußten und nicht füglich die ganze Linie gleichmäßig und ununterbrochen besetzt werden konnte, so war es nöthig, einerseits unvermuthete oder nächtliche Massenausfälle des Feindes aufzuhalten, andrerseits unsere Arbeiter während des Tages vor den feindlichen Geschossen sicher zu stellen. In dieser Entfernung also ließ er zunächst zwei Gräben von 15 Fuß Breite und gleicher Tiefe ziehen; in den innern, welcher durch ebenes und niedriges Land lief, ließ er das Wasser aus dem Flusse hineinleiten [1]). Hinter diesen Gräben ließ er einen regelrechten Wall von 12 Fuß Höhe aufführen und auf denselben eine Brustwehr mit Zinnen aufsetzen; ferner da, wo diese Deckungen auf dem Walle aufsaßen, mächtige in Gabeln auslaufende Spitzpfähle anbringen, um das Ersteigen des Walles zu erschweren; endlich auf der ganzen Linie Thürme in Abständen von 80 Fuß errichten.

73. Man mußte also gleichzeitig einerseits Holz und Proviant herbeischaffen, andrerseits an so großartigen Befestigungen arbeiten, so daß das Heer bei den steten Entsendungen niemals in seiner vollen Stärke beisammen war. Es versuchten daher nicht selten die Gallier unsere Arbeiten zu stören, und machten sogar hin und wieder Ausfälle mit gesammter Macht aus mehreren Stadtthoren zugleich. Cäsar glaubte darum seinen bisherigen Arbeiten noch weitere Annäherungshindernisse hinzufügen zu müssen, um die Linien mit möglichst wenig Mannschaft vertheidigen zu können. Er ließ daher zuerst Baumstämme mit recht starken Aesten fällen und die letzteren oben abzweigen und zuspitzen, dann fortlaufende Gräben von 5 Fuß Tiefe ziehen; in diese wurden jene Stämme eingesetzt und zu größerer Sicherheit gegen das

---

[1]) Auch dieser Graben umschließt den Berg von allen Seiten und wird, da er durch die Flußthäler der (l')Oze und des (l')Ozerain läuft, von dem Wasser dieser Flüßchen gespeist. Der dritte Graben ist derjenige, welcher durch Ausheben des Bodens zum Walle gebildet wird und sich unmittelbar vor dem letzteren befindet.

Herausreißen unten gut befestigt, so daß sie mit den Aesten über die Sohle des Grabens hervorstanden. Sie bildeten fünf mit einander verbundene und verschlungene Reihen. Wagte sich Jemand hinein, so gerieth er in die scharfen Spitzen dieser Pfähle. Dieses Annäherungshinderniß nannte man „Spitzsäulen". Vor ihnen wurden in schachbrettförmiger Ordnung trichterförmige Gruben von 3 Fuß Tiefe angelegt. In diese senkte man glattrunde, oben zugespitzte und angekohlte Stämme von der Dicke eines Mannesschenkels, so daß sie nur 4 Zoll über den Erdhorizont hervorragten; dann wurde zu besserer Befestigung der Pfähle die Grube 1 Fuß hoch mit Boden ausgeschüttet und dieser festgestampft; der obere Theil der Grube endlich wurde mit Strauchwerk und Reisig zugedeckt, um die gelegte Falle zu verbergen. Von diesen Gruben wurden acht Reihen angelegt, welche je 3 Fuß von einander lagen. Diese Anstalt nannte man nach der kelchförmigen Form der Gruben „Lilien". Vor ihnen wurden dann noch 1 Fuß lange Fußangeln mit eisernen Widerhaken vollständig in die Erde eingegraben, und wurden diese in mäßigen Abständen von einander aller Orten vertheilt. Diese nannte man „Ochsenstacheln".

74. Nach Vollendung aller dieser Arbeiten legte Cäsar eine ganz gleiche Linie von 14 Meilen Umfang mit der Front nach außen an, indem er dabei so viel möglich sich nach der Beschaffenheit des Terrains richtete. Er wollte dadurch das feindliche Entsatzheer verhindern, selbst wenn es in noch so großer Stärke erschiene, seine Linien auf allen Punkten gleichzeitig anzugreifen. Um endlich nicht genöthigt zu sein, unter ungünstigen Umständen das Lager verlassen zu müssen, gab er Befehl, das Heer mit Proviant auf 30 Tage für Mann und Roß zu versehen.

75. Während dieser Ereignisse vor Alesia beriefen die Gallier eine Tagsatzung und beschlossen auf derselben, nicht, wie Vercingetorix gewollt, ein Massenaufgebot zu erlassen [1]), sondern nur von jedem einzelnen Cantone ein bestimmtes Contingent zu verlangen; denn sie befürchteten, es möchte bei einer so großen und zusammengewürfelten Masse die Aufrechthaltung von Zucht und Ordnung und die Beischaf-

---

[1]) S. oben Cap. 71.

fung des nöthigen Proviants unmöglich werden. Die Contingente der einzelnen Staaten waren folgende: Häduer und deren Schutzgenossen, die Segusiaver, Ambluareten [1]), brannovikischen Aulerker, Brannovier: 35,000 Mann; Arverner und deren Unterthanen, die eleutherischen (?) Cadurker, Gabaler und Vellavier [2]) ebensoviel; die Sequaner, Senonen, Bituriger, Santonen, Rutenen, Carnuten, je 12,000; die Bellovaker 10,000; die Pictonen, Turonen, Parisier und Helvetier, je 8000; die Ambianer, Mediomatriker [3]), Petrocorier [4]), Nervier, Moriner, Nitiobriger, je 5000; die cenomanischen Aulerker ebensoviel; die Atrebaten 4000; die Veliocasser [5]) ebensoviel; die Lemoviker [6]) und eburovikischen Aulerker je 3000; die Rauraker und Bojer je 2000; die Seestaaten am Ocean, welche sich mit dem Gesammtnamen der Aremoriker [7]) benennen, nämlich die Curiosoliten, Rhedonen, Ambibarier, Caleten, Osismer, Lexovier, Veneller, zusammen 30,000. Von diesen Allen stellten einzig die Bellovaker ihr Contingent nicht, indem sie erklärten, sie würden lediglich auf ihre Faust und nach ihrem Belieben mit den Römern Krieg führen und brauchten Niemandem zu gehorchen. Doch ließen sie sich endlich von ihrem Gastfreunde Commius erbitten, 2000 Mann zu den Uebrigen stoßen zu lassen.

76. Es ist schon oben erwähnt worden[8]), daß eben dieser Commius in früheren Jahren dem Cäsar in Britannien treue und ersprießliche Dienste geleistet hatte. Zum Dank hatte Cäsar dessen Canton den Tribut erlassen und seine alte Verfassung zurückgegeben, ihm selbst

---

[1]) Dieser Name, jedenfalls identisch mit den „Ambilareten" Cap. 90, ist sehr unsicher.

[2]) Die Vellavier in der Gegend des heutigen Belay in den Cevennen.

[3]) Die Hauptstadt der Mediomatriker ist Divodurum, das heutige Metz.

[4]) Die Hauptstadt der Petrocorier ist Vesunna, das heutige Perigueux.

[5]) Die Veliocasser (vgl. Glück S. 161), auf dem rechten Ufer der Seine mit dem Hauptorte Rotomagus, dem heutigen Rouen.

[6]) Die Hauptstadt der Lemoviker ist Augustoritum, das heutige Limoges.

[7]) Vgl. Buch II, Cap. 34; Buch III, Cap. 7—19.

[8]) S. Buch IV, Cap. 21.

die Moriner als Unterthanen zugesprochen. So gewaltig aber war in ganz Gallien die Begeisterung für die Freiheit und den alten kriegerischen Ruhm, daß davor jede Erinnerung an Gunstbezeugungen und Freundschaftsbande zurücktrat und Alles für diesen Krieg Gut und Blut willig in die Schanze schlug. So brachte man denn 8000 Reiter und ungefähr 250,000 Mann zu Fuß zusammen. Diese wurden im Häduerlande geordnet und gemustert, Befehlshaber eingesetzt und der Oberbefehl dem Atrebaten Commius, den Häduern Viridomarus und Eporedorix und dem Arverner Vercassivellaunus, einem Vetter des Vercingetorix, übergeben. Diesen stellte man Abgeordnete der einzelnen Cantone als Kriegsrath zur Seite. Alles rückte voll Zuversicht und frischen Muthes gegen Alesia; Jedermann war überzeugt, die Römer würden bei'm ersten Anblick solcher Uebermacht das Weite suchen, zumal wenn sie sich von zwei Seiten bedroht sähen, durch einen Ausfall von der Stadt her und durch das Herannahen eines so gewaltigen Entsatzheeres von Reiterei und Fußvolk.

77. Unterdessen war schon der Tag vorüber, an welchem die Belagerten den Entsatz erwartet hatten; ihre sämmtlichen Vorräthe waren aufgezehrt; von den Kriegsrüstungen im Häduerlande wußten sie Nichts: so beriefen sie denn eine allgemeine Versammlung, um einen entscheidenden Entschluß zu fassen. Mancherlei Meinungen wurden vorgebracht: ein Theil stimmte für Unterwerfung, ein anderer für einen Ausfall in Masse, so lange man noch die Kraft dazu habe; da hielt Critognatus, ein hochstehender und einflußreicher Arverner, eine Rede, welche wegen ihrer besonderen und frevelhaften Unmenschlichkeit ausführliche Erwähnung verdient. „Ich will," sprach er, „über diejenigen kein Wort verlieren, welche die schmachvollste Sklaverei mit dem Namen der Unterwerfung beschönigen: die sollten nach meiner Meinung aus der Zahl der Bürger ausgestoßen und von der Berathung ausgeschlossen werden. Mit denen will ich reden, welche sich für einen allgemeinen Ausfall erklären, denn ihr Alle seid ja darüber einig, in diesem Vorschlage einen Abglanz der alten gallischen Tapferkeit zu finden. Doch nein, nicht Tapferkeit, Feigheit ist es, eine kurze Zeit den Mangel nicht ertragen zu können. Sich unnütz in den Tod zu stürzen ist leichter, als im Leiden geduldig auszuharren. Dennoch würde ich meinerseits jenem Vorschlag beistimmen um der Ehre willen,

die mir über Alles geht, wenn es sich dabei nur um das Opfer unseres Lebens handelte; wir haben aber bei unserer Entscheidung ganz Gallien in's Auge zu fassen, welches wir zu unserer Rettung aufgeboten haben. Wenn wir, 80,000 Köpfe, auf einen Schlag gefallen sind, wo sollen da unsere Verwandten und Freunde den Muth hernehmen, so zu sagen auf unseren Leichen die Entscheidungsschlacht zu schlagen? Um uns zu retten, trotzen sie der Gefahr; darum dürft ihr sie eurer Hülfe nicht berauben, dürft nicht aus Dummheit, Unbesonnenheit oder Schwäche ganz Gallien in's Verderben und in ewige Knechtschaft stürzen! Oder zweifelt ihr etwa an ihrer Treue und Ausdauer, weil sie auf den bestimmten Tag noch nicht da sind? Nun denn, bildet ihr euch etwa ein, die Römer quälten sich Tag für Tag zu ihrem Vergnügen mit jenen Verschanzungen gegen außen? Sind alle Wege euch abgeschnitten, kann keine ermuthigende Botschaft der Freunde zu euch dringen: nun denn, so glaubt dem Feinde, der euch ihre Ankunft anzeigt, indem er aus Furcht davor Tag und Nacht mit Schanzen sich abarbeitet. Nun, wie lautet denn mein Rath? Nur zu thun, was unsere Altvordern in einem Kriege von viel geringerer Tragweite mit den Cimbern und Teutonen gethan haben. Eingeschlossen in ihre Städte und von gleichem Mangel bedrängt, haben sie ihr Leben mit dem Fleische der kriegsuntüchtigen Greise gefristet und an Unterwerfung nicht gedacht. Und hätten wir dieses Vorbild solcher Handlungsweise nicht, so würde es uns ehren, um der Freiheit willen ein solches zu schaffen und der Nachwelt zu überliefern. Denn jener Krieg kann mit dem gegenwärtigen gar nicht verglichen werden. Die Cimbern haben Gallien verwüstet und schwer heimgesucht, aber sie haben doch endlich unser Gebiet verlassen und sich in andere Länder gezogen; sie haben uns Recht und Verfassung, Eigenthum und Freiheit unangetastet gelassen. Die Römer dagegen in ihrer neidischen Bosheit, — wohin geht ihr Dichten und Trachten? Jedes edle tapfere Volk, von dem sie hören, seines Eigenthums, seiner Unabhängigkeit zu berauben und in das Joch ewiger Knechtschaft zu zwingen. Das ist stets das einzige Ziel aller ihrer Kriege gewesen. Ist euch das Schicksal ferner Völker unbekannt, nun so blickt auf das benachbarte Gallien, welches zu einer Provinz erniedrigt, seines Rechts und seiner Verfassung beraubt, den römischen Beilen unterworfen, in ewiger Knechtschaft schmachtet."

78. Durch die Abstimmung ward entschieden, Alles, was durch Schwäche oder Alter kriegsuntüchtig sei, solle die Stadt verlassen, und man wolle zuerst Alles versuchen, ehe man auf Critognatus' Vorschlag eingehe; doch im äußersten Falle und bei längerem Ausbleiben des Entsatzes wolle man doch eher auch zu jenem Mittel greifen, als zu Unterwerfung und Frieden sich bequemen. Die Mandubier, die rechtmäßigen Besitzer der Stadt, wurden mit Weib und Kind ausgewiesen. Sie kamen an die römischen Verschanzungen heran und baten flehentlich unter Thränen, man möge sie nur als Sklaven aufnehmen und ihnen zu essen geben. Aber Cäsar gab Befehl, sie nicht einzulassen und stellte zu diesem Behufe längs des Walles Schildwachen auf.

79. Unterdessen erschienen Commius und die übrigen Oberbefehlshaber mit ihrer gesammten Macht vor Alesia und besetzten kaum eine Meile von unseren Verschanzungen eine Anhöhe [1]). Am folgenden Tage rückten sie mit der Reiterei aus dem Lager und nahmen mit derselben die ganze Ebene ein, welche, wie oben erwähnt [2]), 3 Meilen lang sich ausdehnt. Ihr Fußvolk stellten sie in einiger Entfernung auf den Höhen gedeckt auf [3]). Von der Stadt Alesia aus konnte man das Schlachtfeld übersehen. Bei'm Anblick des Entsatzheeres sammeln sich die Belagerten; man wünscht einander Glück; Alles ist vor Freude außer sich. In dichten Massen rückt man aus und nimmt vor der Stadt Stellung; man wirft Hurden über den vordersten Graben, schüttet ihn mit Boden aus und rüstet sich zu einem entscheidenden allgemeinen Ausfall [4]).

80. Cäsar vertheilte sein ganzes Heer auf die beiden Linien, welche nach der Stadt und gegen das Entsatzheer Front machten, so

---

[1]) Diese Anhöhe wird mit großer Wahrscheinlichkeit von Göler S. 76 f. als die Anhöhe von Pouillenay bestimmt, welche südlich von Alesia in der angegebenen Entfernung von Cäsar's Circumvallationslinie sich erhebt und etwa 1½ Stunde lang und eine halbe Stunde breit ist.

[2]) S. oben Cap. 69 und 70.

[3]) Ohne Zweifel auf den Höhen von Mussy und Venarey, welche nordwestlich vom gallischen Lager bis zu der Brenne und dem (l')Oze, sowie zu der eben genannten Ebene sich erstrecken.

[4]) Dieser Ausfall fand jedenfalls auf der Westseite von Alesia in der Richtung auf die genannte Ebene Statt. Vgl. Cap. 81.

daß Jeder im Voraus wußte, wo im Fall eines Angriffs sein Posten war. Dann ließ er die Reiterei vor's Lager rücken und das Gefecht beginnen. Von allen Lagern aus, welche ringsum gerade die höchsten Punkte einnahmen, konnte man die Ebene übersehen, und mit gespannter Aufmerksamkeit erwarteten alle Soldaten den Ausgang des Kampfes. Die Gallier hatten zwischen ihre Reiter Bogenschützen und leichte Fußgänger einzeln vertheilt, die, wenn dieselben zurückgingen, sie aufnehmen und den Anprall unserer Reiter empfangen sollten. Diese verwundeten denn auch unversehens eine ziemliche Anzahl der Unsrigen, so daß sie das Gefecht verlassen mußten. Nun hielten die Gallier die Ueberlegenheit der Ihrigen für ausgemacht und da sie noch dazu die Ueberzahl auf ihrer Seite sahen, so erhoben sie von allen Seiten, die Belagerten sowohl als die Entsatztruppen, ein wildes Geheul, um den Muth der Ihrigen noch mehr zu beleben. Man schlug sich ja, wie gesagt, vor Aller Augen; jede tapfere That, jede feige Handlung mußte augenblicklich bemerkt werden; Ehrgeiz und Furcht vor Schande entflammte die Einen wie die Andern, sich auszuzeichnen. So schwankte der Kampf von Mittag bis beinahe Sonnenuntergang ohne Entscheidung hin und her, bis endlich auf der einen Seite die Germanen in geschlossenen Geschwadern einen Angriff machten und die feindliche Reiterei über den Haufen warfen. Ihre Flucht stellte die Bogenschützen blos, welche sämmtlich niedergemacht wurden. Jetzt drangen auch auf den übrigen Punkten die Unsrigen vor und setzten die Verfolgung bis zum Lager fort, so daß der Feind nicht im Stande war, sich wieder zu sammeln. Nun zogen sich die Belagerten, niedergeschlagen und fast verzweifelt, in die Stadt zurück.

81. Nach Verlauf eines Tages, den die Gallier benützt hatten, um eine Masse von Hurden, Leitern und Haken anzufertigen, rückten sie um Mitternacht in aller Stille aus ihrem Lager und gingen gegen die Verschanzungen in der Ebene vor. Plötzlich mit lautem Geschrei — ein Zeichen ihres Anrückens für die Belagerten — begannen sie die Hurden auszuwerfen, mit Pfeilen, Schleudern und Handsteinen die Unsrigen auf dem Walle zu überschütten und die sonstigen Voranstalten zum Sturm zu treffen. Gleichzeitig gab Vercingetorix auf das Kriegsgeschrei hin das Trompetensignal und rückte aus der Stadt vor. Die Unsrigen besetzten ihre Posten, wie dieselben schon früher

jedem Einzelnen angewiesen waren, und bearbeiteten die Gallier mit pfündigen Schleudersteinen, Pfählen, die sie auf den Werken vertheilt hatten, und Bleikugeln. Da man in der Dunkelheit nicht um sich sehen konnte, so gab es auf beiden Seiten viele Verwundungen. Das grobe Geschütz entwickelte eine große Thätigkeit. Wo die Unsrigen in's Gedränge kamen, zogen die Legaten Marcus Antonius und Cajus Trebonius, welche auf den bedrohten Punkten befehligten, aus den entfernteren Redouten Reserven herbei und verstärkten sie.

82. So lange die Gallier noch in einiger Entfernung von der Verschanzung waren, waren sie durch die Masse ihrer Geschosse etwas im Vortheil; als sie aber näher herankamen, traten sie entweder unversehens in die Ochsenstacheln oder fielen in die Gruben und spießten sich oder wurden vom Wall und den Thürmen herab von den Mauerpilen tödtlich getroffen. Auf allen Punkten hatten sie schon viele Verwundete und nirgends war die Linie durchbrochen, als der Tag zu dämmern begann. Jetzt fürchteten sie durch einen Ausfall der Römer aus den oberen Lagern[1]) in die unbedeckte Flanke genommen zu werden und zogen sich auf die Ihrigen zurück. Die Belagerten waren mit dem Material, welches Vercingetorix für seinen Ausfall hatte anfertigen lassen, vorgegangen und suchten den vordersten Graben auszuschütten; diese Arbeit hielt sie aber so lange auf, daß sie den Abzug der Entsatztruppen erfuhren, ehe sie an die eigentlichen Verschanzungen kamen. So kehrten sie gleichfalls unverrichteter Sache in die Stadt zurück.

83. Zweimal mit großem Verluste zurückgeschlagen, beriethen sich die Gallier, was weiter zu thun sei; sie ziehen ortskundige Leute bei und lassen sich von diesen über die Bodenverhältnisse und die Befestigungen der oberen Lager berichten. Auf der Nordseite befand sich ein Hügel[2]), welchen die Unsrigen wegen seines bedeutenden Umfangs nicht völlig in die Linien hatten hineinziehen können: sie waren vielmehr gezwungen gewesen, das Lager auf entschieden ungünstigem Ter-

---

[1]) Das sind die Lager auf den Hügeln Lombard im Süden und Réa im Norden.

[2]) Aller Wahrscheinlichkeit nach der Hügel zwischen Rue du Château und Darcey im Nordosten.

rain, nämlich auf einer sanft geneigten Fläche anzulegen. Dieses Lager hielten die Legaten Cajus Antistius Reginus und Cajus Caninius Rebilus mit zwei Legionen besetzt. Die feindlichen Anführer ließen diese Oertlichkeit rekognosciren, wählten dann aus dem ganzen Heere 60,000 Mann, und zwar von den anerkannt tapfersten Stämmen, aus und einigten sich insgeheim über das Unternehmen und alle seine Einzelheiten. Um Mittag sollte gleichzeitig von beiden Seiten der Angriff erfolgen. Den Befehl über diese Truppen geben sie dem Arverner Vercassivellaunus, einem der vier Oberbefehlshaber und Verwandten des Vercingetorix. Dieser rückte um die erste Nachtwache[1] aus dem Lager, vollendete seinen Marsch gegen Tagesanbruch, nahm hinter einem Berge eine verdeckte Stellung[2] und ließ die Soldaten von der nächtlichen Anstrengung sich erholen. Als nach dem Stande der Sonne Mittag herannahte, ging er gegen das obenerwähnte Lager vor, während zu gleicher Zeit die Reiterei sich den Verschanzungen in der Ebene näherte und die übrigen gallischen Truppen vor dem Lager aufzumarschiren begannen.

84. Als Vercingetorix von der Burg von Alesia aus die Seinigen erblickte, rückt auch er seinerseits aus der Stadt und ließ Hurden, Stangen, Breschhütten, Wallsicheln und überhaupt Alles mitnehmen, was er für den Ausfall hatte anfertigen lassen. Auf allen Punkten tobt gleichzeitig der Kampf; allenthalben wird Sturm gelaufen; wo irgend eine schwache Stelle zu sein scheint, dorthin wenden sich die Massen der Gallier. Die Mannschaft der Römer, auf die ausgedehnten Verschanzungen vertheilt, vermag nur mit Mühe an mehreren Orten zugleich Widerstand zu leisten. Demoralisirend wirkte auch auf die Unsrigen das Schlachtgeschrei, welches sie in ihrem Rücken hörten, da sie sich sagen mußten, daß die Abwendung der eigenen Gefahr zugleich auch von dem Erfolge Anderer abhing. Pflegt doch den Menschen vorzugsweise zu beunruhigen, was er nicht sieht.

85. Cäsar hatte sich einen passenden Standort gewählt[3], von

---

[1] Etwa um 9 Uhr Abends.

[2] Das ist der Berg, welcher sich nordöstlich von dem Cap. 83 erwähnten Hügel erhebt.

[3] Diesen Standpunkt nimmt man mit Wahrscheinlichkeit auf dem Hügel Lombard, südlich von Alesia, an.

welchem aus er den Gang des Kampfes beobachtete und nach Befinden
die bedrohten Punkte verstärkte. Beide Theile waren von dem Gedanken durchdrungen, daß jetzt der Augenblick der Entscheidung gekommen sei: durchbrachen die Gallier nicht unsere Linien, so mußten
sie jede Hoffnung aufgeben; behaupteten die Römer ihre Stellung, so
durften sie auf das Ende aller ihrer Drangsale hoffen. Am meisten
bedrängt wurden die Römer in jenen oberen Verschanzungen, gegen
welche, wie erwähnt, Vercassivellaunus entsendet worden war. Der
Gipfel, welcher den Abhang beherrschte, war für die Römer äußerst
ungünstig. Ein Theil der Gallier schoß und schleuderte; ein anderer
stürmte in fest verschildeter Masse; frische Mannschaften lösen beständig die ermüdeten ab. Alles wetteifert die Gräben auszufüllen, die
Annäherungshindernisse zuzuschütten, den Weg zum Sturme zu eb-
nen. Und schon versagten den Unsrigen ihre Waffen und Kräfte den
Dienst.

86. Als Cäsar davon Meldung erhielt, sendete er den Labienus
mit sechs Cohorten den Bedrängten zu Hülfe, mit dem Befehl, im
Falle er dem Sturm nicht widerstehen könne, die Cohorten von dem
Walle zurückzunehmen und mit ihnen auszufallen; doch solle er diese
äußerste Maßregel für den Nothfall aufsparen. Zu den andern Truppen [1]) begab sich Cäsar selbst und ermunterte sie zu fester Ausdauer:
indem er sie darauf aufmerksam macht, daß von diesem Tage, von
dieser Stunde es abhänge, ob die Früchte aller früheren Kämpfe verloren sein sollten oder nicht. Unterdessen hatten die Belagerten den
Versuch aufgegeben, die Linien in der Ebene zu überwältigen, weil sie
zu stark waren, und hatten sich vielmehr gegen die steilen Abhänge
der Höhen [2]) gewendet; dorthin schafften sie auch ihr Angriffsmate-
rial. Durch einen Hagel von Geschossen scheuchten sie die Vertheidiger
von den Thürmen, füllten dann die Gräben mit Boden und Hurden
aus und begannen Wall und Brustwehr mit ihren Mauersicheln einzureißen.

---

[1]) Jedenfalls denjenigen, welche die Verschanzungen in der Ebene vertheidigten.

[2]) Das sind sicherlich die Abhänge des Hügels Réa.

87. Cäsar schickte zuerst den jungen Brutus mit * [1]) Cohorten, dann den Legaten Cajus Fabius mit * [1]) anderen. Zuletzt, da
der Kampf fortwüthete, führte er selbst frische Reserven heran. So
ward denn endlich hier das Gefecht hergestellt und der Feind abgeschlagen. Nun wendete sich Cäsar nach dem Punkte, nach welchem
er bereits den Labienus entsendet hatte, und zog aus der nächsten
Redoute noch 4 Cohorten herbei; ein Theil der Reiterei sollte ihm
folgen, ein anderer Theil außerhalb der feldwärts gekehrten Linien
vorgehen und den Feind in den Rücken nehmen. Unterdessen hatte
Labienus sich überzeugt, daß weder Wall noch Graben den Ungestüm
des Feindes aufzuhalten vermöge; er hatte daher 40 Cohorten, die
er zu gutem Glück aus den nächsten Redouten zusammenraffen konnte,
auf einem Punkte vereinigt und ließ dem Cäsar melden, daß er ausfallen müsse. Cäsar beeilte seinen Anmarsch, um an dem Kampfe
Theil zu nehmen.

88. Als die Unsrigen von ihrer höheren Stellung aus Cäsar
selbst an seinem ihnen wohlbekannten Feldherrnmantel an der Spitze
seiner Reitergeschwader und Cohorten erblickten, wie er die Höhen
heraufkam [2]), gingen sie zum Angriff vor. Auf das Schlachtgeschrei
von beiden Seiten antwortete wiederum Schlachtgeschrei vom Walle
und der ganzen Verschanzungslinie her. Die Unsrigen warfen die
Pilen weg und griffen mit dem Schwerte an. Gleichzeitig erschien
im Rücken der Gallier die römische Reiterei; anderweite Cohorten
rückten heran. Der Feind wendet sich zur Flucht; den Fliehenden
wirft sich die Reiterei entgegen; es entsteht ein furchtbares Blutbad.
Der Befehlshaber und Fürst der Lemoviker, Sedulius, fällt; der Arverner Vercassivellaunus wird auf der Flucht gefangen genommen;
74 erbeutete Feldzeichen werden Cäsar überreicht. Nur Wenige von
den feindlichen Massen erreichen unversehrt das Lager. Als die Belagerten die Niederlage und Flucht der Ihrigen erblickten, gaben sie
sich verloren und zogen sich von den Verschanzungen zurück. Auf diese

---

[1]) Die Zahlen sind in den Handschriften nicht überliefert. Aldus zuerst hat dem Brutus 6, dem Fabius 7 gegeben.

[2]) Nämlich aus dem Thale des Rabutin-Baches, welcher die Hügel Réa
und von Savoigny trennt.

Nachrichten beginnt sofort ein allgemeines Ausreißen im gallischen
Lager. Wären nicht die Soldaten durch die unaufhörlichen Hin= und
Hermärsche und die Arbeit des ganzen Tages ermattet gewesen, so
hätte man die feindlichen Heeresmassen vollständig vernichten können.
Die erst um Mitternacht abgeschickte Reiterei erreichte noch die Nach=
hut, machte viele Gefangene und hieb eine Menge nieder; der Rest
zerstreute sich fliehend, Jeder in seine Heimath.

89. Am folgenden Tage berief Vercingetorix eine allgemeine
Versammlung und erklärte, er habe nicht um seines eigenen Vortheils,
sondern um der gemeinsamen Freiheit willen diesen Krieg begonnen:
da man nun aber dem Schicksal sich unterwerfen müsse, so stelle er sich
ihnen zur Verfügung, möchten sie nun durch seinen Tod die Römer
befriedigen oder ihn lebendig denselben ausliefern wollen. Man schickt
hierüber Abgeordnete an Cäsar. Dieser gebietet ihnen, die Waffen
auszuliefern und die Fürsten vorzuführen. Er selbst nahm seinen Sitz
vor dem Lager innerhalb der Verschanzungen. Dort werden ihm die
feindlichen Führer vorgeführt; Vercingetorix wird übergeben; die Waf=
fen niedergelegt. Die Häduer und Arverner behielt Cäsar zurück, um
wo möglich durch sie ihre Cantone wieder für sich zu gewinnen; die
übrigen Kriegsgefangenen wurden als Beute unter das ganze Heer
vertheilt, so daß jeder Soldat seinen Gefangenen erhielt.

90. Nach diesen Erfolgen rückte Cäsar in's Häduerland, welches
sich ihm ohne Weiteres unterwarf. Dort fanden sich auch Gesandte
der Arverner ein und erklärten ihren unbedingten Gehorsam. Er ge=
bot ihnen eine große Anzahl Geiseln zu stellen. Etwa 20,000 Ge=
fangene gab er den Häduern und Arvernern zurück. Hierauf vertheilte
er die Legionen in die Winterquartiere. Titus Labienus läßt er mit
2 Legionen und der Reiterei in's Sequanerland rücken und gibt ihm
den Marcus Sempronius Rutilus bei; Cajus Fabius und Lucius
Minucius Basilus läßt er mit 2 Legionen bei den Remern Quartier
nehmen, um diese vor einem etwaigen Einfall der Bellovaker zu
schützen; Cajus Antistius Reginus schickt er zu den Ambilareten, Titus
Sextius zu den Biturigern, Cajus Caninius Rebilus zu den Rutenern,
Jeden mit einer Legion; Quintus Tullius Cicero und Publius Sul=
picius sollten zu Cabillo (Chalon) und Matisco (Mâcon) am
Arar im Häduerland Quartier nehmen, um die Zufuhr zu sichern;

er selbst beschloß in Bibracte zu überwintern. Auf Cäsar's Bericht über diese Vorfälle ward in Rom ein zwanzigtägiges Dankfest beschlossen.

Achtes Buch.

Vorwort des Hirtius.[1]

Lieber Balbus! Deine unaufhörlichen Mahnungen haben mich endlich bestimmt, an eine äußerst schwierige Arbeit zu gehen, gegen welche ich mich Tag für Tag gesträubt hatte. Denn ich mußte zuletzt fürchten, daß man dieses Sträuben nicht mit der Schwierigkeit entschuldigen, sondern auf Rechnung meiner Trägheit setzen möchte. Ich habe nämlich die Memoiren unseres Cäsar über die gallischen Feldzüge vervollständigt und dadurch die Lücke zwischen seinen früheren und letzten Schriften[2] ausgefüllt; ich habe ferner sein letztes unvollendetes Buch[3] von dem Alexandrinischen Feldzug an fortgesetzt und, zwar nicht bis zum Ende des Bürgerkrieges, welches gar nicht abzusehen ist, aber doch bis zu Cäsar's Ausgang fortgeführt[4]. Möchten doch meine Leser sich vorstellen können, wie höchst ungern ich diese Arbeit unternommen habe; sie würden es mir dann sicherlich nicht als thörichte Anmaßung anrechnen, daß ich mich mitten in die Folge von Cäsar's Schriften eingeschoben habe. Ist es doch allgemein anerkannt, daß die mühseligsten Stilübungen Anderer die Formvollendung dieser

---

[1] Ueber Aulus Hirtius, den Verfasser dieses Buches, und Cornelius Balbus, an welchen derselbe sein Vorwort richtet, s. unsere Einleitung S. 104—110.

[2] D. h. zwischen den Memoiren über den gallischen und denen über den Bürgerkrieg.

[3] Nämlich das dritte Buch vom Bürgerkrieg.

[4] Das ist bekanntlich nicht geschehen, indem Hirtius schon im März 43 vor Mutina fiel. S. die Einleitung a. a. O.

Memoiren nicht erreichen. Cäsar hat sie herausgegeben als Quelle für die künftigen Geschichtschreiber seiner Thaten; sie haben aber so allgemeinen Beifall gefunden, daß man sagen muß, sie haben den Geschichtschreibern den Stoff vielmehr vorweggenommen, als geliefert. Wir aber müssen diese Thatsache mehr als irgend ein Anderer bewundern; denn während Andere seine Arbeit nur in ihrer hohen Vollendung kennen, wissen wir zugleich, wie leicht und schnell sie ihm von der Hand ging. Cäsar war aber nicht blos der gewandteste und vollkommenste Stilist; er wußte auch klar, was er gewollt hatte, und giebt darüber den besten Aufschluß. Ich habe dagegen nicht einmal das Glück gehabt dem Alexandrinischen und Afrikanischen Kriege beizuwohnen, und obwohl wir diese Kriege zum Theil aus Cäsar's mündlichen Mittheilungen kennen, so pflegen wir doch ganz anders zuzuhören, wenn wir uns unbefangen dem Eindrucke neuer und wunderbarer Ereignisse hingeben, als wenn wir zugleich daran denken, von ihnen als Zeugen Rechenschaft geben zu sollen. Doch ich will nur nicht nach allen möglichen Entschuldigungsgründen mich umsehen, um meine Vergleichung mit Cäsar abzulehnen; ich könnte sonst gerade in den Verdacht der Anmaßung kommen, daß ich meine, es werde Jemandem einfallen mich mit Cäsar zu vergleichen. Lebe wohl!

(Das Jahr 51 v. Chr. = 703 n. E. R.)

I. Neue Aufstandsversuche. Unterwerfung der Bituriger und Carnuten.

(Cap. 1—6.)

1. Da Cäsar seit dem letzten Sommer [1] unaufhörlich zu Felde gelegen hatte und nun ganz Gallien niedergeworfen war, wollte er endlich seine Soldaten nach so großen Strapatzen in den Winterquartieren ausruhen lassen. Da erhielt er aus ziemlich vielen Gegenden

---

[1] D. h. seit dem Sommer des Jahres 53. S. oben Buch VII, Cap. 1, 6. 8. 10.

gleichzeitig Nachricht, daß die Gallier damit umgingen, den Krieg zu erneuern, und darüber insgeheim mit einander verhandelten. Als wahrscheinliche Ursache dieser Erscheinung ward angeführt, die Gallier seien zwar zu der Ueberzeugung gekommen, man könne allerdings selbst mit einer noch so großen Uebermacht dem vereinigten römischen Heere nicht die Spitze bieten; wenn dagegen gleichzeitig eine ziemliche Anzahl Stämme auf verschiedenen Punkten losschlügen, so würde das römische Heer weder Zeit noch Truppen genug haben, um auf allen Punkten zu helfen und bei der Hand zu sein. Es dürfte sich aber kein einzelner Stamm weigern, eine derartige Unannehmlichkeit über sich ergehen zu lassen, wenn um diesen Preis sich unterdessen die übrigen Stämme die Freiheit erkämpfen könnten.

2. Um den Galliern diesen Wahn sofort zu benehmen, übergab Cäsar den Oberbefehl über sein Winterlager dem Quästor Marcus Antonius; er selbst begab sich mit einer Reiterbedeckung den 31. Dezember von der Stadt Bibracte zur 13. Legion, welche er nicht weit von der häduischen Grenze in's Gebiet der Bituriger verlegt hatte, und zog dann noch die in nächster Nähe stehende 11. Legion an sich. Zwei Cohorten ließ er zur Deckung des großen Gepäcks zurück; mit den übrigen Truppen rückte er in das gesegnete Land der Bituriger, da diese bei der Ausdehnung ihres Gebiets und der großen Zahl ihrer Städte durch das Winterlager einer einzigen Legion nicht so im Zaum gehalten werden konnten, um Kriegsrüstungen und geheime Umtriebe unterlassen zu müssen.

3. Das plötzliche Erscheinen Cäsar's hatte den Erfolg, welchen es bei dem Mangel an Vorbereitung und Vereinigung auf Seiten des Feindes nothwendig haben mußte. Die Leute auf dem Lande, die sich nichts Arges versahen, wurden von der Reiterei überrascht, ehe sie in die Städte flüchten konnten. Denn Cäsar hatte auch ausdrücklich verboten die Gebäude anzuzünden, wodurch sonst die Kunde von einem feindlichen Ueberfall sich rasch zu verbreiten pflegt, damit es ihm bei etwaigem weitern Vorrücken nicht an Futter und Proviant fehle und der Feind nicht durch das Sengen und Brennen geschreckt würde. Viele Tausende wurden gefangen; die Uebrigen, denen es gelang, sich bei dem plötzlichen Einbruch der Römer zu flüchten, flüchteten voller Schrecken in die Nachbarstaaten, im Vertrauen theils auf ihre persön-

lichen Verbindungen, theils auf die Gemeinschaft der Sache. Vergebens; denn aller Orten kam ihnen Cäsar durch Eilmärsche zuvor
und ließ keinem Canton Zeit, an etwas Anderes als an seine eigene
Sicherheit zu denken. Durch diese Schnelligkeit erhielt er die treuen
Freunde bei ihrer Pflicht und brachte die Schwankenden durch
Schrecken zur Unterwerfung. Als die Bituriger unter diesen Umständen zu der Ueberzeugung kamen, Cäsar's Gnade lasse ihnen die
Rückkehr zur friedlichen Ausgleichung offen, und auch die Nachbarstaaten seien ohne alle Züchtigung nach Stellung der Geiseln wieder
zu Gnaden aufgenommen worden, so folgten auch sie diesem Beispiel.

4. Cäsar's Soldaten hatten zur Winterszeit auf äußerst
schwierigen Märschen bei unerträglicher Kälte mit der größten Hin-
gebung und Geduld ausgehalten. Für diese Ausdauer versprach
ihnen Cäsar als Beutegeld je 200 Sestertien dem Gemeinen und
2000 Sestertien dem Centurionen[1]). Dann schickte er die Legionen
in ihre Winterlager zurück und er selbst begab sich — 40 Tage nach
seinem Ausmarsch — nach Bibracte zurück. Während er dort Gerichtstag hielt, erschienen Gesandte der Bituriger und baten ihn um
Hülfe gegen die Carnuten, welche, wie sie sich beklagten, ihnen in's
Land gefallen wären. Cäsar war noch nicht länger als 18 Tage
wieder in seinem Winterlager; dennoch ließ er sofort auf diese Nachricht die 14. und 6. Legion aus ihren Winterlagern am Arar aufbrechen, welche, wie im vorigen Buche gesagt worden[2]), dorthin
gelegt waren, um die Zufuhr zu sichern. So marschirte er an der
Spitze zweier Legionen gegen die Carnuten.

5. Als die Nachricht von seinem Anrücken zu den Feinden gelangte, so ließen die Carnuten, durch fremden Schaden klug geworden, die Weiler und Städte im Stich, welche sie zum Schutz gegen
den Winter in aller Eile nothdürftig und armselig genug aufgeführt
hatten — denn bei ihrer neulichen Niederlage hatten sie den größten

---

[1]) 200 Sestertien sind etwa = 40 Franken oder 11 Thlr. Vereins-M.
Das Beutegeld der Centurionen ist wahrscheinlich nicht richtig angegeben, da
diese sonst nur das Doppelte der Gemeinen zu erhalten pflegten.

[2]) Cap. 90.

Cäsar, gallischer Krieg.

Theil ihrer Städte Preis gegeben [1]) — und zerstreuten sich nach allen Richtungen. Da gerade jetzt furchtbar schlechtes Wetter eintrat, so wollte Cäsar seine Soldaten dessen Unbilden nicht aussetzen; er nahm daher in der Carnutenstadt Cenabum Quartier und legte seine Soldaten theils in die Hütten der Gallier, theils in Baracken, welche er durch Bedeckung der Zelte mit Strohlagen herstellen ließ. Die Reiter dagegen und die Hülfstruppen zu Fuß schickte er überall hin, wohin nach eingezogener Erkundigung der flüchtige Feind sich gewendet hatte. Und nicht vergebens; denn fast immer kehrten die Unsrigen beutebeladen zurück. Die Carnuten, durch den harten Winter ebenso wie durch die Furcht vor dem siegreichen Feinde niedergedrückt, ohne Dach und Fach, ohne jeden anderweitigen sicheren Zufluchtsort, da der Schutz der Wälder bei dem harten Frost nicht ausreichend war, ohne Einigungspunkt, zerstreuten sich nach großen Verlusten in die benachbarten Cantone.

6. Cäsar begnügte sich während der rauhen Winterszeit jede Vereinigung feindlicher Truppen auseinander zu treiben, um überall den Krieg im Keime zu ersticken; auf diese Weise glaubte er, soweit menschliche Voraussicht reicht, sicher zu sein, daß es mit dem Sommer zu keinem Kriege von Bedeutung kommen könne. Er ließ daher seine zwei Legionen unter dem Befehle des Cajus Trebonius zu Cenabum im Winterlager zurück, während er selbst zu einem Feldzuge gegen die Bellovaker Anstalt traf. Er war nämlich von Seiten der Remer durch wiederholte Botschaften benachrichtigt worden, daß bei jenem durch seinen Kriegsruhm vor allen Galliern und Belgiern ausgezeichneten Stamme und den Nachbarcantonen unter Anführung des Bellovakers Correus und des Atrebaten Commius Truppen ausgehoben und auf Einen Punkt zusammengezogen würden, um mit der gesammten Macht in's Gebiet der Suessionen einzufallen, welche unter den Remern standen [2]). Cäsar meinte, es verlange nicht blos seine Ehre, sondern selbst sein Vortheil, seine treuesten Bundesgenossen vor jeder Schädigung sicher zu stellen. Er ließ daher wieder die 11. Legion aus ihrem Winterlager aufbrechen, sandte sobann

---

[1]) S. Buch VII, Cap. 15.
[2]) S. oben Buch II, Cap. 12; Buch VI, Cap. 12.

dem Cajus Fabius schriftlichen Befehl, mit seinen zwei Legionen in's Suessionenland zu marschiren, und ließ außerdem noch eine von den zwei Legionen des Labienus kommen. Während er also selbst unaufhörlich beschäftigt war, wußte er doch die Last der Feldzüge Reihe um Reihe unter die Legionen zu vertheilen, wie es eben die Lage der Winterquartiere und des Kriegsschauplaßes mit sich brachte.

II. Cäsar's Feldzug gegen die Bellovaker.

(Cap. 7 — 23).

7. Mit diesen Truppen rückte er gegen die Bellovaker, nahm in ihrem Gebiet ein Lager und schickte dann nach allen Richtungen seine Reitergeschwader aus, um Gefangene einzubringen, durch welche er über die Absichten des Feindes Auskunft zu erhalten hoffte. Die Reiter thaten ihre Schuldigkeit und meldeten zugleich, sie hätten nur einige Wenige in den Häusern gefunden, und diese wären nicht etwa zurückgeblieben, um ihre Aecker zu bestellen — im Gegentheil der Feind habe eine förmliche Auswanderung organisirt —, sondern man habe die Leute zurückgeschickt, um zu kundschaften. Cäsar stellte mit ihnen ein Verhör an, wo das Hauptheer der Bellovaker stünde und was eigentlich ihre Absicht sei, und erfuhr Folgendes: Alle waffenfähigen Bellovaker seien auf Einem Punkte vereinigt, ebenso die Ambianer, Aulerker, Caleten, Veliocasser, Atrebaten. Ihr Lager hätten sie auf einer in waldiger Gegend gelegenen und von Sümpfen umgebenen Anhöhe genommen [1]), ihr sämmtliches großes Gepäck aber in entferntere Wälder in Sicherheit gebracht. In die Ober-leitung des Krieges hätten sich ziemlich viele Fürsten getheilt; die

---

[1]) Ziemlich wahrscheinlich setzt v. Göler („Cäsar's gallischer Krieg im Jahre 51 v. Chr." Heidelberg 1860.) S. 5 ff. dieses erste Lager der Bello-vaker auf die Anhöhe, welche an dem südöstlichen Ausgange des Waldes von Compiègne zwischen Pierrefonds und Rétheuil liegt und auf drei Seiten von der sumpfigen Thalniederung des nach Norden in die Aisne fließenden Vandy-Baches umgeben ist. Napoleon ist ihm hierin, sowie in den übrigen Bestimmungen dieses Feldzuges gefolgt.

große Masse aber hänge vorzugsweise an Correus, der als ein Todfeind der Römer bekannt sei. Vor einigen Tagen habe der Atrebate
Commius dieß Lager verlassen, um Hülfstruppen von den Germanen
herbeizuholen, welche ganz in der Nähe wohnten und sehr zahlreich
seien. Volk und Fürsten der Bellovaker, einstimmig und einmüthig,
hätten beschlossen, wenn Cäsar, wie das Gerücht ginge, nur mit drei
Legionen heranrücke, ihm eine Schlacht anzubieten, um nicht später
unter ungünstigeren und schwierigeren Verhältnissen mit seinem ganzen Heere sich messen zu müssen. Brächte er dagegen größere Streitkräfte mit, so beabsichtigten sie die gewählte Stellung zu behaupten,
dagegen den Römern das Einbringen von Futter, welches bei der
Jahreszeit spärlich und nirgend in Masse zu finden war, sowie von
Getreide und andern Bedürfnissen durch Streifzüge und Ueberfälle
zu verwehren.

8. Die Wahrheit dieser Aussagen ward durch die allgemeine
Uebereinstimmung bestätigt, und Cäsar mußte sich gestehen, daß der
mitgetheilte Kriegsplan wohlbedacht sei und keine Spur von der gewöhnlichen Unbesonnenheit der Barbaren an sich trug. Er glaubte
daher Alles aufbieten zu müssen, um den Feind durch die scheinbar
geringe Zahl seiner Truppen zur Schlacht zu verlocken. Denn die
7., 8. und 9. Legion, welche er bei sich hatte, waren alte erprobte
Truppen, und nicht weniger versprach die 11., welche aus erlesenen
Leuten bestand und zwar auch schon acht Feldzüge zählte, aber doch
in Vergleich mit den übrigen noch nicht denselben Ruf alterprobter
Tapferkeit besaß. Er berief daher einen Kriegsrath, theilte in demselben die erhaltenen Nachrichten mit und ermuthigte dadurch seine
Leute. Um zu versuchen, ob er vielleicht den Feind durch die scheinbare Zahl von nur drei Legionen zur Schlacht verlocken könne, ordnete er den Marsch dergestalt, daß die 7., 8. und 9. Legion ohne
alles Gepäck voraufmarschirten, dann das gesammte, übrigens für
einen derartigen Zug möglichst beschränkte, Gepäck folgte und dann
erst die 11. Legion den Zug beschloß: so mußte der Feind nur
gerade so viel Truppen vor sich sehen, als ihn zu einer Feldschlacht
bestimmen konnten. Auf diese Weise rückte Cäsar beinahe schon in
vollem Frontmarsch dem Feind auf den Leib, ehe er sich Dessen
versah.

9. Als aber die Gallier die Legionen so gut wie in Schlacht-ordnung und im Gleichtritt plötzlich anmarschiren sahen, so stellten sie sich, im Widerspruch mit den Nachrichten über ihren angeblichen Entschluß sich zu schlagen, unmittelbar vor dem Lager auf, ohne ihre beherrschende Stellung zu verlassen, sei es nun aus Scheu vor der Entscheidung, sei es, daß sie durch unsere Ankunft überrascht wurden, sei es um abzuwarten, was wir thun würden. So sehr Cäsar den Kampf gewünscht hatte, glaubte er doch der außerordentlichen Ueber-macht des Feindes Rechnung tragen zu müssen. Er schlug daher sein Lager in der unmittelbaren Nähe des Feindes auf, so daß nur ein Thal von geringer Breite, aber mit ziemlich jähen Abhängen beide Theile trennte ¹). Sein Lager ließ er mit einem Wall von 12 Fuß Höhe umgeben und auf diesem eine Erdbrustwehr aufsetzen, ferner zwei Gräben von 15 Fuß Breite mit senkrechten Wänden ziehen, endlich in geringen Abständen Thürme von drei Stockwerken erbauen und diese durch bedeckte Brücken mit einander verbinden, deren Frontseiten mit einer Brustwehr aus Flechtwerk versehen wur-den. So war das Lager gegen den Feind nicht nur durch einen doppelten Graben, sondern auch durch eine doppelte Reihe Verthei-diger geschützt, von denen die eine, je sicherer sie hoch oben auf den Brücken stand, desto unbesorgter und weiter ihre Geschosse schleudern konnte, die andere dagegen, dem Feinde zunächst auf dem Walle selbst aufgestellt, durch die Brücke gegen die Geschosse sichergestellt wurde, welche von oben kamen. Die Thore ließ Cäsar mit Flügeln und noch höheren Thürmen versehen.

10. Er hatte bei dieser ganzen Verschanzung zweierlei im Auge: einerseits hoffte er, der Feind werde die Größe dieser Arbeiten als ein Zeichen von Furcht ansehen und dadurch desto mehr Selbst-vertrauen gewinnen, andererseits konnte das so stark befestigte Lager durch verhältnißmäßig geringe Streitkräfte gehalten werden, während man genöthigt war, in größerer Entfernung von demselben zu foura-giren. Unterdessen kam es häufig zwischen einzelnen Plänklern zu

---

¹) Das ist einer von den Hügeln, welche durch den Thalgrund des Vandy-Baches von der Stellung der Gallier getrennt sind, und zwar wahrscheinlich der südöstlich von da gelegene, wo jetzt Taillefontaine liegt.

unbedeutenden Scharmützeln, da eben beide Lager durch jenen Sumpf getrennt waren. Doch gingen zuweilen auch entweder unsere gallischen und germanischen Hülfsvölker über diesen Sumpf und setzten dem Feinde scharf zu, oder es kamen feindliche Abtheilungen herüber und drängten die Unsrigen zurück. Außerdem konnte es bei den täglichen Fouragirungen nicht fehlen, daß bei dem ungünstigen Terrain einzelne Fouragirer abgefangen wurden, zumal man die Fourage aus vereinzelten und zerstreut liegenden Höfen zusammensuchen mußte. Dieß hatte nun am Ende wenig zu bedeuten und kostete uns höchstens einige Pferde und Sklaven; doch bestärkte es immerhin die Barbaren in ihrer dummen Ueberschätzung, und zwar um so mehr, als auch Commius mit Reitern zurückgekehrt war, der, wie erwähnt [1]), sich entfernt hatte, um Hülfstruppen von den Germanen herbeizuholen. Diese Reiter zählten zwar nicht mehr als 500 Pferde; dennoch wurden die Barbaren durch die Ankunft der Germanen ganz übermüthig.

11. So hielt sich der Feind eine Reihe von Tagen in seinem durch den Sumpf gedeckten, von Natur festen Lager. Ein Sturm auf dieses Lager, das erkannte Cäsar, mußte die schwersten Opfer kosten, zu seiner Einschließung aber war ein größeres Heer erforderlich. Cäsar sendete daher an Trebonius Befehl, so rasch als möglich die 13. Legion an sich zu ziehen, welche unter dem Legaten Titus Sextius im Biturigerlande stand, und so an der Spitze von drei Legionen in Eilmärschen heranzurücken. In der Zwischenzeit ließ er die zahlreich von ihm aufgebotene Reiterei der Remer, Lingonen und der übrigen Stämme abwechselnd zur Deckung der Fouragirungen ausrücken, um feindliche Ueberfälle zurückzuweisen.

12. Da sich dieß täglich wiederholte, ohne daß Etwas vorfiel, so ließ man, wie es zu geschehen pflegt, bald in der ersten Aufmerksamkeit nach. Die Bellovaker lernten so die Aufstellungen unserer Reiter für jeden Tag genau kennen und legten dann in einer Waldgegend eine auserlesene Abtheilung Fußvolk in Hinterhalt. Am folgenden Morgen entsendeten sie dann Reiterei nach derselben Richtung, um die Unsrigen zuerst heranzulocken und dann von allen Seiten an-

---

[1]) S. oben Cap. 7.

zugreifen. Das Unglücksloos traf die Remer, welche an diesem Tage den Dienst hatten. Als sie nämlich plötzlich die feindliche Reiterei bemerkten, welche viel schwächer war als sie, warfen sie sich blind auf dieselbe und ließen sich durch die Verfolgung so weit fortreißen, daß sie mitten in das feindliche Fußvolk hineingeriethen. Nun verloren sie die Haltung und gingen allerdings schneller zurück, als es sonst bei Reitergefechten geschehen sollte. Sie verloren dabei ihren Fürsten und Reiterobersten Vertiscus, welcher zwar wegen seines hohen Alters sich kaum auf dem Pferde halten konnte, aber dennoch, der gallischen Sitte treu, weder aus diesem Grunde den Oberbefehl ausgeschlagen, noch der persönlichen Theilnahme am Kampfe entsagt hatte. Dieser glückliche Erfolg und der Tod des Fürsten und Reiterobersten der Remer steigerte natürlich die Aufgeblasenheit des Feindes; die Unsrigen dagegen ließen sich diesen Unfall zur Warnung dienen, stellten fortan erst nach genauerer Recognoscirung ihre Reiterposten aus und nahmen sich bei der Verfolgung des Feindes besser in Acht.

13. Unterdessen dauerten die täglichen Scharmützel Angesichts beider Lager und an den Furthen und Uebergängen des Sumpfes beständig fort. Nun hatte Cäsar eine Anzahl Germanen über den Rhein kommen lassen [1]), welche zu Fuß unter die Reiterei gemischt fochten. Diese gingen bei einem solchen Gefechte in Masse und mit Entschlossenheit über den Sumpf, machten die Wenigen nieder, welche ernstlichen Widerstand leisteten, und setzten hartnäckig der übrigen Menge nach. Panischer Schrecken ergriff den Feind, und zwar nicht blos die Truppen, welche in's Gefecht verwickelt waren, sondern auch die weiter rückwärts aufgestellten Reserven. Schmachvoll riß Alles aus; kein Terrainvortheil wurde benützt, um sich zu setzen; erst als sie das Lager erreichten, fand ihre Flucht ein Ziel; ja Einige liefen aus purer Scham noch über das Lager hinaus. Diese Niederlage brachte im ganzen Heere eine allgemeine Niedergeschlagenheit hervor, und es war schwer zu sagen, was größer war, ihr Uebermuth bei den früheren unbedeutenden Vortheilen oder ihre Entmuthigung bei dem mäßigen Mißgeschick.

---

[1]) S. Buch VII, Cap. 65 und vgl. Buch I, Cap. 48.

14. So brachte der Feind eine Reihe von Tagen im Lager zu, bis er erfuhr, daß der Legat Cajus Trebonius mit seinen Legionen herannahe. Da befürchteten die Anführer der Bellovaker in ähnlicher Weise, wie jene Gallier in Alesia, eingeschlossen zu werden. Sie ließen daher in der Nacht den gesammten Troß und alle diejenigen abziehen, welche entweder nicht kriegstüchtig waren oder keine Waffen hatten. Sie wurden aber vom Tageslicht überrascht, ehe dieser ungeordnete und verwirrte Zug sich entwickeln konnte; — die Gallier pflegen nämlich, auch wenn sie schlagfertig marschiren, eine große Menge Karren mitzuschleppen; — sie stellten nun ihre bewaffnete Mannschaft vor ihrem Lager in Schlachtordnung auf, damit die Römer die Verfolgung nicht eher beginnen könnten, als bis der unbeholfene Troß schon einen bedeutenden Vorsprung hätte. Cäsar hielt es einerseits nicht für zweckmäßig, den Feind in seiner Stellung unmittelbar bergauf anzugreifen, andererseits für nothwendig, mit den Legionen so weit vorzurücken, um den Rückzug des Feindes sofort beunruhigen zu können. Es lag, wie gesagt, ein Sumpf zwischen beiden Lagern, der schwer zu überschreiten war und daher für die sofortige Verfolgung ein Hinderniß abgab; jener Höhenzug ferner, welcher jenseits des Sumpfes sich beinahe bis zum feindlichen Lager erstreckte, war wiederum von diesem Lager durch ein Thal von mäßiger Breite getrennt. Cäsar ließ daher Brücken über den Sumpf werfen, rückte mit den Legionen herüber und erreichte schnell den Rücken des Höhenzugs, welcher auf beiden Seiten durch einen steilen Abfall gedeckt war. Dort ließ er die Legionen aufmarschiren und rückte nun in voller Schlachtordnung bis zum jenseitigen Abhang des Rückens so weit vor, daß seine Geschütze die feindlichen Massen erreichen konnten.

15. Die Barbaren waren einerseits im Vertrauen auf ihre günstige Stellung entschlossen, den Kampf anzunehmen, falls die Römer es wagen würden die Höhe anzugreifen; andererseits durften sie es nicht wagen, ihre Truppen allmählich zurückzuziehen, damit sie sich nicht zerstreuten und in Verwirrung geriethen. Sie blieben daher ruhig in Schlachtordnung stehen. Diese Maßregel bestimmte Cäsar, 20 Cohorten in Schlachtordnung zu behalten und von den übrigen, wo sie standen, das Lager abstecken und verschanzen zu

laſſen. Nach Vollendung der Arbeit ließ er die Legionen in Schlachtordnung vor dem Wall lagern; die Reiter vertheilte er auf die Feldwachen mit dem Befehl, nicht abzuzäumen. Die Bellovaker erkannten, daß die Römer zur Verfolgung bereit ſeien, während es für ſie
unmöglich war, in ihrer Stellung ohne Nachtheil zu übernachten
oder nur länger zu verweilen: ſie erſannen daher folgenden Plan,
um ihren Rückzug zu ſichern. Ohne ihre Ordnung aufzulöſen, reichten ſie einander die im Lager maſſenhaft aufgehäuften Stroh- und
Reiſigbündel von Hand zu Hand zu, ſchichteten ſie vor ihrer Front auf
und zündeten ſie bei einbrechender Nacht auf ein gegebenes Zeichen
gleichzeitig an, ſo daß in einem Nu ein feuriger Wall die geſammte
galliſche Streitmacht den Blicken der Römer verbarg. Hierauf zogen
ſie ab, ſo ſchnell ſie laufen konnten.

16. Cäſar konnte zwar vor dem Feuermeer den Abzug des
Feindes nicht wahrnehmen; er vermuthete aber allerdings, daß dieſe
Maßregel die Flucht decken ſolle, ließ daher die Legionen vorgehen
und entſendete die Reitergeſchwader zur Verfolgung. Doch rückte er
ſelbſt etwas langſam vor, indem er eine Kriegsliſt für möglich hielt:
der Feind konnte auch leicht die Abſicht haben, in ſeiner alten Stellung Widerſtand zu leiſten und nur die Unſrigen auf dieſes ungün-
ſtige Terrain herauszulocken. Die Reiter ſcheuten ſich in die dichten
Flammen am obern Rande der Höhe einzudringen, und wenn ja
einige in ihrem Eifer es wagten, ſo konnten ſie kaum noch die Köpfe
ihrer eigenen Pferde erkennen. Auch ſie ließen daher aus Furcht vor
einer Kriegsliſt den Bellovakern volle Freiheit, ſich zurückzuziehen.
Auf dieſe Weiſe, welche ebenſo von ihrer Furcht als von ihrer
Schlauheit zeugte, ſetzten ſie unangefochten ihren Rückzug zehn Meilen weit fort, wo ſie dann auf einem von Natur außerordentlich
feſten Punkte ein neues Lager aufſchlugen [1]). Von dieſem Lager

---

[1]) Sehr wahrſcheinlich bezeichnen v. Göler S. 14 ff. und Napoleon den
mont Ganelon, nordöſtlich von Compiegne, als dieſes zweite Lager der Bellovaker. Der nach allen Seiten ziemlich ſteil abfallende Berg, welcher noch heut
zu Tage Camp de César heißt, wird im Oſten von der Oiſe, im Weſten von
dem Flüßchen Aronde beſpült, welche ſich am Südfuße des Berges vereinigen,
um dann noch oberhalb Compiegne die von Süden her kommende Aisne aufzunehmen.

aus entsendeten sie bald da- bald dorthin Reiterei und Fußvolk in Hinterhalte und thaten den Römern bei ihren Fouragirungen vielen Abbruch.

17. Nach mancherlei Unfällen dieser Art erfuhr endlich Cäsar von einem Gefangenen, daß Correus, der Anführer der Bellovaker, 6000 Mann des tüchtigsten Fußvolks und 1000 Mann aus der gesammten Reiterei ausgewählt habe, um sie in einer Gegend in Hinterhalt zu legen, welche an Korn und Futter Ueberfluß hatte und daher voraussichtlich von den Römern heimgesucht werde würde. Auf diese Nachricht rückte Cäsar mit mehr Legionen als sonst aus; die Reiterei aber schickte er in gewohnter Weise zur Bedeckung der Fouragirer voraus, indem er ihr leichte Hülfstruppen zu Fuß beigab. Er selbst rückte mit den Legionen so nahe als möglich heran.

18. Die Feinde hatten zur Ausführung ihres Ueberfalls eine Ebene gewählt, die sich 1000 (römische) Schritt weit nach allen Richtungen hin ausdehnt und von allen Seiten theils von Waldungen, theils von einem schwer passirbaren Fluß eingeschlossen war [1]). Diese Ebene hatten sie mit ihren Schaaren wie bei einem Treibjagen förmlich umstellt. Die Unsrigen, von dem feindlichen Plan unterrichtet, rückten kampflustig und schlagfertig geschwaderweise auf die Ebene vor, im Vertrauen auf die nachfolgenden Legionen zum entschlossensten Kampfe bereit. Nun, glaubte Correus, sei der Augenblick gekommen, den entscheidenden Schlag zu führen; er ging zunächst mit kleinen Abtheilungen vor und griff die nächsten Geschwader an. Die Unsrigen wiesen den Angriff entschlossen zurück, ohne sich truppweise auf einem Punkt zusammenzuziehen, wie sich sonst wohl bei Reitergefechten die Massen, und zwar zu ihrem größten Schaden, in der Bestürzung zusammenzudrängen pflegen.

19. Die Geschwader hielten sich im Gegentheil aus einander, indem die Leute abwechselnd zum Einzelgefechte vorgingen und sich

---

[1]) Auch diese Ebene hat v. Göler S. 15 mit Wahrscheinlichkeit in dem Felde erkannt, welches zwischen Troaly le Breuil und Lamotte am linken Ufer der Aisne liegt und im Norden von diesem Flusse, im Osten von dem dort einfließenden Vandy-Bache, im Süden und Westen „von Waldungen eingeschlossen ist.

gegenseitig die Flanken deckten, wenn der Feind diese bedrohte. Nun ließ Correus seine übrigen (Reiter) aus den Wäldern vorbrechen. Es entbrannte auf den verschiedenen Punkten ein hitziges Gefecht, was ziemlich lange ohne Entscheidung fortgesetzt wurde, bis allmählich die Masse des feindlichen Fußvolks in geschlossener Ordnung aus den Wäldern vordrang und unsere Reiter zum Weichen brachte. Jetzt eilten die leichten Fußtruppen zu ihrer Unterstützung herbei, welche, wie gesagt [1]), den Legionen vorausgesendet waren, stellten sich zwischen den Reitergeschwadern auf und brachten das Gefecht wieder zum Stehen. Es wurde eine Zeit lang von beiden Seiten mit gleicher Hartnäckigkeit unterhalten; endlich gewannen naturgemäß die Unsrigen, welche den Ueberfall und ersten Anprall ausgehalten hatten, eben dadurch die Oberhand, daß sie durch jenen Ueberfall nicht überrascht und in Nachtheil gekommen waren. Unterdessen rückten auch die Legionen heran, und gleichzeitig erhielten die Unsrigen wie die Feinde Meldung über Meldung, daß der Oberfeldherr an der Spitze seines Heeres da sei. Nun griffen die Unsrigen im Vertrauen auf den Rückhalt der Cohorten auf das Hitzigste an, um nicht mit den Legionen den Siegesruhm theilen zu müssen. Die Feinde dagegen verloren den Muth und suchten sich nach den verschiedenen Seiten durch die Flucht zu retten. Vergebens; denn dieselben Terrainschwierigkeiten, in welchen sie die Römer hatten fangen wollen, hielten sie jetzt selbst fest. Geschlagen, erschreckt, entsetzt entkam nach großem Verluste immerhin der kleine Ueberrest theils durch die Wälder, theils durch den Fluß, indem die Unsrigen auch diesen hitzig nachsetzten und sie noch auf der Flucht niedermachten. Correus indessen, unerschüttert durch all' das Unglück, weigerte sich das Gefecht zu verlassen und sich in die Wälder zu retten, weigerte sich auf die Aufforderung der Unsrigen, sich ihnen zu ergeben, fuhr vielmehr fort, sich auf's Tapferste zu wehren und Wunden nach allen Seiten auszutheilen, bis er die erbitterten Sieger zwang ihn zusammenzuschießen.

20. Bei einem solchen Erfolg durfte Cäsar hoffen, der Feind werde auf die Kunde von einem so schweren Unfall sofort seinen

---

[1]) S. oben Cap. 17.

Lagerplatz aufgeben, welcher nur etwa 8 Meilen vom Kampfplatze entfernt sein sollte, wenn nur er selbst die begonnene Siegesbahn unverzüglich verfolge. Obgleich der Uebergang über den Fluß schwierig war [1]), ließ er doch das Heer übersetzen und rückte gegen das feindliche Lager vor. Unterdessen waren hier die wenigen Versprengten, welche durch die Gunst der Wälder dem Verderben entgangen waren, mit Wunden bedeckt plötzlich eingetroffen und hatten die Kunde gebracht von der allgemeinen Niederlage, von dem Tode des Correus, von dem Verluste der Reiterei und des erlesenen Fußvolkes. Jeden Augenblick durfte man der Ankunft der Römer gewärtig sein. Da ward rasch durch Trompetenschall eine Heerversammlung berufen, und Alle, Bellovaker wie Bundesgenossen, riefen einstimmig, man müsse Gesandte und Geiseln an Cäsar schicken.

21. Einstimmig ward dieser Beschluß gefaßt. Der Atrebate Commius flüchtete zu den Germanen, von denen er für diesen Krieg Hülfstruppen entlehnt hatte [2]). Die Uebrigen schickten unverzüglich Gesandte an Cäsar und baten ihn, er möge mit der Züchtigung seiner Feinde zufrieden sein, wie er sie ihnen nach seiner Gnade und Milde sicherlich erspart haben würde, wenn er sie vor einem solchen Verlust ohne Schwertstreich an ihnen hätte vollziehen können. Die Macht der Bellovaker sei durch diese Reiterschlacht gebrochen worden; viele Tausende erlesenen Fußvolks seien gefallen; kaum seien Einige entronnen, um von diesem Blutbad zu erzählen. Doch hätten die Bellovaker bei alldem Unglück wenigstens einen großen Vortheil durch die Schlacht gewonnen, daß Correus, der Anstifter des Kriegs, der Volksaufwiegler, umgekommen sei. Denn bei seinen Lebzeiten habe nicht sowohl der Rath der Alten, als das dumme gemeine Volk das Regiment geführt.

22. Auf diese Bitten hielt Cäsar den Gesandten vor, wie im vorigen Jahre gleichzeitig mit den übrigen gallischen Staaten auch

---

[1]) Dieser Fluß kann nach dem Zusammenhange nur die Aisne gewesen sein, auf deren rechtem Ufer Cäsar gegen den Berg Ganelon vorrückte, ohne, wie es scheint, jetzt schon zu wissen, daß derselbe auf dieser Seite durch die Oise gedeckt war. Die Hauptsache war ihm ja die Ueberraschung.

[2]) S. oben Cap. 7 und 10.

die Bellovaker Krieg angefangen hätten, von allen aber am hart-
näckigsten bei diesem Beginnen verharrt wären, ja nicht einmal durch
die Unterwerfung der übrigen sich zur Vernunft hätten bringen lassen. Er wisse wohl, daß es sehr bequem sei, den Todten die Sün-
denschuld aufzuladen; indessen sei Niemandes Einfluß so groß, um
wider den Willen der Fürsten, gegen den Beschluß des Raths und
im Widerspruch mit allen Gutgesinnten lediglich mit dem unzuverlässigen Haufen des gemeinen Volks einen Krieg anzufachen und
durchzuführen. Nichts desto weniger wolle er es bei der Strafe be-
wenden lassen, welche sie sich selbst zugezogen hätten.

23. In der folgenden Nacht berichteten die Gesandten den
Ihrigen Cäsar's Antwort, und man brachte die Geiseln zusammen.
Nun fanden sich bald auch die Gesandten der übrigen Stämme ein,
welche bisher den Erfolg der Bellovaker abgewartet hatten. Alles
gab Geiseln und unterwarf sich, mit alleiniger Ausnahme des Commius, welcher zu viel Grund zur Besorgniß hatte, um sein Leben
irgend Jemandem anzuvertrauen.

Während nämlich Cäsar im vorigen Jahre im diesseitigen
Gallien Gerichtstag hielt, hatte Titus Labienus erfahren, Commius
wiegle die gallischen Völkerschaften auf und stifte eine geheime Verbindung gegen Cäsar; dieser Treulosigkeit gegenüber glaubte Labienus in seinem Rechte zu sein, wenn er ohne Weiteres einschritte.
Wenn er ihn nun in's Lager beschiede, so war vorauszusehen, daß er
nicht erscheinen und durch diese Einladung nur zu doppelter Vorsicht
bestimmt werden würde. Er schickte daher den Cajus Volusenus
Quadratus mit der Weisung ab, ihn zu einer Unterredung zu ver-
anlassen und bei dieser Gelegenheit niederzumachen. Als taugliche
Werkzeuge gab er ihm einige erlesene Centurionen mit. Als man
sich zur Unterredung zusammengefunden hatte, so faßte Volusenus
der Verabredung gemäß die Hand des Commius; der betreffende
Centurio aber konnte den Commius nicht abthun, sei es daß der ungewohnte Fall ihn etwas verwirrte, sei es daß die Begleiter des
Commius ihm in den Arm fielen. Doch hatte er ihn mit dem ersten
Schwertstreich schwer am Kopfe getroffen. Man griff von beiden
Seiten zu den Schwertern, nicht sowohl um sich zu schlagen, als
um von einander loszukommen; die Unsrigen in der Meinung,

Commius sei tödtlich getroffen, die Gallier durch den plötzlichen Ueberfall in den Glauben versetzt, es stecke noch mehr dahinter. Seit diesem Vorfall hatte Commius, wie es hieß, den festen Entschluß gefaßt, niemals wieder einem Römer unter die Augen zu treten [1]).

III. Cäsar's weitere Maßregeln.
(Cap. 24—25.)

24. So hatte denn Cäsar die kriegerischesten Völkerschaften vollständig besiegt; kein Stamm dachte mehr daran, sich gegen ihn zu erheben; nur Einzelne wanderten aus den Städten und flüchteten aus dem Lande, um sich der römischen Herrschaft zu entziehen. Er beschloß daher jetzt, sein Heer zu theilen und in verschiedene Gegenden zu verlegen. Den Quästor Marcus Antonius mit der 12. Legion zog er an sich; den Legaten Fabius schickte er mit 25 Cohorten in das entgegengesetzte Ende von Gallien, weil dort noch, wie er hörte, einige Stämme in Waffen standen, und er die zwei Legionen, welche dort der Legat Cajus Caninius Rebilus unter sich hatte, nicht für stark genug hielt [2]). Den Titus Labienus beschied er zu sich; die 15. Legion dagegen, welche unter ihm in dem Winterlager gestanden, schickte er nach dem römischen Gallien, um die dortigen Bürgercolonien zu schützen, damit es ihnen nicht eben so übel ginge, wie im vorigen Sommer den Tergestinern [3]), welche durch einen plötzlichen Ueberfall und Plünderungszug der Barbaren heimgesucht worden waren. Cäsar selbst rückte in's Gebiet des Ambiorix, um dieses

---

[1]) Es ist charakteristisch, daß Cäsar oben Buch VII, Cap. 76 den Abfall des getreuen Commius lediglich der patriotischen Begeisterung des großen Revolutionsjahres zuschreibt, nicht etwa, um die gallischen Rebellen zu idealisiren, sondern um einen Parteigänger zu schonen, welcher freilich bei'm Ausbruche des Bürgerkrieges abfiel. S. unsere Einleitung S. 109.

[2]) Caninius, welcher nach Buch VII, Cap. 90 mit Einer Legion bei den Rutenen (s. zu Buch VII, Cap. 5) stand, hatte wahrscheinlich von Bibracte die 10., natürlich mit Hinterlassung eines starken Detaschements, an sich gezogen. S. ebendas. S. 150.

[3]) Tergeste ist das heutige Triest.

gänzlich zu verwüſten. Mußte er auch die Hoffnung aufgeben, den scheuen Flüchtling in seine Gewalt zu bekommen, so hielt er es doch wenigſtens für Ehrenſache, in Ambiorix' Gebiet dergeſtalt Menſchen, Vieh und Gebäude zu vertilgen, daß ſelbſt der etwaige Ueberreſt ſeines Stammes, von Haß gegen ihn als den Urheber ſeiner Leiden erfüllt, ihm jede Rückkehr in ſein Land unmöglich machen ſollte.

25. So vertheilte er denn theils Legionen, theils Hülfstruppen in allen Richtungen über Ambiorix' Gebiet und ließ Alles durch Mord, Brand und Plünderung verwüſten, wobei viel Volks erſchlagen oder gefangen wurde; dann ſchickte er den Labienus an der Spitze zweier Legionen gegen die Treverer. Dieſer Stamm, bei der Nachbarſchaft Germaniens an täglichen Kampf gewöhnt, ſtand in der Wildheit ſeiner Sitten den Germanen nicht viel nach und hatte auch immer nur dann Gehorſam geleiſtet, wenn er bei der Nähe des römiſchen Heeres nicht anders konnte.

IV. Die Kämpfe im Weſten.

1) Caninius und Fabius gegen Dumnacus.
(Cap. 26—31.)

26. Unterdeſſen hatte der Legat Cajus Caninius durch Briefe und Boten des Duratius erfahren, es hätten ſich beträchtliche feindliche Schaaren im Pictonenlande zuſammengezogen. Dieſer Duratius war den Römern unveränderlich treu geblieben, während ein Theil ſeines Volkes abgefallen war. Caninius rückte daher gegen die Stadt Lemonum [1]) (Poitiers) vor. Als er ſich ihr näherte, erfuhr er von Gefangenen, daß Dumnacus, der Anführer der Anden, mit vielen tauſend Mann den Duratius in Lemonum eingeſchloſſen habe und belagere. Caninius wagte es jedoch nicht, an der Spitze ſeiner ſchwachen Legionen ſich mit dem Feinde zu meſſen, und bezog

---

[1]) Dieß und nicht das gewöhnliche Limo iſt die richtige Form des Namens; ſ. Glück S. 117 f.

an einem festen Punkte ein Lager. Dumnacus hatte unterdessen Caninius' Anrücken erfahren, brach mit allen seinen Streitkräften gegen
die Legionen auf und traf Anstalt das römische Lager anzugreifen.
Mehrere Tage hinter einander brachte er mit erfolglosen Angriffen
zu; da es ihm aber troß schwerer Verluste nicht gelang, die Verschanzungen irgendwo zu durchbrechen, so kehrte er wieder zur Blokade
von Lemonum zurück.

27. Gleichzeitig hatte der Legat Cajus Fabius eine Anzahl
Cantone zur Unterwerfung gebracht und sich durch Geiseln ihrer
Treue versichert, als er durch einen Brief des Cajus Caninius Re-
bilus von den Vorgängen im Pictonenlande unterrichtet wurde.
Auf diese Nachricht brach er auf, um den Duratius zu entseßen.
Aber als Dumnacus Fabius' Anrücken erfuhr, gab er jede Hoffnung
auf Erfolg auf, wenn er gleichzeitig dem römischen Entsaßheere die
Spiße bieten und die Belagerten im Auge behalten und gegen sie
sich wehren sollte; er hob daher eiligst die Belagerung auf und zog
ab, indem er sich nicht eher für sicher hielt, als bis er mit seinen
Truppen den Liger hinter sich hätte. Diesen bedeutenden Fluß konnte
er aber nur auf der einen stehenden Brücke überschreiten [1]. Fabius
hatte zwar noch keinen Feind gesehen, sich aber auch noch nicht mit
dem Caninius vereinigt; nichts desto weniger nahm er auf die Mittheilungen ortskundiger Leute als sicher an, der Feind werde in seiner Angst die Richtung einschlagen, die er wirklich einschlug. Er
marschirte daher mit seinem Heere derselben Brücke zu und ließ die
Reiterei so weit den Legionen vorausgehen, daß sie sich jedesmal
ohne Uebermüdung der Pferde wieder in das Lager der leßteren zurückziehen konnte. Unsere Reiter gingen dem Befehle gemäß vor,
erreichten und überfielen die Colonne des Dumnacus, griffen dieselbe auf dem Marsch unter ihrem Gepäck an, sprengten sie in wilder
Flucht auseinander, machten eine Menge Leute nieder und nahmen
ihnen viele Beute ab. So kehrten sie siegreich in's Lager zurück.

---

[1] S. zu Buch II, Cap. 35.
[2] Man seßt diese Brücke in die Gegend des heutigen Saumur oder Angers.
Dumnacus war dahin von Poitiers in nördlicher Richtung abmarschirt, während
Fabius etwa von Tours her in westlicher Richtung anrückte.

28. In der Nacht darauf schickte Fabius die Reiter mit der bestimmten Weisung vor, das feindliche Heer anzugreifen und so lange aufzuhalten, bis er selbst herankäme. Um diesem Befehle nachzukommen, sprach der Reiteroberst Quintus Atius Varus, ein Mann von ausgezeichneter Tapferkeit und Umsicht, den Seinen vor Allem Muth ein, und als er dann das feindliche Heer eingeholt hatte, vertheilte er einen Theil seiner Geschwader auf verschiedene geeignete Punkte und griff mit dem andern Theile entschlossen an. Die feindliche Reiterei nahm das Gefecht muthig an, im Vertrauen auf ihr nachrückendes Fußvolk, dessen ganze Colonne Halt machte und die Reiterei gegen die Unsrigen unterstützte. Es kam zu einem hartnäckigen Kampfe. Unsere Reiter, im Gefühl ihrer Ueberlegenheit über den gestern geschlagenen Feind, in der Erwartung der nachrückenden Legionen, hielten selbst gegen das feindliche Fußvolk auf's Tapferste Stand, indem sie sich schämten zu weichen und vor Begierde brannten, die Sache allein zur Entscheidung zu bringen. Die Feinde dagegen bildeten sich nach den Erfahrungen von gestern ein, daß keine weiteren Truppen in's Gefecht kommen würden, und glaubten daher, der günstige Augenblick sei da, um unsere Reiterei aufzureiben.

29. Während sich nun der Kampf eine Zeit lang mit großer Hartnäckigkeit fortspann, stellte Dumnacus die Seinigen förmlich in Schlachtordnung, um seine Reiter in geregelter Ablösung unterstützen zu können. Da erschienen plötzlich die Massen der heranrückenden Legionen. Dieser Anblick erschütterte die Geschwader der Barbaren und erschreckte die feindlichen Linien; der Zug des großen Gepäcks gerieth in Unordnung, mit lautem Geschrei stob Alles in eiliger Flucht aus einander. Unsere Reiter dagegen, welche noch eben gegen die standhaltenden Feinde auf's Tapferste sich gewehrt hatten, erhoben in ihrer Siegesfreude aller Orten ein lautes Geschrei, griffen die Weichenden von allen Seiten an und setzten das Blutbad so lange fort, als die Pferde zum Verfolgen und ihre Arme zum Niedermetzeln Kraft hatten. So wurden mehr als 12,000 Bewaffneter oder Solcher, welche erst jetzt in der Angst die Waffen weggeworfen hatten, niedergemacht; der gesammte Troß fiel in die Hände der Römer.

30. Unter den Flüchtigen befand sich der Senone Drappes, welcher bei'm Beginne des gallischen Aufstandes verlornes Volk aus aller Herren Länder gesammelt, die Sklaven zur Freiheit aufgerufen, Flüchtlinge aus allen möglichen Cantonen an sich gezogen, sogar Straßenräuber aufgenommen, und mit diesem Gesindel die römischen Zufuhrstraßen unsicher gemacht hatte. Man erfuhr nun, daß dieser ungefähr 5000 Mann auf der Flucht zusammengerafft und mit ihnen sich gegen die Provinz gewendet habe in Verbindung mit dem Cadurker Lucterius, der, wie im vorigen Buche gemeldet [1]), gleich bei'm Beginne des gallischen Aufstandes die Provinz hatte überfallen wollen. Auf diese Nachricht brach der Legat Caninius mit zwei Legionen zu ihrer Verfolgung auf, um der Schmach vorzubeugen, daß etwa die Provinz durch einen Raubzug dieses Gesindels in Schaden oder Schrecken versetzt werde.

31. Mit dem Reste des Heeres rückte Cajus Fabius sofort gegen die Carnuten und die übrigen Cantone, deren Truppen, wie er wußte, in jener Schlacht unter Dumnacus schweren Verlust erlitten hatten. Er zweifelte nämlich nicht, daß sie zwar einerseits die eben erlittene Niederlage gedemüthigt habe, fürchtete aber andererseits, daß sie sich von Dumnacus wieder könnten aufwiegeln lassen, wenn man ihnen Zeit dazu ließe. Ein ebenso vollständiger als schneller Erfolg krönte Fabius' Entschluß in der Unterwerfung dieser Cantone. Die Carnuten, welche bisher trotz aller Züchtigungen noch niemals an Frieden gedacht hatten [2]), stellten Geiseln und unterwarfen sich; und die übrigen Stämme am äußersten Ende Galliens an der Küste des Oceans, welche den Gesammtnamen „Aremoriker" tragen [3]), folgten dem Beispiele der Carnuten und leisteten unverzüglich Gehorsam, sobald Fabius mit seinen Legionen anrückte. Dumnacus ward aus seiner Heimath vertrieben und genöthigt, als verlassener Flüchtling in den entlegensten Gegenden Galliens einen Schlupfwinkel aufzusuchen.

---

[1]) S. Buch VII, Cap. 5 und 7.

[2]) Diese — vielleicht nur übertreibende — Aeußerung steht im Widerspruch mit Buch VI, Cap. 4, wo die Carnuten allerdings „Gesandte und Geiseln nach Lutetia" schicken.

[3]) S. Buch V, Cap. 53 und zu Buch VII, Cap. 75.

2) Belagerung und Eroberung von Uxellodunum.

(Cap. 32—44.)

32. Unterdessen hatten Drappes und Lucterius auf die Nachricht, daß Caninius mit seinen Legionen ihnen auf der Ferse sei, im Cadurkerlande Halt gemacht, da sie einsahen, daß es unter diesen Umständen ihr sicherer Untergang sein würde, wenn sie das Gebiet der Provinz beträten; und da ihnen eben so die Möglichkeit abgeschnitten war, ihre Streifereien und Räubereien fortzusetzen, warf sich Lucterius mit seinen und den Schaaren des Drappes in das von Natur überaus feste Uxellodunum, eine Stadt, welche unter seiner Oberherrlichkeit stand, und ihre Bewohner schlossen sich ihm an. Er hatte überhaupt einst in guten Zeiten einen großen Einfluß auf seine Landsleute geübt und hatte stets als unruhiger Kopf und Mann der That großes Ansehen bei den Barbaren besessen.

33. Cajus Caninius erschien ohne Verzug vor der Stadt [1]). Diese war auf allen Seiten durch steile Felsabhänge gedeckt, welche selbst ohne alle Vertheidigung für Bewaffnete schwer zu ersteigen waren. Dagegen lag in der Stadt ein beträchtlicher Troß, welcher bei dem etwaigen Versuche einer heimlichen Flucht nicht blos der Reiterei, sondern auch den Legionen nicht süglich entgehen konnte. Caninius theilte daher seine Cohorten in drei Abtheilungen und ließ sie auf den bedeutendsten Höhen drei gesonderte Lager beziehen [2]); von die-

---

[1]) B. Göler S. 24 ff. hat das Verdienst, an der allerdings ebenso genauen als charakteristischen Beschreibung (vgl. unten Cap. 40—43) das alte Uxellodunum auf dem Berge erkannt zu haben, welcher südlich von dem Städtchen Luzech, etwa 3 Stunden westlich von Cahors, sich erhebt, und ganz in ähnlicher Weise auf drei Seiten vom Lot, wie Besançon vom Doubs, umflossen wird. Daher stimmt denn auch die Beschreibung beider Orte — Buch I, Cap. 38 und hier Cap. 41 — fast wörtlich überein. Napoleon ist daher mit Recht auch hier Göler gefolgt.

[2]) Von diesen drei Lagern ist nur Eines mit Sicherheit zu bestimmen, dasjenige nämlich, welches sich auf der nördlich von Luzech gelegenen Höhe befand und jene vom Fluß nicht umströmte Stadtseite (s. Cap. 41) abschloß. Dieses Lager ist zugleich als das Hauptquartier zu betrachten.

sen aus ließ er dann, so weit es mit den vorhandenen Truppen ausführbar war, allmählich eine Contravallationslinie um die Stadt
ziehen.

34. Diese Maßregel erinnerte die Belagerten an das traurige
Schicksal Alesia's und erweckte in ihnen die Befürchtung, es möchte
ihnen ebenso gehen. Vor Allen war es Lucterius, der jenes Elend
mit erlebt hatte, welcher sie daran erinnerte, für die Verproviant-
rung Sorge zu tragen. Man beschloß daher einstimmig, einen Theil
der Truppen in der Stadt zurückzulassen und mit den Uebrigen ohne
Gepäck auszurücken, um Proviant herbeizuschaffen. In Folge dieses
Beschlusses ließen in der nächsten Nacht Drappes und Lucterius nur
2000 Bewaffnete in der Stadt zurück und rückten mit den Uebrigen
aus. Diese brachten im Laufe weniger Tage aus dem Cadurkerland
eine Menge Proviant zusammen, indem die Cadurker sie einerseits
gutwillig unterstützten, andererseits nicht abhalten konnten, zu nehmen, was ihnen beliebte. Zuweilen versuchten auch die beiden Anführer unsere Redouten durch nächtliche Angriffe zu nehmen. Dadurch sah sich Cajus Caninius veranlaßt, seine Verschanzungen nicht
weiter auszudehnen, da er sonst die vollendete Linie entweder gar
nicht oder an den meisten Punkten nur durch unzureichende Posten
hätte decken können.

35. Als Drappes und Lucterius eine große Masse Proviant
zusammengebracht hatten, nahmen sie etwa 10 Meilen von der Stadt
Stellung, um von da aus nach und nach den Proviant in die Stadt
zu schaffen. Hierauf theilten sie sich in die Geschäfte: Drappes blieb
mit einem Theile der Truppen zur Deckung des Lagers zurück; Lucterius übernahm es, einen Zug Packthiere in die Stadt zu bringen.
Nachdem er auf dem Wege Deckungstruppen aufgestellt, traf er etwa
um die zehnte Stunde der Nacht [1]) Anstalt, auf engen Waldpfaden
den Proviant in die Stadt zu schaffen. Die Lagerwachen hörten
das Geräusch, die ausgeschickten Streifer meldeten, was vorging;
darauf ließ Caninius rasch die Cohorten in den Redouten zu den
Waffen greifen und überfiel mit ihnen gerade um Tagesanbruch die
Proviantcolonne. Diese gerieth durch den plötzlichen Angriff in

---

[1]) Etwa Morgens zwischen 3 und 4 Uhr.

Verwirrung und warf sich fliehend auf ihre Deckungstruppen zurück. Als aber die Unsrigen gar die Bewaffneten erblickten, so stürzten sie sich mit solcher Wuth auf dieselben, daß Niemand mit dem Leben davon kam. Lucterius entkam mit einigen Wenigen, kehrte aber nicht in's Lager zurück.

36. Nach diesem glücklichen Erfolge erfuhr Caninius von den Gefangenen, der Rest der feindlichen Truppen unter Drappes stehe nur 12 Meilen entfernt im Lager. Als er sich hierüber durch mehrfache Aussagen Gewißheit verschafft hatte, hielt er es für leicht möglich, nach der Niederlage des einen Anführers die Uebrigen durch einen raschen Ueberfall zu vernichten, vorausgesetzt nur, daß durch einen besonderen Glücksfall Keiner aus dem Blutbade in's Lager entkommen war, der dem Drappes die Nachricht von dem erlittenen Schlage gebracht hätte. Da er übrigens bei einem derartigen Versuche keine Gefahr sah, so schickte er seine ganze Reiterei und die Germanen zu Fuß, eine überaus gewandte Truppe, nach dem feindlichen Lager voraus. Er selbst vertheilte die eine Legion auf die drei Lager und rückte mit der andern in Gefechtsbereitschaft nach. In der Nähe des Feindes angekommen, erfuhr er von den vorausgeschickten Streifern, das feindliche Lager sei der Gewohnheit der Barbaren gemäß nicht auf den Höhen, sondern unten am Flußufer [1]) gelegen, die Germanen und die Reiter aber hätten den unvorsichtigen Feind unversehens überfallen und seien bereits im Gefecht. Auf diese Nachricht ließ Caninius die Legion sich fertig machen und rückte in Schlachtordnung mit ihr vor. So bemächtigt man sich auf ein gegebenes Zeichen von allen Seiten der Höhen. Als nun die Germanen und Reiter die Feldzeichen der Legion erblickten, gingen sie desto entschiedener drauf. Gleichzeitig griffen auch die Cohorten allenthalben an, machten Alles nieder oder gefangen und bemächtigten sich großer Beute. Drappes selbst befand sich unter den Gefangenen.

37. Nach dieser überaus glücklichen Waffenthat, welche dem Caninius kaum einen Verwundeten kostete, kehrte er zurück, um die Blokade fortzusetzen. Da nach der Vernichtung des außen stehenden

---

[1]) Der Fluß ist ohne Zweifel der Lot, aber die Oertlichkeit nicht näher zu bestimmen.

Feindes jeder Grund zu der Besorgnißniß fortfiel, welche ihn früher verhindert hatte, seine Truppen zu theilen und die Contravallationslinie zu vollenden, so ließ er aller Orten Hand an's Werk legen. Am folgenden Tage traf auch Cajus Fabius an der Spitze seiner Truppen ein und übernahm die Blokade eines andern Theiles der Stadt.

38. Unterdessen ließ Cäsar den Quästor Marcus Antonius mit 15 Cohorten im Bellovakerlande zurück, um den Belgiern jeden Gedanken an eine neue Erhebung unmöglich zu machen. Er selbst begab sich in die übrigen Cantone und ließ sich eine größere Anzahl von Geiseln stellen, suchte aber sonst die allgemeine Besorgniß zu beschwichtigen. So kam er denn endlich zu den Carnuten, welche, wie Cäsar im vorigen Buche erzählt hat [1]), zuerst losgeschlagen hatten. Er bemerkte bald, daß man gerade hier wegen dieses Schuldbewußtseins in großer Angst sei, und um dieser Angst so rasch als möglich ein Ende zu machen, forderte er sogleich die Auslieferung des Gutruatus, welcher der eigentliche Rädelsführer und Anstifter des Krieges gewesen war, um ihn hinrichten zu lassen. Dieser wagte zwar nicht einmal sich seinen Landsleuten anzuvertrauen, wurde aber dennoch bei dem allgemeinen Interesse dafür schnell entdeckt und in's Lager gebracht. Gegen seine Neigung sah sich Cäsar zu seiner Hinrichtung durch einen stürmischen Auflauf seiner Soldaten genöthigt, welche dem Gutruatus alle Gefahren und Unfälle des Krieges Schuld gaben. So ward er denn zu Tode geprügelt und dann enthauptet.

39. Hier erfuhr Cäsar durch mehrere Briefe des Caninius die Vorfälle mit Drappes und Lucterius und den fortgesetzten Widerstand der Belagerten. So wenig auch von diesem Häuflein zu fürchten war, glaubte Cäsar dennoch wegen ihrer Hartnäckigkeit ein Beispiel an ihnen statuiren zu müssen, damit nicht etwa die übrigen Gallier sich einbildeten, es habe ihnen nicht sowohl an der nöthigen Kraft als vielmehr an der nöthigen Ausdauer zum Widerstande gefehlt, und damit sich nicht etwa andere Städte im Vertrauen auf ihre feste Lage durch dieses Beispiel verleiten ließen, sich für unabhängig zu erklären, zumal es in ganz Gallien bekannt war, dies sei

---

[1]) S. Buch VII, Cap. 2 und 3.

der letzte Sommer seiner Verwaltung, und man daher denken konnte,
wenn man nur diesen Sommer noch aushielte, hätte man fortan
Nichts zu fürchten. Er ließ daher den Legaten Quintus Calenus
an der Spitze der Legionen mit dem Befehle zurück, ihm in gewöhnlichen Tagemärschen zu folgen; er selbst mit der gesammten Reiterei
ging in Eilmärschen zu Caninius voraus.

40. Als Cäsar ganz wider Erwarten vor Uxellodunum erschien, fand er die Stadt bereits eingeschlossen und überzeugte sich
einerseits, daß die Belagerung unter keiner Bedingung aufgegeben
werden dürfe, andererseits erfuhr er von den Ueberläufern, daß die
Belagerten Proviant in Ueberfluß hätten. Er beschloß daher, dem
Feinde wo möglich das Wasser abzuschneiden. Ein Fluß strömte
unten in dem tiefen Thale, welches fast den ganzen Berg umgab,
auf dessen ringsum steil abfallender Höhe die Stadt Uxellodunum
lag [1]). Die Oertlichkeit machte es unmöglich, diesen Fluß abzuleiten,
denn sein Bett lag so tief zwischen den Thalrändern, daß man nach
keiner Seite noch tiefere Abzugsgräben ziehen konnte. Für die Belagerten war es immer schwierig, den steilen Abfall nach dem Flusse
hinabzusteigen; traf man nun noch anderweitige Maßregeln, so ward
es ihnen vollends unmöglich, ohne Wunden und Lebensgefahr an
den Fluß hinunter und dann den jähen Abhang wieder hinauf zu
kommen. Kaum hatte Cäsar diese schwache Seite entdeckt, so stellte
er dort überall Posten von Bogenschützen und Schleuderern auf und
ließ auch an einigen Punkten den gangbarsten Stiegen gegenüber
Geschütze aufführen, um auf diese Weise den Belagerten das Wasser
des Flusses abzuschneiden.

41. Nun fand sich die ganze Masse der Wasserholenden auf
einem einzigen Punkte unmittelbar am Fuße der Stadtmauer zusammen, wo eine starke Quelle war. Es war dies auf der etwa 300
Fuß langen Stadtseite, welche der Fluß nicht umströmte. Allgemein war der Wunsch, den Belagerten den Zugang zu dieser Quelle
wo möglich zu verwehren; Cäsar allein erkannte das Mittel dazu:
er ließ nämlich der Quelle gegenüber Laufhallen bergauf vorbringen und einen Damm aufwerfen, freilich mit schwerer Arbeit und

---

[1]) Vgl. oben zu Cap. 33.

unter beständigem Kampfe. Die Belagerten nämlich kamen sofort von oben herab, unterhielten ohne alle Gefahr ein Ferngefecht und verwundeten Viele der Unsrigen, welche hartnäckig vorgingen. Unsere Leute ließen sich jedoch nicht abschrecken, die Laufhallen vorzubringen und durch eifrige Arbeit an den Belagerungswerken die Terrainschwierigkeiten zu überwinden. Gleichzeitig führten sie unterirdische Gänge von den Laufhallen zu der Mündung der Quelle, eine Arbeit, welche ohne irgend eine Gefahr, ohne daß der Feind etwas davon ahnte, bewerkstelligt werden konnte. Der Damm wurde bis auf eine Höhe von 60 Fuß heraufgeführt und ein Thurm von 10 Stockwerken darauf gesetzt, welcher allerdings nicht gleiche Höhe mit der Stadtmauer erreichte — das wäre auf keine Weise auszuführen gewesen —, der aber doch wenigstens die Quelle überragte. Von diesem Thurme aus wurde der Zugang zur Quelle mit grobem Geschütz bestrichen, so daß die Belagerten nur mit großer Gefahr Wasser holen konnten. So gingen nicht nur Schlachtvieh und Zugthiere, sondern auch eine Menge Menschen vor Durst zu Grunde.

42. Diese Noth setzte die Belagerten in Schrecken; sie füllten Fässer mit Talg, Pech und Holzspähnen, steckten sie in Brand und ließen sie auf die römischen Belagerungswerke herabrollen, während sie gleichzeitig einen heftigen Ausfall machten, um die Römer durch ihren drohenden Angriff vom Löschen abzuhalten. Bald standen die Belagerungswerke selbst in Flammen. Denn alle Brennstoffe, welche den Abhang herabrollten, wurden von den Laufhallen und dem Damme aufgehalten und steckten nun diese Hindernisse ihres Herabrollens selbst in Brand. Durch diese besondere Gefahr sowohl, als durch das ungünstige Terrain waren unsere Leute im entschiedenen Nachtheil, aber trotz alle dem hielten sie mit dem größten Heldenmuth aus. Wurde doch der Kampf auf einem hochgelegenen Punkte unter den Augen des ganzen Heeres und unter lautem Zuruf von beiden Seiten geführt. Je weiter daher Einer sichtbar war, desto mehr setzte er sich den feindlichen Geschossen und der Flamme aus, um seine Tapferkeit vor Allen leuchten zu lassen.

43. Als Cäsar immer mehrere der Seinigen kampfunfähig werden sah, ließ er die Cohorten von allen Seiten gegen die Stadt den Berg aufwärts vorgehen und allenthalben lautes Geschrei er-

beben, als ob sie die Mauern ersteigen wollten. Diese Maßregel setzte die Belagerten in Schrecken, und in Erwartung eines Angriffes auf den anderen Punkten zogen sie ihre Leute vom Sturm auf die Belagerungswerke zurück und vertheilten sie auf dem ganzen Umfange der Mauern. Nach dem Abbruch des Gefechtes gelang es den Unsrigen bald, die Flamme, welche die Belagerungswerke ergriffen hatte, zu löschen oder wenigstens ihre weitere Verbreitung zu hindern. Trotz alle dem setzten die Belagerten ihren Widerstand hartnäckig fort und verharrten selbst dann noch bei ihrem Entschlusse, als ein großer Theil der Ihrigen dem Durste erlegen war, bis endlich durch die unterirdischen Gänge die Quelle abgefangen und abgeleitet wurde. Jetzt aber brachte das plötzliche Versiegen dieser Quelle die Belagerten dergestalt in Verzweiflung, daß sie sich einbildeten, nicht Menschenwitz, sondern Götterwille habe das vollbracht. So mußten sie sich denn nothgedrungen ergeben.

44. Cäsar mußte sich sagen, daß für seine Unternehmungen kein Ende abzusehen sei, wenn Mehrere auf verschiedenen Punkten in gleicher Weise Widerstand leisteten. Er hielt es daher für nothwendig, durch ein strenges Strafgericht die Uebrigen abzuschrecken, um so mehr, als er bei seiner allbekannten Milde nicht zu besorgen hatte, man werde eine Maßregel der Strenge auf Rechnung eines angebornen Hanges zur Grausamkeit setzen. Er ließ daher Allen, welche die Waffen getragen hatten, die Hände abhauen, schenkte ihnen jedoch das Leben, um die Strafe der Missethat desto augenfälliger zu machen. Drappes, der, wie gesagt, von Caninius gefangen worden war, hungerte sich binnen weniger Tage zu Tode, sei es, weil ihm die Schmach der Ketten unerträglich war, sei es, weil er eine noch grausamere Todesstrafe fürchtete. Gleichzeitig fiel auch Lucterius, der, wie erzählt, aus der Schlacht entkommen war, in die Hände des Arverners Epasnactus. Er war von Ort zu Ort geflüchtet und hatte bald bei dem, bald bei jenem Schutz gesucht, weil er sich nirgends auf längere Zeit für sicher hielt und wohl wußte, daß Cäsar sein Todfeind sein mußte. Der Arverner Epasnactus, ein getreuer Freund des römischen Volks, ließ ihn ohne Umstände in Ketten werfen und dem Cäsar ausliefern.

V. Die letzten Kämpfe mit den Treverern und dem Commius; die Unterwerfung von Aquitanien.

(Cap. 45—48.)

45. Unterdessen hatte Labienus im Trevererlande ein glück-
liches Reitertreffen geliefert, den Treverern und den Germanen, die
stets bereit waren Jedermann gegen die Römer zu unterstützen, ziemlich viele Leute getödtet und ihre Fürsten lebendig in seine Gewalt
gebracht. Unter ihnen befand sich auch der Häduer Surus, gleich
ausgezeichnet durch Tapferkeit und Geburt, der Einzige von allen
Häduern, welcher bis jetzt die Waffen nicht niedergelegt hatte.

46. Auf diese Nachricht durfte Cäsar annehmen, daß es aller
Orten in Gallien gut stehe, durfte er überzeugt sein, Gallien sei durch
die letzten Feldzüge gründlich besiegt und unterworfen worden. Dagegen hatte er Aquitanien noch nicht betreten, welches Publius
Crassus auch nur theilweise besiegt hatte [1]). So rückte er denn an
der Spitze zweier Legionen in diesen Theil Galliens, um dort seine
Feldzüge zu beschließen. Ebenso schnell als glücklich brachte er auch
dieses Unternehmen, wie alle übrigen, zu Ende. Alle aquitanischen
Völkerschaften schickten Gesandte an Cäsar und stellten ihm Geiseln.
Hierauf begab er sich selbst mit einer Reiterabtheilung nach Narbo;
das Heer ließ er durch seine Legaten in die Winterquartiere abführen. Vier Legionen unter den Legaten Marcus Antonius, Cajus
Trebonius und Publius Vatinius legte er in's belgische Land; zwei
Legionen ließ er zu den Häduern marschiren, welche, wie er wußte,
der einflußreichste Stamm in ganz Gallien waren; zwei verlegte er
in's Turonenland an der Grenze der Carnuten, um jene ganze Gegend bis an die Meeresküste hin im Zaum zu halten; die beiden
letzten ließ er im Gebiete der Lemoviker in der Nachbarschaft der
Arverner überwintern. So blieb kein Theil Galliens unbesetzt. Er
selbst verweilte einige wenige Tage in der Provinz, hielt so rasch als

---

[1]) S. Buch III, Cap. 20—27.

möglich die Gerichtstage ab, entschied die öffentlichen Streitigkeiten und belohnte seine Getreuen. Er hatte nämlich gerade bei dem Aufstande von ganz Gallien, bei welchem er einzig und allein auf die Treue und Unterstützung der Provinz angewiesen gewesen war, die beste Gelegenheit gehabt seine Leute kennen zu lernen. Nach diesen Geschäften zog er sich zu den Legionen in's Belgierland zurück und nahm sein Winterquartier zu Nemetocenna [1]).

47. Hier erhielt er die Nachricht von einem Treffen, welches der Atrebate Commius seiner Reiterei geliefert hatte. Als Antonius sein Winterlager bezog, blieb allerdings der Canton der Atrebaten durchaus ruhig. Commius aber, der seit jener obenerwähnten Verwundung [2]) niemals gefehlt hatte, wo es eine Bewegung seiner Landsleute gegen Rom gab, war auch nach der Unterwerfung seines Cantons noch immer in der Verfassung, einen etwaigen Empörungsversuch mit bewaffneter Hand zu unterstützen und zu leiten. Er lebte mit seinen Reitern von Wegelagerungen, machte die Straßen unsicher und fing auch manche Zufuhren ab, welche für die römischen Winterquartiere bestimmt waren.

48. Als Reiteroberster war dem Antonius Cajus Volusenus Quadratus zugetheilt und befand sich bei ihm in dem Winterlager. Diesen entsendete Antonius, um die feindliche Reiterei aufzusuchen. Bei Volusenus kam zu seiner ausgezeichneten Tapferkeit noch sein persönlicher Haß gegen Commius: um so willkommener war ihm dieser Auftrag. Zu mehreren Malen gelang es ihm die Reiter seines Feindes zu überfallen und ihnen glückliche Gefechte zu liefern. In dem letzten Treffen, wie es gerade am hitzigsten zuging, ergriff Commius plötzlich die Flucht, und Volusenus, in seiner Begierde ihn selbst zu fangen, setzte ihm mit wenigen Begleitern hartnäckig nach. Als aber Commius seinen Feind weit genug fortgelockt hat, ruft er plötzlich seine Leute an, beschwört sie bei ihrer Dienstpflicht und Treue, die Wunden nicht ungerächt zu lassen, die jener ihm hinter-

[1]) Nemetocenna gilt als die Hauptstadt der Atrebaten und als das heutige Arras. B. Göler dagegen identificirt es S. 32 mit dem heutigen Beauvais; vgl. zu Buch II, Cap. 13.
[2]) S. oben Cap. 23.

listig beigebracht, wendet sein Roß und sprengt verwegen den Uebrigen voraus auf den Obersten los. All' seine Reiter folgen seinem Beispiel, werfen die wenigen Römer über den Haufen und setzen ihnen nach. Commius spornt sein Roß, daß es in vollem Laufe mit dem Rosse des Quadratus zusammenstößt, und rennt diesem die eingelegte Lanze mit voller Kraft mitten durch die Hüfte. Die Verwundung ihres Obersten bringt unsere Reiter zum Stehen: sie machen wieder Front und treiben den Feind zurück. Hierbei wurde, durch den heftigen Anprall der Unsrigen über den Haufen geworfen, eine ziemliche Anzahl der Feinde verwundet und theils auf der Flucht übergeritten, theils gefangen gemacht. Commius entging dieser Gefahr durch die Schnelligkeit seines Rosses; die Römer blieben Sieger; der Oberst aber ward schwer verwundet in's Lager zurückgebracht und schwebte lange in Lebensgefahr. Commius dagegen, mochte er nun seine Rache befriedigt glauben oder der schwere Verlust der Seinigen ihn bestimmen, schickte Gesandte an Antonius und verpflichtete sich mit Stellung von Geiseln, daß er in Zukunft an einem bezeichneten Orte sich aufhalten und pünktlichen Gehorsam leisten werde. Nur bat er, in so weit seiner Besorgniß Rechnung zu tragen, daß man ihm niemals zumuthe, einem Römer unter die Augen zu treten. Jene Besorgniß und die daran geknüpfte Forderung erschienen dem Antonius wohlbegründet; er willfahrte daher seinem Wunsche und nahm die Geiseln in Empfang.

Zwischenbemerkung des Hirtius.

Ich weiß, daß Cäsar immer jedes einzelne Jahr in einem besonderen Buche behandelt hat; ich halte das aber hier nicht für nothwendig, weil das folgende, das Consulatjahr des Lucius Paulus und Cajus Marcellus, keine bedeutenden Ereignisse in Gallien aufzuweisen hat. Damit man jedoch wenigstens wisse, in welchen Gegenden während dieser Zeit Cäsar mit seinem Heere gestanden hat, so will ich das noch in aller Kürze angeben und als Anhang zu diesem Buche hinzufügen.

Die Vorbereitungen zum Bürgerkriege.

(Cap. 49—55.)

49. Während Cäsar in Belgien überwinterte, verfolgte er un-
verrückt das Eine Ziel, mit allen Cantonen auf gutem Fuße zu bleiben und keinem günstige Aussicht oder Anlaß zu einer Erhebung zu
geben. Es hätte ihm natürlich Nichts unerwünschter sein können,
als unmittelbar vor seinem Abgange sich in die Nothwendigkeit eines
neuen Krieges versetzt zu sehen. Denn wenn er einen solchen Krieg
bei dem Abmarsche seines Heeres hinter sich ließ, so war vorauszusehen, daß ganz Gallien, dieser drohenden Gefahr ledig, bereitwillig
sich an demselben betheiligen würde. Er verhandelte daher mit den
Cantonen in den rücksichtsvollsten Formen, überhäufte die Fürsten
mit Geschenken, legte keine neuen Lasten auf, machte überhaupt dem
durch so viele Niederlagen erschöpften Gallien den Zustand der Unterwerfung möglichst erträglich. So hielt er ohne Mühe die Ruhe
aufrecht.

50. Er selbst brach unmittelbar nach Ablauf des Winters
gegen seine Gewohnheit in möglichst großen Tagereisen nach Italien
auf, um die Einwohner der Provinzialstädte zu ersuchen, die Bewerbung seines Quästors Marcus Antonius um das Augurat zu
unterstützen[1]). Es lag ihm nämlich viel daran, diese Wahl durchzusetzen: einmal, weil es einem seiner vertrautesten Freunde galt,
welchen er kurz vorher zu der Bewerbung vorausgeschickt hatte; sodann, weil er damit der übermächtigen Oligarchenpartei entgegentrat,
welche sich bemühte, den Marcus Antonius durchfallen zu lassen, um

---

[1]) Die hier beginnende Erzählung über die beiderseitigen Einleitungen
und Vorbereitungen zum Bürgerkriege soll eben „die Lücke zwischen Cäsar's
früheren und letzten Schriften" ausfüllen: s. das Vorwort. Da sie ebenso
oberflächlich als parteiisch ist, so findet sie am besten ihre Berücksichtigung in
einer Einleitung zu Cäsar's Memoiren vom Bürgerkriege.

Cäsar's Einfluß bei seinem Rücktritt zu brechen. Zwar hörte Cäsar schon auf dem Wege, noch bevor er Italien erreichte, daß Antonius zum Augur erwählt worden sei; nichts desto weniger glaubte er hinlängliche Veranlassung zu haben, sich in den Provinzialstädten für die zahlreiche und entschiedene Unterstützung zu bedanken, welche man dem Antonius gewährt hatte, und zugleich sich selbst und seine Bewerbung um's Consulat für das nächste Jahr der Berücksichtigung zu empfehlen, zumal da Cäsar's Gegner auf das Unverschämteste damit prahlten, daß Lucius Lentulus und Cajus Marcellus zu Consuln gewählt wären, welche Cäsar's hoher Stellung und weiterem Emporsteigen ein Ende machen würden, daß dagegen Servius Galba trotz seiner Verbindungen und seines überwiegenden Einflusses nicht gewählt worden sei, weil er ein vertrauter Freund Cäsar's und lange Zeit sein Legat gewesen war.

51. Cäsar wurde bei seiner Ankunft in allen Provinzialstädten mit allen möglichen Zeichen der Verehrung und Liebe empfangen. Kam er doch jetzt zum ersten Mal unmittelbar nach der Besiegung von ganz Gallien dahin. Alles Erdenkliche ward aufgeboten, um Cäsar bei seiner Durchreise aller Orten zu begrüßen: Ehrenpforten schmückten die Thore, Straßen, öffentlichen Plätze; alles Volk ging ihm mit Weib und Kind entgegen; aller Orten brachte man feierliche Opfer; auf den Märkten und vor den Tempeln wurden Göttermahle aufgetischt; es war, als ob man im Voraus den glänzendsten und erfreulichsten Triumph feiere. So groß war die Freigebigkeit der Reichen, die Theilnahme der niederen Klassen.

52. Cäsar durchzog rasch das römische Gallien nach allen Richtungen und kehrte dann eiligst zum Heere nach Nemetocenna zurück. Hierauf ließ er die Legionen aus allen Winterquartieren an den Grenzen der Treverer sich vereinigen und hielt dort Musterung über das ganze Heer. Den Titus Labienus setzte er über das römische Gallien, um durch dessen Vermittelung den Bewohnern seine Bewerbung um's Consulat noch weiter an's Herz zu legen. Er selbst zog mit seinen Truppen von Zeit zu Zeit hin und her, je nachdem ein solcher Wechsel für den Gesundheitszustand zweckmäßig erschien. Bei dieser Gelegenheit hörte er denn von verschiedenen Seiten, Labienus werde insgeheim von seinen Feinden bearbeitet; und erfuhr auch

unter der Hand, die Oligarchen hätten den Plan, ihm durch einen Senatsbeschluß einen Theil seines Heeres zu entziehen. Trotz alle dem verharrte er in seinem Vertrauen auf Labienus und konnte sich ebenso wenig entschließen, Etwas gegen den Senat zu thun, indem er überzeugt war, die versammelten Väter würden sich jedenfalls für ihn entscheiden, sobald sie nur volle Freiheit zu stimmen hätten. Es hatte ja der Volkstribun Cajus Curio es übernommen, Cäsar's Sache und Ansprüche zu vertreten, und dieser hatte den Senat mehr als einmal versichert, wenn man vor Cäsar's bewaffneter Macht irgend Besorgniß hege, während umgekehrt Pompejus' zwingherrliche Haltung und bewaffnete Macht einschüchternd auf dem öffentlichen Wesen laste, so sollten Beide die Waffen niederlegen und ihre Heere entlassen; dann werde der Staat wieder frei und selbstständig sein; und er versicherte das nicht nur, sondern versuchte auch durch einen Antrag diese Maßregel durchzusetzen. Die Consuln und die Freunde des Pompejus stimmten dagegen, alle Andern jedoch waren dafür.

52. Das war eine bedeutsame Meinungsäußerung des ganzen Senates, welche übrigens ganz mit einer früheren übereinstimmte. Denn Marcellus hatte bei seinen Angriffen auf Cäsar im vorigen Jahre gegen das Gesetz des Pompejus und Crassus vor der Zeit über Cäsar's Provinzen einen Antrag an den Senat gestellt. Nach längerer Debatte hatte dann Marcellus, der eine Ehre darin suchte Cäsar anzugreifen, abstimmen lassen; der Senat hatte aber mit großer Mehrheit gegen ihn entschieden. Alles das diente nur dazu, Cäsar's Feinde nicht sowohl zu entmuthigen, als zu bestimmen, ihre Verbindungen weiter auszudehnen, um den Senat zu einem Beschlusse in ihrem Sinne zu bringen.

54. Es kam sodann zu einem Senatsbeschlusse: Cnejus Pompejus und Cajus Cäsar sollten je eine Legion für den parthischen Krieg abgeben, und es lag auf der Hand, daß man beide Legionen dem Einen, Cäsar, entziehen wollte. Denn Cnejus Pompejus wies die 1. Legion, welche er in Cäsar's Provinz hatte ausheben lassen und dann Cäsar zugesendet hatte, für seinen Theil an. Cäsar war über die Absicht seiner Gegner vollkommen im Klaren; nichts desto weniger schickte er dem Cnejus Pompejus jene Legion zurück und gab dem Senatsbeschluß gemäß für seinen Theil die 15. ab, welche

bisher im dieffeitigen Gallien gestanden hatte. Als Ersatz ließ er die 13. Legion nach Italien marschiren, um die festen Plätze zu besetzen, aus denen die 15. Legion abrückte. Er selbst vertheilte sein Heer in die Winterquartiere: den Cajus Trebonius ließ er mit 4 Legionen im Belgierlande Quartier nehmen; Cajus Fabius mit eben so vielen zu den Häduern rücken. So glaubte Cäsar am besten der Ruhe Galliens sich zu versichern, wenn die Belgier als die tapfersten und die Häduer als die einflußreichsten unter den gallischen Stämmen durch das Heer im Zaume gehalten würden. Er selbst ging nach Italien ab.

55. Dort erfuhr er, die von ihm zurückgeschickten zwei Legionen, welche nach dem Senatsbeschluß in den Partherkrieg hätten ziehen sollen, seien auf Anstiften des Consuls Cajus Marcellus dem Cnejus Pompejus übergeben und in Italien zurückbehalten worden. Obgleich nach dieser Thatsache kein Mensch mehr im Zweifel sein konnte, was man eigentlich gegen Cäsar im Schilde führe, so war doch Cäsar fest entschlossen, sich Alles gefallen zu lassen, so lange ihm noch ein Schimmer von Hoffnung übrig bleibe, den Rechtsboden behaupten und den Krieg vermeiden zu können. Er * * *

(Der Schluß fehlt.)